자살 및 자해 행동
상담 및 심리치료 워크북

Meagan N. Houston 저

이동훈 · 전홍진 · 이화정 · 김성연 · 김해진 · 황희훈 공역

Treating Suicidal Clients &
Self-Harm Behaviors

박영story

차 례

저자 소개

Meagan N. Houston(PhD/박사, SAP)은 매우 다양한 환경에서 여러 구성원들에게 10년이 넘는 기간 동안 자살치료를 전문적으로 제공해왔다. 그녀는 자살예방, 평가, 그리고 매일 개입이 일어나는 고위험 환경에서의 경험이 있다. Houston 박사는 스스로에게 극성 또는 만성적인 자살경향성을 일으키는 다양한 정신적·행동적 질병을 가진 내담자를 치료한다. 그녀는 자살위험 평가를 수행할 때 경험적 연구에 기반을 두는 방법을 활용할 것을 강조한다.

Houston 박사는 휴스턴 경찰국 심리 치료 부서에서 풀타임으로 일을 하고 있으며, 현역들, 퇴직한 경찰들과 그들의 가족들뿐 아니라 민간고용인과 그들의 가족들에게 다수의 심리 치료를 제공하고 있다. 또한 그녀는 스트레스 관리, 경찰업무에서 중급의 무력 사용(Intermediate Use of force), 그리고 다른 핵심 수업들을 비롯하여 경찰 아카데미에서 다양한 교육을 실시하고 있다. 더불어 그녀는 휴스턴과 텍사스에서 파트타임으로 개인 실무를 하면서 여러 기관에 자살행동, 자살위험성 평가, 자해행동, 소셜 미디어, 전염병에 대한 다양한 분야의 심리치료와 국가차원의 자문 및 교육을 제공하고 있다.

이전에 그녀는 연방 교도소에서 교도소 상담자/심리학자와 연방 법 집행관으로서 이중 역할을 하였고 수감자 및 교도소 직원 모두에게 다양한 심리 치료를 제공하였다. 그녀는 교도소 직원들 및 행정직원들에게 교육을 제공했으며 몇 년간 인질 협상 팀에서 정신건강 전문가로 경찰관 및 특별 대응 팀과 긴밀히 협력하는 업무를 수행하였다. 또한 그녀는 개인병원과 대학 상담센터에 심리, 심리교육 및 약물의존에 대한 프로그램을 실시하였으며 양로원 및 재활시설에 노인 심리(geropsychological) 서비스를 제공하였다.

누구를 위한 책이며 이 책을 활용하는 방법

내가 처음으로 어렵다고 느꼈던 내담자는 몇 년 동안 자해를 해온 내담자로 계속되는 자살사고와 여러 번의 자살시도 경력이 있었다. 나는 그러한 내담자와 작업을 한 적이 없었기 때문에 두려웠다. 그야말로 죽거나 살거나의 상황이었다! 나는 이전의 경험, 현재의 생각, 가족 내력, 그리고 수업에서 배운 모든 것을 활용하여 올바른 질문들을 하고 있다고 생각했다. 일관된 방식의 치료였고 이는 구조적이었으며 경계가 적절했다. 잘 흘러가고 있었다!

그러던 어느날 "그 전화"를 받았다. 그날은 내가 마지막으로 그를 만난 이틀 후였는데, 그가 자살시도를 하였다. 그는 스스로 목을 그었으며 병원에서 289바늘을 봉합하였다. 내가 신경을 쓰고 보살피는 동안 말이다. 정말 최악이었다.

내가 무엇을 잘못했을까? 수업에서 꼭 배운 내용은 아니더라도 성공적인 결과를 위해서 필수적이었던 미묘한 부분을 놓쳤던 것 같다. 그 시점부터 나는 자살 내담자와 비자살적 자해행동(NSSI) 내담자에게 창조적인 나만의 치료법으로 대하는 법을 배웠다. 나는 효과적인 자살위험 교육프로그램을 개발하였고 여러 생명을 구했다. 그리고 나의 치료기관 내에서 치료기준이 된 통합 평가도구를 만들었다. 나는 어린이 및 청소년, 참전 용사, 군인, 성소수자(LGBTQI), 노인, 경찰관, 교도소 수감자를 비롯하여 위험에 처한 많은 사람들과 작업하기 위해 이러한 원칙들을 효과적으로 적용해왔다.

당신은 어떠한가? 준비가 되었는가? 이 싸움에 맞설 수 있는 최상의 도구를 가졌는가?

표지에 꽃이 있는 것을 보았는가? 섬세하고 무성하고 건강해 보이지만 자세히 보면, 완벽하지는 않다. 세심하게 계속 살펴보면 미묘한 변화가 일어나는 것이 보일 수 있다. 자살과 자해의 경우도 마찬가지로 "정상적"이고 건강해 보이는 표면 아래에 숨어있기 때문에, 파악하기 어려울 수 있다.

자살과 자기파괴적 행동을 하는 내담자들을 치료하는 것은 쉽지 않다. 이를 해결할 단 하나의 옳은 방법은 없다. 많은 치료자들은 이런 내담자와 연관된 심각한 행동 또는 결과에 맞닥뜨렸을 때 혼란과 무력함을 느낀다. 치료자들은 이러한 내담자들을 치료할 때 두려워하고 불안해하며 불확실해하거나 지나치게 조심스러워한다. 그리고 때때로 이러한 감정들은 역전이를 일으키거나 치료에 부정적인 영향을 미칠 수 있다. 우리는 항상 자살행동을 하는 내담자들과 작업을 할 때 복잡한 상황들에 준비가 되어 있지 않다. 우려에 대한 복잡성에 준비되어 있지 않다. 그리고 이러한 준비에 대한 부족함은 내담자에게 충분하고 효과적인 치료를 제공하는 우리의 능력을 방해한다. 이러한 유형의 내담자와의 작업은 초보 상담자뿐만 아니라 지속적으로 자살행동을 하는 내담자들에게 정신건강치료를 계속 제공해왔던 상담자들에게도 위협적일 수 있다.

내담자들이 삶과 죽음에 대한 선택에 영향을 미치는 복잡함을 감안할 때, 이 문제를 "해결"할 수 있는 그저 하나의 효과적인 도구 또는 기법을 정확하게 찾아내기는 어렵다. 각 내담자는 자살사고, 자살의도, 자살계획 및 자살시도의 강도에 있어서 다양한 양상을 보이며 이들은 일반적으로 어떠한 범주에도 확실하게 속하지 않는다.

이 워크북은 치료자들에게 자살과 자기 파괴적 행동에 영향을 주는 근본적인 병인학, 다양한 삶의 요인들 그리고 정신건강 문제들에 대한 이해를 돕기 위해 만들어졌다. 또한 정신건강관리 제공자들이 내담자의 현재 문제에 대해 비판적으로 사고하고 문화적, 환경적, 사회적, 유전적 요소들이 어떻게 내담자들의 부적응적인 방식의 사고, 감정, 행동에 중요한 역할을 하는지에 대한 이해를 돕기 위해 만들어졌다. 이 워크북은 당신의 내담자를 위한 자살 예방의 열쇠로서 이러한 미묘한 요인들을 파악하는 데 도움을 줄 것이다.

자살의 형태는 전체적으로 복잡하다. 따라서 치료자가 자살하려는 내담자들과 비자살적 자해행동(NSSI)을 하는 내담자들을 평가하고 관리하며 치료할 수 있는 접근방법이 또한 다양하다. 이 워크북은 이처럼 다양한 양상을 보이는 내담자 그룹과 함께 작업할 때 작업이 지연되거나, 좌절스럽거나 방법이 없다고 느끼는 임상의에게 도움을 주기 위해 만들어졌다.

다음의 내용은 이 책에서 살펴볼 주제이다.

- 내담자와 자살에 대하여 논의하기
- 자살 가능성에 대한 평가
- 특수집단의 자살 예방법과 자살위험 가능성이 높은 정신건강 진단에 대한 이해
- 대인관계 치료, 위기관리, 인지행동 치료와 변증법적 행동치료를 비롯한 다수의 치료접근법 활용

역자 서문

    심리상담의 관점에서 한국사회의 자살문제에 대한 예방과 대응방안 마련에 직접적인 관심을 가지게 된 계기는 삼성서울병원 정신건강의학과 전홍진 교수님이 2019년부터 3년간 연구책임자로 수행한 보건복지부 <자살 고위험군 선별도구 및 자살 위험도 평가도구 개발 및 효과검증> 정신건강문제해결연구사업에 세부 과제 책임자로 참여하게 되면서이다.

    이후 교육부와 한국연구재단 사회과학연구지원 사업에 선정되어 2021년 9월부터 <청소년 자해·자살 예방 및 개입: AI기반 생태순간중재평가 및 개입 어플리케이션 개발을 위한 한국형 생물심리사회-경로모델 구축> 연구사업을 시작하게 되었다. 이러한 연구프로젝트들을 수행하게 되면서 본 원서의 역서작업을 전홍진 교수님과 공동으로 시작하게 되었다.

    우리나라는 OECD 기준 자살사망률에서 2003년 처음 1위를 기록한 이후 2016년까지 13년 연속 OECD 가입국 중 자살률 1위를 기록하였다. 2018년 우리나라(인구 10만 명당 24.7명)는 OECD 국가 평균(11.0명)의 두 배가 넘으며, 독일(9.6명), 프랑스(12.3명), 미국(14.5명), 일본(14.7명) 등 주요 선진국보다 10명 이상 많은 수치이다.

    WHO에 따르면 한국의 10~24세 기준 청소년 자살률은, 2010년 기준 10만명당 9.4명으로, 한국보다 청소년 자살률이 앞서는 국가는 핀란드(14.2명), 뉴질랜드(13.7명), 칠레(10.7명), 일본(10.2명), 아일랜드(10명) 정도이다. 이처럼 한국의 청소년 자살률은 OECD 국가들의 평균을 상회하고 있고, 매년 꾸준히 증가하여 심각한 수준에 이르렀기 때문에 국가와 사회, 가정과 학교 차원에서 경각심을 갖고 대책이 시급한 상황이다.

    이 워크북은 심리상담사 및 정신건강 전문가들에게 자살과 자해와 같은 자기파괴적 행동에 영향을 주는 근본적인 병인학, 다양한 삶의 요인들 그리고 정신건강 문제들에 대한 이해를 돕기 위해 만들어졌다. 또한 심리상담사 및 정신건강관리 제공자들이 내담자의 현재 문제에 문화적, 환경적, 사회적, 유전적 요소들이 서로 어떻게 내담자들의 부적응적인 방식의 사고, 감정, 행동에 중요한 역할을 하는지에 대한 이해를 돕기 위해 만들어졌다. 이 워크북은 내담자를 위한 자살 예방과 대응방안 마련을 위한 열쇠로서 이러한 미묘한 요인들을 파악하는 데 도움을 줄 것이다. 자살의 형태는 전체적으로 복잡하다. 따라서 자살문제를 가진 내담자들과 비자살적 자해행동(NSSI)을 하는 내담자들을 평가하고 관리하며 치료할 수 있는 접근방법 또한 다양하게 존재한다. 이 워크북은 이처럼 다양한 양상을 보이는 내담자와 함께 작업할 때 심리상담사 및 정신건강 전문가들에게 도움을 주기 위해 만들어졌다.

상담 및 심리치료 분야에 계신 분들에게 꼭 필요한 좋은 책이 나올 수 있도록 오랜 시간 믿고 기다려준 박영스토리의 노현 대표님께 감사를 드린다. 또한 이 책이 나오는 데까지 물심양면으로 많은 도움과 지원을 해주신 박영스토리의 배근하 과장님과 관계자분들께도 깊은 감사를 드린다.

와룡공원이 보이는 명륜동 연구실에서
이동훈

* 이 저서는 2021년 대한민국 교육부와 한국연구재단의 지원을 받아 수행된 연구임 (NRF-2021S1A3A2A02089682)

자살: 당신이 알아야 할 것

01   자살: 당신이 알아야 할 것

자살이란 무엇인가?

질병통제예방센터는 자살을 "죽을 의도를 가지고 자신이 주도해서 스스로에게 해를 입히는 행동의 결과로 인한 죽음"이라고 정의한다. 웹스터(Merriam-Webster) 사전에서는 자살을 "자발적인 죽음을 초래하는 고의적인 행위를 하는 것 또는 그 행동"이라고 정의한다("Suicide," 2015). 자살의 정의가 이러할지라도, 내담자들이 우리가 돕는 것을 허용한다면, 자살은 예방 가능한 사건이다. 하지만, 우리는 자살을 하거나 자살 행동을 보이는 내담자들을 정확하게 인터뷰하고, 평가하며 관리하기 위해 우리의 대화에서 명확히 해야 할 필요가 있다. 또한 이에 대한 우리 자신의 두려움, 불안, 이러한 행동들을 위한 관리하는 전략을 적용하는 훈련이 부족할 수 있음을 인식하고 인정해야 한다.

자살은 대부분의 사람들에게 불안을 유발하고, 금기시되며, 무서운 주제이다. 매우 현실적인 주제이며, 다시 한번 생각해보아도 무서운 주제이다. 그러나 치료 자들은 내담자들이 그들의 제한되고 때로는 절망적이고 무기력한 세계관 때문에 보지 못하는 자살관련 요인들을 알고 있다. 이러한 현상은 솔직하고 공개적으로 다뤄져야 하며 모든 임상 및 비 임상상황에서 발견될 수 있는 사안이다.

자살행동은 다양한 형태로 나타날 수 있다. 자기 파괴적 행동(예: 잦은 약물사용, 무모하게 운전하는 것, 또는 자신을 위험한 상황에 처하게 하는 경우)이 나타날 수 있고, 비자살적 자해행동과 "우발적 자살"의 형태를 취하거나 또는 노골적인 자해행동(긋기, 약물 과다복용, 또는 물건을 삼키는 것)이 나타나는 경우도 있다. 자살행동은 때때로 충동적일 수 있으나 보다 이성적이며 잘 계획된 경우도 있다.

충동적 자살

충동적 자살은 흔히 촉발사건, 저하된 대처능력, 무기력함, 절망, 수치심, 죄책감, 부담감 및 답답함의 조합을 포함한다. 촉발사건에 불치병의 선고, 사랑하는 사람의 죽음, 실직 또는 경제적 불안정성, 관계의 파탄, 학교, 성적 하락, 또는 관계에서의 거부와 같은 일들이 해당될 수 있다. 이러한 사건들은 일반적으로 자살을 행할 위험을 몇 시간, 며칠, 몇 주, 몇 달 안으로 임박하게 만들 수 있다. 이러한 사건들은 일반적으로 급작스러우며 위기라 생각되는 반응이 일어난다. 자살이 충동적일 때 보통 약물과 알코올이 관여된다. 왜냐하면 이러한 물질들은 억제력을 저해하고, 충동성을 높이며, 합리적인 사고와 의사 결정 능력을 손상시키기 때문이다. 충동적 자살은 대부분 이전의 자살시도, 정신질환 진단, 또는 약물이나 알코올 남용과 같은 전형적인 경고신호를 동반하지 않는다. 이러한 행동은 갑작스럽고 즉흥적이다. 따라서 특히 생물학적으로 한창 충동적일 수 있는 청소년과 젊은 층의 경우에서 빈번하다.

충동적 자살에 대한 임상 연구는 다양하다. 하지만 이러한 유형의 자살을 완수하는 사람들은 아래에 제시된 몇몇의 공통적인 특징을 나타냈다.

- 성별: 일반적으로 남자
- 나이: 청소년들의 위험성이 높음
- 정서적 미성숙: 결과에 대해 생각하는 능력이 떨어짐
- 정신장애: 우울증을 제외한 정신병, 알코올이나 약물남용의 경우가 빈번함
- 방법: 의학적으로 심각하다고 여겨지는 방법. 물 속으로 뛰어들거나 특정 높이에서 차도 쪽으로 몸을 던지는 것(고가에서 차도로 뛰어 내리는 것)은 충동적 자살과 밀접한 관련이 있다
- 그 외: 공격적인 행동이나 과거의 충동적 자살행동 이력 (긋기, 그 외의 자기파괴적 행동들, 그리고 잘못된 의사결정 이력)

이성적 자살

이성적 자살은 불치병에 걸린 사람이 죽음을 이성적으로 선택하는 경우의 자살로 정의 된다. 이는 또한 정서적이거나 심리적인 이유와 달리 심사숙고하고 삶을 마치는 것을 의미한다. 이성적 자살을 지지하는 사람들은 자신의 의지 및 타인의 간섭 없이 스스로의 신념이나 욕구에 따라 행동할 수 있는 것을 의미하는 개인의 자율성을 존중해야 한다고 주장하였다. "죽을 권리"는 자기 자신이 죽는 시기와 죽는 방식을 선택할 권리라고 할 수 있으며 보통 자율성의 가장 극단적인 형태로 간주된다. 이성적 자살의 개념을 지지하는 다른 관점에서는, 일생을 끝냄으로서 얻는 효용 또는 "이익"에 대한 합리적 평가를 할 수 있는 개인의 능력이라고 말한다. 이 관점의 지지자들은 자살이 고통스럽고 절망적인 질병으로부터의 도피와 자유를 줄 수 있다고 주장하며 "그냥 사는 것" 보다는 삶의 질의 중요성을 강조한다.

의사원조 자살은 환자가 생을 마감하는 행동을 수행할 수 있도록 필요한 수단 및 정보를 제공하여 환자의 사망을 원조하는 과정을 말한다(예: 의사는 환자가 자살을 할 수도 있다는 것을 감안하여 수면제와 치사량에 대한 정보를 제공한다). 이런 유형의 자살은 대부분 진행 중이고 불치병을 현재 앓고 있는 개인을 위한 것이다. 2015년 9월부로, 의사원조자살은 캘리포니아, 몬타나, 오리건, 버몬트, 워싱턴 주에서 합법으로 정해졌다.

자살의 일반적 요소

자살의 일반적 목적은 해결책을 찾기 위해서다. 자살을 염두하고 있는 사람들은 대개 문제를 해결하고자 할 때 모든 가능성이 사라진 것처럼 느낀다. 일반적으로, 자살은 그들이 대처할 수 없는 스트레스 상황을 경험하거나 통제할 수 없는 상황을 다루고자 할 때 발생한다.

자살의 일반적인 감정은 절망 또는 무기력함이다. 연구결과에 따르면 절망과 무기력함은 일반적으로 수치심, 죄책감, 부담감, 대처능력의 부족, 간헐적 불면증과 동반된다. 이러한 증상들의 조합은 개인의 자살위험성을 상승시키며 이러한 요소들이 보일 때 자살행동의 급박성을 평가해야 한다. 또한 이러한 증상들은 우울장애, 불안장애, 양극성장애, 정신질환, 섭식장애, 트라우마, 다른 스트레스 장애,

강박장애, 그리고 심지어 약물관련 정신건강 장애를 포함하는 대부분의 정신건강 진단에서 흔히 볼 수 있다.

자살의 일반적인 스트레스 요인은 좌절된 심리적 욕구이다. 좌절된 심리적 욕구는 다양하며 주관적이다. 이러한 욕구들은 소속감, 재정적 욕구, 관계적 욕구, 존경욕구, 또는 안전욕구를 포함한다. 장애물이나 다른 요소로 이러한 욕구들은 충족되지 못하고, 통제할 수도 없어서 대부분의 개인은 이러한 욕구의 만족을 방해받는다. 이러한 좌절의 강도는 개인마다 다르며 가장 최근의 문제나 촉발사건에 따라 다르게 나타난다.

자살의 일반적인 목표는 의식의 중단이다. 자살을 고민하고 있을 때, 개인은 일반적으로 평화, 항상성, 심리적 정서적 조화를 이루고자 안간힘을 쓴다. 그들은 심리적이고 정서적인 고통의 경험을 멈추기 위해 그들의 존재를 끝내려고 시도하는 것이다.

자살의 일반적인 자극제(또는 인식된 정보)는 견딜 수 없는 심리적 고통이다. 다시 말하자면 이런 유형의 고통은 주관적이며 좌절된 심리적 욕구와 비슷하다. 견딜 수 없는 심리적 고통의 의미는 일상적인 기능으로는 증상 완화가 불가능하다는 것을 말한다. 이 고통은 만성적이며 만연한 것이며 강도가 심하다. 이러한 현상은 관계, 자기혐오 및 자기 가치 왜곡, 고통을 감당할 수 있는 논리적인 해결책이 없거나 고통이 끝나지 않을 것 같은 느낌과 같은 다양한 요인으로 인해 야기된다.

자살의 일반적인 내적 태도는 가치의 양면성이다. 양면성은 때때로 자살행동을 동반하는 우유부단함을 말한다. 양면성은 좋은 것이다! 우리의 내담자들이 양면적인 상태라면 그들은 자살에 대해서 불확실할 것이며 그 문제에 대해 논의해볼 의향이 더 있을 것이다. 우리의 내담자들이 양면가치로부터 벗어나 자살에 대한 다짐에 가까워지면 문제가 된다. 다짐을 하게 되면 내담자들은 자살사고 또는 잠재적 시도에 대한 자살지표나 경고신호를 보내지 않는다.

자살의 일반적인 인지상태는 수축이다. 내담자들이 자살을 고려할 때, 그들은 세상을 편협한 시각으로 보는 경향이 있으며 그들의 현재 상황을 "제한된 시야(tunnel vision)"로 경험하기 시작한다. 그들이 이러한 유형의 사고를 할 때 절망과 무기력함이 인지적으로 나타나기 시작한다. 내담자들은 이전의 노력들이 쓸모없으며 미래지향이 쓸데없는 것이라고 여기게 된다. 따라서 희망을 불어 넣어주는 것과 내담자가 경험하는 다양한 상황에 대한 대안을 제공하는 것이 중요하다.

자살의 일반적인 행동은 도망치는 것이다. 우리의 내담자들이 자살에 골몰해있었을 때 그들 중 다수는 도망, 도피, 회피하거나 그들이 경험하는 문제의 해결책을 모색한다. 그들은 현재 상황으로부터 자유롭고 싶어 하며 그들의 심리적, 정서적, 때때로는 신체적 고통을 끝내기를 간절히 원한다.

자살의 일반적인 대인관계 행동은 의도가 담긴 의사소통(communication of intention)이다. 자살을 완수하거나 시도한 많은 사람들이 고통, 고뇌, 절망을 전달한다. 이러한 전달은 자살노트 작성, 어떠한 글을 작성하는 것, 구두 의사소통 또는 행동적 의사소통을 포함한다. 이는 상대방에게 견딜 수 없는 자신의 내면의 정신적 혼란을 표현하고자 하는 것이다.

자살의 일반적인 일관성은 일생 동안 건강하지 않은 대처패턴의 이력이다. 자살사고를 하며 자살의지나 계획이 있는 내담자들 대부분은 보통 이전부터 대처기술이 좋지 못하고 쉽게 압도당한다고 보고한다. 그들은 고통감내 기술과 감정조절 기술이 좋지 못하다.

2

위기에 있는 내담자를 선별하기: 자살위험이 상승한 경우의 DSM-5 진단

02

위기에 있는 내담자를 선별하기:
자살위험이 상승한 경우의 DSM-5 진단

DSM−5의 새로운 부분은 선택 진단에 포함되는 "자살위험성"이라는 이름의 특별 섹션이다. 여기서는 이러한 장애를 가지고 있는 개인은 자살사고, 의도, 또는 계획의 위험성이 높을 수 있다는 것을 강조한다.

조현병증 스펙트럼 장애, 다른 정신병적 장애와 자살

조현병 또는 다른 정신병적 장애를 가진 내담자들과 작업할 때 이러한 개인들은 항상 위험하지는 않지만 자살사고, 자살의도, 또는 계획을 할 수 있다는 것을 기억하는 것이 중요하다. 이러한 생각들은 망상적 내용, 편집증, 과대하다는 느낌, 또는 무적감에 의해 영향을 받을 수 있다. 개인이 강력한 정신병적 증상을 경험할 때, 인지적, 정서적 장애가 개인의 행동에 영향을 줌으로써 자살위험성은 증가한다.

강력한 정신병을 가진 개인의 자살사고, 의도, 또는 계획에 대해 탐색할 때 첫 번째로 중요한 것은 차분함을 유지하고 그들이 표현하는 것을 알아차리는 것이다. 그들이 흥분하거나 초조해하거나 편집증적이거나 불신을 가지고 있는가? 내담자가 초조해한다면 첫 번째로 다른 치료자에게(가능하다면) 연락을 하는 것이 가장 중요하다. 또한 내담자를 만져서도 안되고, 신체적으로 가까이 다가가서도 안된다. 당신은 적극적 경청기술을 활용하면서, 당신의 안전을 적극적으로 관리해야 한다. 당신은 내담자를 깊은 호흡 또는 다른 단계적 감소(de−escalation) 기법에 참여하게 할 수 있다.

청각 또는 시각적 환각의 유무를 평가하고 이러한 환각에 대한 세부사항을 알아보는 것 또한 중요하다. 이러한 세부사항들은 중요하다. 왜냐하면 내담자가 자기 자신 또는 타인을 해하게 하는 경멸 또는 명령 환각을 경험하고 있는지의 여부 및 시각적 환각이 위험하거나 해로운 행동을 촉진시키는지의 여부를 알아야 할 필요가 있기 때문이다.

자살위험성을 증가시키는 장애

+ 조현병
+ 조현정동 장애(양극성 또는 우울 형태)
+ 물질/약물치료로 유발된 정신병적 장애
+ 다른 질병으로 인한 정신병적 장애

조현병과 자살위험

+ 조현병 진단을 받은 개인의 20−40%가 자살을 시도한다는 연구결과가 나왔다.
+ 내담자들은 예고없이 충동적으로 행동할 수 있다. 정신병적 삽화 동안에 내담자는 예측불가능하며 산발적인 행동을 나타낼 수 있다. 이러한 행동은 항상 예측가능하거나 예상될 수 없다. 자살위험성 평가(SRA)를 수행하거나 급성 정신병적 환자를 치료할 때 이러한 정보를 염두에 두는 것이 중요하다.
+ 내담자들은 환각 및 망상의 영향을 받을 수 있다. 내담자는 그들의 행위와 행동에 지배적인 영향을 주는 경멸, 명령 환각, 또는 다른 환각(촉각, 시각, 후각)들을 경험할 수 있다. 또한 망상은 산발적이고 위험한 행동을 야기할 수 있다.
+ 이인증이 발생할 수도 있다. 이것은 현실감 상실을 야기할 수 있다. 따라서 정신병적 삽화 동안에 내담자는 그들의 행동이 위험하거나 생명을 위협한다는 것을 인식하지 못할 수 있다.
+ 인지적 혼란은 의사결정에 영향을 줄 수 있다.
+ 편집증적 사고는 행동에 영향을 줄 수 있다.

- 치료에 대한 불응은 자살위험성을 증가시킨다. 이러한 장애의 치료는 정신과 약물치료 관리, 집중 외래환자 및 입원환자 치료, 그리고 사례관리와 같은 다양한 방법을 포함하기 때문에 내담자에게 벅찰 수 있다.
- 기분장애 증상이 있을 수 있다(우울, 불안, 동요, 짜증, 좌절감 또는 쉽게 압도되는 증상).
- 가족 또는 사회적 지지가 부족할 수 있다. 대부분의 정신병적 장애진단을 받은 개인은 타인과 관계를 형성하거나 지속하는 것에 어려움을 느낀다. 그들은 일반적으로 가족 및 친구들과 사이가 멀고 공동체로부터 배척당할 수 있다. 또한 정신병적 장애에 대한 낙인은 도움을 구하고 타인과 그들의 증상에 대해 의논할 때 매우 중요한 역할을 한다. 또한 이 장애와 관련된 낙인은 자살위험성을 증가시킨다고 보고되었다. 왜냐하면 많은 이들이 무력함과 절망을 느끼며 임상수준의 다른 기분장애 증상들을 경험하기 때문이다.

치료자 안전조치

- 가장 가까운 출구로부터 최대한 가까이 있어라(예: 문, 진입로, 복도, 창문).
- 사무실에서 당신을 공격하거나 내담자 스스로를 공격할 때 무기로 사용될 수 있는 물건에 지속적인 주의를 기울여라(예: 가위, 펜, 연필, 스테이플러).
- 내담자와 도발적인 주제에 대한 논의를 할 때에는 평온을 유지하고 낮고 차분한 어조를 유지해라.
- 가르치려 드는 언어를 사용하거나 내담자에게 공격적으로 보일 수 있는 행동을 하지 마라.
- 내담자가 도착하기 전에 동료에게 내담자에 대해 알려주어라. 혼자 사무실에 있을 때는 치료를 시작하지 마라.
- 정당한 상황이라면(예: 내담자가 계속 불응하거나 공격적이거나 치료 또는 입원을 거부하는 경우) 법 집행 기관에 문의해라.
- 내담자가 편집적이거나 망상적인 내용을 이야기할 때 공감적인 태도를 유지해라.

조현병의 기타 특징들

- 내담자는 무감각 또는 부적절한 정동을 보일 수 있다(예: 웃으면서 외상적 사

건을 이야기하거나 좋게 볼 수 있는 일에 대해 화를 내며 논의하는 것).

- 이인증 또는 현실감 소실을 보일 수 있는데, 이것은 자아인식에 대한 감각의 비정상적인 모습이다. 그것은 자신의 마음이나 몸에 관한 자아 내에서의 실재 또는 분리, 또는 자신으로부터 분리된 관찰자로 구성될 수 있다. 환자들은 그들이 변화하였으며 세상이 모호하고 꿈같으며 덜 현실적이거나 의미가 부족하다고 느낀다.
- 불안과 공포증이 있을 수 있다.
- 정신병적 삽화 동안 개인의 의사결정력, 현실검증력, 그리고 문제해결 능력이 떨어질 수 있다.
- 내담자는 공격성 또는 적대감을 보일 수 있다.
- 이러한 진단을 받은 경우 치료에 대한 불응을 흔히 볼 수 있다. 정신병적 장애로 고통 받는 많은 개인은 일반적으로 정신과 약물관리, 사례관리, 개인치료 등에 불응한다.
- 정신병적 증상의 대개 10대 후반에서 30대 중반에 발병한다.

조현정동 장애와 자살위험성

- 주요 우울삽화 또는 조증 삽화는 자살위험성을 증가시킨다.
- 환각 및 망상이 있을 수 있다. 특히 이러한 증상이 명령형 환각일 때 더욱 그렇다.
- 사회적 지지의 결여가 위험성 증가와 상관관계가 있기 때문에 사회적 고립 또한 자살위험성을 증가시킨다. 그들의 정신병적 삽화의 강도, 심각도, 빈도를 고려해 볼 때 이러한 개인들은 일반적으로 타인과 관계를 형성하고 지속하는 것에 대한 어려움을 가진다. 진단과 관련이 있는 수치심과 죄책감 또한 존재하며 이러한 감정은 고립적 행동과 위축된 상태로 이어지게 된다.
- 자살위험성은 조현병 증상과 관련된 충동성 및 부족한 의사결정 능력으로 인하여 증가한다. 이러한 증상들은 보통 기분장애 증상으로 인하여 악화된다.
- 이러한 진단을 받은 사람들은 대개 그들의 치료요법에 순응하지 않으며, 특히 급성 정신병적 삽화가 있을 때는 더욱 그러하다.
- 자살사고 발생의 증가는 정신병적 그리고 기분장애 증상의 조합의 결과로 일어난다.

이러한 진단을 받은 개인은 기분장애 증상뿐 아니라 정신병 증상도 경험한다. 이러한 기분장애 증상으로는 조증, 경조증, 혼재성 우울증상이 있다. 기분장애 요소는 정신병적 증상을 악화시키며 자살위험성을 증가시킬 수 있다. 이러한 내담자들과 작업할 때, 정신병적 증상과 기분장애 증상들을 철저하게 평가하는 것이 중요하다. 왜냐하면 흔히 이 진단을 정신병적 특성을 띄는 기분장애로 오진하기 때문이다(예: 정신병적 특성을 가진 주요 우울장애). 이것이 중요한 이유는 두 진단들은 다르게 관리되고 치료되어야 하기 때문이다.

자살위험성을 평가할 때 정신병적 증상 및 기분장애 증상의 강도와 지속시간에 주의하는 것이 매우 중요하다. 자살 가능성은 내담자가 무기력함, 절망, 죄책감, 수치심, 무가치함, 외로움, 슬픔을 경험하는 우울삽화 동안에 증가한다. 이러한 삽화 동안, 자살사고 또는 병적인 사고를 할 수 있다. 또한 내담자는 자기 자신을 다른 사람들로부터 고립시키고 있을 수 있으며 위축될 수 있다. 이것은 사회적 지원을 감소시켜 자살위험을 증가시킬 수 있다.

이러한 내담자들과 작업하는 것은 인내, 공감, 진단 기술, 임상적 역량, 당신의 지역사회에서 사용가능한 자원에 대한 지식을 포함한다(병원, 정신의학 서비스, 불우이웃 서비스). 당신은 조현병 파트에 나열되어 있는 치료자 안전조치를 항상 실천해야 한다.

조현정동 장애의 다른 특징들

- 강력한 정신병적 단계 이후에 주요 우울장애 또는 양극성장애 증상을 유발할 위험이 증가한다.
- 알코올 사용장애, 코카인 사용장애, 아편 사용장애, 암페타민 사용장애를 포함하는 공존질환 물질 관련장애가 있을 수 있다.
- 증상의 시작은 일반적으로 10대 후반에서 초기 성인기에 발생한다(16－30세).
- 이 장애는 대개 정신병적 특성을 띄는 양극성장애나 정신병적 특성을 띄는 주요 우울장애로 오진이 내려진다. 위에 언급된 장애들은 조현정동 장애와 달리 다른 방식의 치료계획을 포함하기 때문에 이러한 오진은 자살에 대한 위험성과 다른 사회환경적 위험성을 증가시킨다.

다른 질병으로 인한 정신병적 삽화와 자살위험성

- 질병의 만성화는 자살위험성을 증가시킬 수 있다. 질병은 사실상 말기이거나 진행 중일 수 있다(예: HIV, 헌팅턴병, 다발성 경화증, 또는 파킨슨병).
- 기분장애 증상(우울과 불안증상을 포함하는) 또한 자살위험성을 높일 수 있다.
- 만성적 통증은 체력을 저하시키며 사람의 에너지를 빠져 나가게 하고 그들의 동기부여를 저해한다. 이러한 개인들은 때로는 스트레스를 줄이고 에너지 소모를 감소시키기 위해 타인과의 사회적 접촉을 제한하려고 한다. 결국, 만성적 통증을 앓는 많은 사람들은 우울증과 유사한 증상을 보인다(흔히 고립과 조용함을 추구하는 것으로 보이는 낮은 대인관계 활동, 단순업무에 집중하는 것에 대한 어려움, 가능한 한 그들의 삶을 단순화 시키려는 바람).
- 수면은 보통 통증을 덜 거슬리도록 해주고, 고통으로 인한 피로감이 겹쳐오는 경우에는 환자에게 과다수면증이 생길 수 있다. 또는 고통이 반대효과를 가질 수 있으며 간헐적 불면증을 유발할 수 있다. 위의 문제의 조합은 자살의 위험성을 증가시킬 수 있다.
- 손상된 의사결정능력은 자살위험성을 증가시킬 수 있다.
- 예측불가능한 증상의 시작은 자살위험을 증가시킨다.
- 의료서비스에 대한 접근이 내담자에게 제한되거나 불가능할 수 있다. 따라서 질병을 치료받지 못하거나 악화될 수 있으며 자살위험이 증가할 가능성이 있다.

내담자와 작업 시, 정신병적 증상을 야기하는 질병상태를 이해하는 것이 중요하다. 질병이 말기이거나 진행기일 수 있으며 이것은 자살위험성을 증가시킬 수 있다. 질병과 관련된 약물사용에 대해 알고 있는 것이 중요한데 그 이유는 질병과 사용중인 약물 간의 상호작용 효과가 자살사고, 의도, 계획의 존재유무, 빈도, 강도에 영향을 줄 수 있기 때문이다. "배제(rule-outs)"라는 개념이(내담자의 증상의 원인으로 보이는 의심되는 상태나 질병을 제거하기 위해 외래 환자 치료에서 일반적으로 사용되는 용어의 개념) 이러한 상황을 관리할 때 실행되어야 하며 가장 적절한 치료를 제공하기 위해 항상 다른 건강 전문가들과 상의하는 것이 중요하다.

또 다른 의학적 질병으로 인한 정신병적 장애의 다른 특징들

♦ 질병의 치료로는 무수한 약물치료 및 기타치료가 있다(화학요법, 방사선 또는 인터페론 치료). 정신병적 증상들은 특정 치료법 또는 약물치료의 부작용일 수 있다. 또한 다양한 약물치료들 간의 상호작용이 급성 정신병적 증상을 야기할 수 있다.

♦ 의학적 질병 상태가 망상과 환각을 야기할 수 있다.

♦ 내담자는 일시적 또는 재발성 정신병적 삽화를 경험할 수 있다.

♦ 정신병적 증상들은 질병의 경과에 따라 달라질 수 있다.

♦ 증상의 발병은 일반적으로 고령층 내에서 발생한다. 왜냐하면 이러한 개인들은 질병을 앓을 가능성, 그들이 이전부터 가진 질병이 악화될 가능성이 있기 때문이다.

양극성장애 및 관련 장애와 자살

양극성장애는 높은 "최고점"과 낮은 "최저점"을 포함하는 기분장애이다. 이 진단을 받은 개인들은 조증, 우울증, 그리고 혼합된 기분장애 증상을 경험한다. 조증 삽화 동안, 내담자들은 일반적으로 약물사용 및 치료 접근법에 불응한다. 이 진단을 치료하기 위해 사용된 여러 약물치료는 고용량으로 투여되며 불편한 부작용들이 있다. 또한 이 장애로 진단받은 사람들은 창의적이고 활기차며, 카리스마가 있고, 팽창된 자존감과 과장된 흥분상태의 조증 단계를 즐기는 경향이 있다. 그들은 상승된 에너지 수준을 경험하며, 과도하게 고양된 감정을 경험한다.

이러한 개인들은 과도한 자신감을 보이며, 자신에 대한 과대망상이 있어서 이 같은 위험 요소들을 감수하며, 불법적인 물질들을 사용하고, 최소한의 수면만을 필요로 한다. 이같은 위험한 행동들은 강박적인 도박, 위험한 투자, 또는 자신의 실제 재정 상태를 고려하지 않고 지출하는 것을 포함한다(예: 지불을 할 수 없는 차를 사는 것). 내담자들은 또한 성욕 과잉으로 인한 성관련 부적절한 높은 위험 행동들을 할 수 있다(전화 섹스에 엄청난 돈을 쓰는 것, 인터넷을 통해 포르노물에 탐닉하는 것, 매춘여성을 만나는 것, 바람을 피우는 것) 인지와 정서적 기능이 훼손되었을 때 이 증상들의 조합은 자살위험성을 증가시킨다. 조증 증상의 격렬함으로 인한 충동적이고 위험한 행동으로 인해 "우발적 자살"이 가능하다.

자살위험성 평가를 수행할 때(SRA) 개인들은 단호하게 현재 자살사고, 의도 또는 계획을 부인하면서도 사고의 비약과 빠르고 격양된 언어를 사용할 수 있다. 그들은 상기되거나 팽창된 기분을 보고할 수 있기 때문에 철저하게 그들의 행동을 평가하는 것이 중요하다. 그들과 가까운 사람들로부터 과격하거나 위험한 행동 변화에 대해 관찰 정보를 얻는 것이 중요하다. 그들은 정보를 주지 않으려 하거나 그들의 기분상태에 대한 통찰력이 부족할 수 있다.

이러한 내담자들이 조증 또는 우울증 삽화 동안 강력한 정신병적 증상을 경험하는 것 또한 가능하다. 이것은 청각 및 시각적 환각을 평가하는 데에 적합하다.

우울삽화는 일반적으로 중간 정도에서 심각 수준에 이른다. 이러한 증상들의 격렬해지면 자살사고, 의도, 계획의 가능성을 증가시킨다. 하지만 이 내담자들은 정신과 약물 관리를 상대적으로 잘 받아들이며 이러한 상태일 때 치료에 더 순응적이다.

자살위험성을 증가시키는 장애

- 제 1형 양극성장애
- 제 2형 양극성장애
- 순환성 장애

양극성장애 및 관련 장애와 자살위험성

- 양극성장애를 갖고 있는 사람들 중 15%의 자살률을 보인다. 이 비율은 일반 인구와 비교하였을 때 약 30배 높다.
- 일반 인구와 마찬가지로 남성보다 여성이 자살시도를 더 많이 한다.
- 일반 인구와 달리, 여성들은 그들의 시도를 완료하는 경우가 더 많다. 따라서 양극성장애를 진단 받은 경우 자살로 인한 죽음의 비율은 여성이 남성보다 약간 높다. 이러한 통계에 대한 이유를 설명하는 몇 가지 이론이 있다. 그 예로는 (1) 이 장애로 진단받은 사람들은 일반적으로 관계에서 상당한 어려움을 경험하며 제한된 사회적 지지 체계를 가진다. 연구에서는 사회적 상호작용이 남성보다 여성에게 더 중요하기 때문에 이러한 대인 관계의 부족은 여성들이 자살을 완료할 위험성을 더 높게 만든다. (2) 연구에 따르면 여성이 남성에 비하여 양극성장애진단을 받을 경향이 높으

며 그렇기 때문에 이 집단 내에서 부각되어 보일 수 있다.

(3) 여성들이 조증 삽화를 경험할 때 더 치명적인 수단을 사용하는 경향이 있다(예: 총기 사용, 다리에서 뛰어내리기, 목매달기)

◆ 양극성장애진단을 받은 개인들은 주요 우울장애만을 겪는 경우보다 자살을 실행할 가능성이 두 배 더 높다.

◆ 연구에 따르면 개인들은 양극성 우울삽화 동안이나 급성 순환형 양극성장애 동안에 자살을 한다고 보고하였다.

◆ 양극성 삽화 동안 환각과 망상과 같은 정신병적 증상으로 고통을 받고 있을 때 내담자들은 자살시도를 하기 더 쉽다.

◆ 양극성장애를 가진 사람 중 최소 50%가 자살사고를 경험한다.

제 1형 양극성장애의 다른 특징들

◆ 양극성장애진단을 받은 많은 개인들은 특히 항정신성 약물 치료에 따르지 않거나 저항한다.

◆ 90%의 개인은 조증 삽화의 재발을 경험한다.

◆ 조증 삽화의 60%는 우울증 삽화 바로 이전에 발생한다.

◆ 이러한 증상의 발병은 한 사람의 일생 동안 발생할 수 있다.

◆ 내담자들은 조증 삽화 동안, 특히 정신병적 또는 편집증적 증상이 나타날 때 신체적으로 공격적으로 변할 수 있다.

◆ 행동으로 인한 해로운 결과가 있다.

◆ 내담자들은 판단력 부족을 경험할 수 있다.

◆ 내담자들은 급격한 기분변화를 경험할 수 있다.

◆ 위험이 높은 행동에 과도하게 빠지는 것을 포함한 예측불가능한 행동들을 할 수 있다.

◆ 내담자들은 통찰력과 객관성을 잃을 수 있다.

제 2형 양극성장애와 자살위험성

◆ 충동성이 있으며 이는 자살위험성을 증가시킨다.

◆ 우울증상의 지속시간과 심각도는 자살위험성을 증가시킨다.

- 약물사용장애는 자살위험성을 증가시킨다.
- 약물치료에 대한 지시를 따르지 않는 것 또한 위험성을 높인다.

제 2형 양극성장애로 진단받은 내담자는 우울증상의 지속시간과 심각도의 결과에 따라 자살위험성이 상승한다. 이 장애로 진단 받은 많은 내담자들은 강한 무력감, 절망, 무가치함, 죄책감, 수치심, 외로움을 느낄 뿐 아니라 간헐적 불면증을 보고한다. 이러한 증상들은 종종 더욱 빈번하고 지속적으로 자살 또는 병적인 사고를 초래한다. 내담자는 종종 그들의 존재에 대한 목적이 없다고 느끼며 그들의 존재에 의문을 제기한다. 일단 그들의 우울증 증상이 감소되고 심각도가 가벼워지게 되면 그들은 이러한 사고들을 더 잘 관리할 수 있으며 이러한 사고에 따라 행동하지 않게 될 것이다.

경조증이 조증과 다른 부분은 일반적으로 개인이 조증 삽화와 관련된 느낌을 "즐긴다"는 것이다. 하지만 경조증 삽화는 즐겁지 않다. 내담자들은 쉽게 동요되며 초조함을 느끼고, 좌절하며 분노한다. 그들은 초조함, 침습적 사고, 반추, 사고의 비약을 경험하는 것으로 보고된다. 그들은 지나친 에너지와 지치지 않고 집안 청소작업 등을 하는 것으로 보고된다. 그리고 일반적으로 타인으로부터 자신을 고립시키고 위축되며, 제한된 사회적 지지망을 가진다.

제 2형 양극성장애의 다른 특징들

- 내담자들은 고양된 창의성을 보고하는 경향이 있다.
- 증상의 발현은 일반적으로 20대 중반에 일어난다.
- 이 장애의 발병은 우울증 삽화로 시작된다.
- 이 장애를 가진 5−15%의 개인은 다중 기분삽화를 경험한다.

순환성 장애와 자살위험성

- 최근의 혼합상태의 발병과 최근의 조증 또는 우울증의 발병은 자살위험성을 증가시킨다.
- 빠른 순환은 절망감, 무력감 쉽게 압도되는 감정을 포함한다.
- 이 장애의 산발적인 성질로 인해 극심한 불안이 종종 발생한다.
- 치료를 받게 되지 못한 경우(예: 보험이 없거나 의료적 조치를 받지 못해 의료

적 상태에 영향을 줄 수 있는데, 예를 들어 상태의 심각성에 대한 통찰이 떨어지는 문제를 초래한다.)

- 공황발작은 심신을 약화시키는 증상일 수 있기 때문에 자살위험성을 증가시킨다.
- 확연한 불안은 자살위험성을 증가시킨다.
- 극심한 불면증은 자살위험성을 증가시킨다.
- 최근의 알코올 남용은 자살위험성을 증가시킨다.
- 일반적으로 즐거운 활동(예: 먹는 것, 사교 생활, 성행위)에서의 즐거움 상실 또한 자살 위험성을 증가시킬 수 있다.
- 최근 또는 예상된 실직, 개인적 관계의 상실, 재정적 손실, 범죄나 법적 절차는 자살시도의 가능성을 증가시킬 수 있다.
- 급성 정신병, 특히 명령 환각, 처벌에 대한 피해 망상적 두려움, 망상적 죄책감은 자살 위험성을 증가시킬 수 있다.
- 공존질환으로 물질사용장애진단은 자살위험성을 증가시킬 수 있다.

순환성 장애진단을 받은 내담자는 예측이 어렵다는 특성과 이러한 진단에 대한 관리의 어려움 때문에 보통 만연한 무력감과 절망감을 보고한다. 그들은 이러한 증상들을 통제할 수 없는 것처럼 묘사하며, 일부 내담자들은 심지어 광장 공포증과 공황 증상을 보인다. 이 두 가지 세분화된 기준을 보고하는 개인들은 때때로 고립되어 있고, 위축되어 있으며 제한된 사회적 지지망을 가진다. 타인과의 상호작용을 피한다. 이로 인해 자살위험성은 증가한다. 따라서 내담자들과 작업 시 이러한 공황 및 광장 공포증 증상들이 평가되어야 한다. 무기력함과 절망감은 이 장애의 만연한 증상이며, 이는 자살위험성을 증가시킨다.

순환 장애의 다른 특징들
- 증상은 일반적으로 초기 청소년기 또는 초기 성인기에 시작된다.
- 순환 장애진단을 받은 개인 중 15-50%의 확률로 제 1형 양극성장애 또는 제 2형 양극성장애가 발생한다.
- 아동들의 경우, 이러한 증상이 발병하는 평균 나이는 6.5세이다.

우울장애와 자살

주요 우울장애는 자살사고, 의도, 계획과 가장 관련이 있는 진단이다. 연구결과에 따르면, 미확정된 우울증 진단은 고령자(65세 이상), 대학생, 청소년을 포함한 다양한 인구의 자살시도와 관련된 주요 요인으로 밝혀졌다. 치료되지 않은 우울증은 물질사용 장애, 불안장애, 심지어 섭식 장애와 같은 다른 정신건강 장애를 초래할 수 있다. 주요 우울장애의 증상들은 일반적으로 만연되고 만성적이며 경도에서 중증도까지 다양하다. 부담감, 무가치함, 절망감, 무기력함, 간헐적 불면증은 자살시도 및 자살완료와 높은 상관관계가 있다.

우울증은 제한된 세계관을 유발할 수 있으며 내담자가 객관적으로 자신의 상태를 이해하고 관리할 수 없게 한다. 우울증상은 정신과 약물과 정신치료에 잘 반응한다.

우울한 내담자와 함께 작업할 때, 자살사고에 대한 평가를 자주 하는 것이 중요하다. 또한 정신과 약물치료 초기에 내담자의 정서적, 인지적 상태를 관찰하는 것이 중요하다. 연구에 따르면 에너지와 동기부여가 다시 생기면 당신의 내담자는 주요 우울증상(절망감, 무기력함, 무가치함, 부담감)들을 계속해서 경험할 수 있으며, 이는 자살시도의 가능성을 높인다.

파괴적 기분조절장애(DMDD)와 자살위험성

◆ DSM−5에서 아동에게 특정하여 새롭게 추가된 장애
◆ 충동적인 행동은 자살위험성을 증가시킨다.
◆ 기분이 예측불가능하며 순간적이기 때문에 정서적으로 불안정하다. 이러한 기분변화의 갑작스러운 동요로 인해 충동성과 외현화된 행동문제의 위험이 증가하며 자살위험성을 증가시킬 가능성이 있다.
◆ 이러한 아동들은 자가 치료를 위해 불법적인 물질을 사용할 수 있다. 따라서 물질사용장애진단이 있을 경우 자살위험성을 증가시킬 수 있다.
◆ 사회적 지지망이 부족한 경우, 자살위험성이 증가할 수 있다.

어떠한 유형이든 기분장애진단을 받은 아동들과 작업할 때, 자살위험성을 자주 관찰해야 한다. 파괴적 기분조절장애는 DSM−5에 추가된 새로운 진단이며 만성

적 동요와, 짜증, 좌절감을 보이는 아동들을 분류하는 데 도움을 준다. 이러한 만성적 파괴적 기분 상태는 양극성장애진단을 받은 아동들이 보이는 삽화의 형태와 구별되어 진단된다. 이러한 진단을 받은 아동들은 일반적으로 친구, 가족, 교사, 보육 교사, 성직자, 안면이 있는 사람들과 경직된 대인관계를 보이기 때문에 제한된 사회적 지지망을 가진다. 이러한 아동들은 일반적으로 충동적이고 비합리적이며 제한된 세계관을 가지고 있으며 이것은 자살에 대한 위험성을 증가시킨다. 또한 이러한 아동들은 건강상태를 악화시키고 인지적 기능과 의사결정 능력을 손상시키는 불법 물질(코카인, 알코올, 마리화나 등)들을 사용한다.

DSM-5는 이 장애를 진단하는 방법에 대해 매우 자세하게 설명한다. 이러한 구체적 내용들은 이 장애의 오진을 피하기 위해 명확하게 묘사되었다.

양극성장애 대 파괴적 기분조절장애(DMDD)

양극성장애	파괴적 기분조절장애
• 평생 동안 삽화가 지속되는 질병 • 조증 삽화 동안, 아동의 평소와는 다른 인지적, 행동적, 신체적 증상들이 그 기분장애를 동반해야 한다. • 상승되거나 확장된 기분과 과대망상 • DMDD(DSM-5)보다는 낮은 수준의 짜증 • 어느 연령대에도 진단 받을 수 있지만, 아동들에게는 드물다. • 20대와 30대에 발병의 최고점에 달한다. • 정신병이 있을 수 있다.	• 극심한, 비 삽화적 과민 반응: 지속적이며 몇 달 동안 계속된다. • 양극성장애를 보이지 않는다. • 심한 폭발과 분노, 성질을 부린다. • 상승되거나 확장된 기분을 보이며 과대망상은 없다. • 6세 이하 또는 18세 이상의 나이에 최초 진단이 내려질 수 없다. • 정신병과 관련이 없다.

적대적 반항장애 대 파괴적 기분조절장애(DMDD)

적대적 반항장애	파괴적 기분조절 장애
• 파괴적 행동 • 과민반응은 일반적이지만 진단에 필요한 요인은 아니다. • 권위적 인물에 대해 반항적이고 저항적인 행동패턴	• 우울장애 • 기분 표현이 상당히 비정상적이다. • 환경에 영향을 주며 위험한 행동에 관여한다.

품행장애 대 파괴적 기분조절장애(DMDD)

품행장애	파괴적 기분조절 장애
• 파괴적 행동장애 • 심각한 규칙 위반 • 공감과 양심의 결여 • 기분장애 또는 불안에 대한 기준은 없다. • 공존질환으로 적대적 반항 장애가 있을 수 있다.	• 우울장애 • 기분 표현이 상당히 비정상적이다. • 과민 반응이 주요 특징이다. • 한 개 이상의 환경에 영향을 준다(예: 학교, 집, 교회).

파괴적 기분조절장애의 다른 특징들

◆ 이러한 아동들은 또한 주의력 결핍 과다행동장애(ADHD)의 기준을 충족시킬 수 있다. 그들은 집중력 저하, 분열, 건망증, 부주의, 작업 완료의 어려움, 쉽게 지루함, 안절부절 못하는 것을 포함하는 증상들을 보일 수 있다.

◆ 만성적 과민반응은 이러한 아이들이 급성 분노발작이나 감정폭발을 경험하지 않아도 발생할 수 있다. 이러한 과민반응은 모든 상황에서 발생할 수 있으며 권위적 인물 또는 부모로 한정되어 있지 않다. 이러한 부분이 적대적 반항장애와 다른 점이다.

◆ 부족한 의사결정은 감정적 책임과 충동적 인지의 결과로 나타난다.

◆ 나이와 세상 경험의 결과로 인해 현실 검증은 제한적이고 결여되었다.

주요 우울장애와 자살위험성

◆ 주요 우울증은 자살과 가장 관련이 있는 정신병 진단이다.

◆ 치료받지 않은 우울장애 환자의 평생 자살위험성은 거의 20%이다.

◆ 치료를 받은 환자들의 자살위험성은 100,000명 중 141명이다.

◆ 자살을 완료한 사람의 2/3는 그들이 사망할 당시 우울증을 겪고 있었다.

◆ 주요 우울증을 앓고 있는 사람의 자살위험성은 일반대중보다 20배 높다.

◆ 재발되는 우울삽화를 겪는 개인은 한 번의 우울삽화를 가진 개인보다 자살위험이 더 높다.

주요 우울장애의 다른 특징들

◆ 주요 우울장애(MDD)는 높은 사망률과 관련이 있다.
◆ 이 장애는 대부분 만성적 통증, 쇠약한 다른 신체적 질환과 함께 발생한다.
◆ 증상의 발병은 평생동안 일어날 수 있다.
◆ 자살시도는 대부분 우울삽화 동안 일어난다.
◆ B군 성격장애와의 공병률이 높다.

물질/약물사용 관련 우울장애와 자살위험성

◆ 우울증상은 자살위험을 증가시킨다.
◆ 처방된 약물로 치료하는 질병이 말기 또는 진행기일 수 있으며, 이는 자살위험성을 증가시킨다.
◆ 이러한 물질의 사용이 결과적으로 비합리적인 사고와 잘못된 의사결정을 낳을 수 있다.
◆ 물질은 자살위험성을 증가시켜 사회 통념에 벗어나는 충동적이고 불규칙한 행동을 끌어낼 수 있다.

물질/약물사용 관련 우울장애는 처방받거나 내담자가 섭취한 불법적인 물질의 사용으로 인해 발생한다. 증상의 발병은 일반적으로 물질사용 후 한 달 이내에 발생하며, 이는 일반적으로 특정 약물치료가 신체에 영향을 미치기까지 필요한 시간이다. 약물사용이 말기 질병 또는 점진적으로 쇠약해지는 질병을 치료하는 것일 수 있기 때문에 이러한 내담자들의 자살위험성은 평가해야 한다. 일부 약물은 세로토닌과 도파민과 같은 뇌의 여러가지 신경전달물질에 영향을 주는데 이는 기분조절에 영향을 줄 수 있다. 다른 약물은 기분조절과 항상성을 담당하는 뇌 구조에 영향을 준다.

우울증으로 이어질 수 있는 일반적인 약물 유형은 항경련제, 항우울제, 항편두통 약물, 항정신병 약물, 항바이러스제, 심혈관 약물, 호르몬 약물, 면역질환 약물, 레티노산 유도제와 금연약물이다.

물질/약물사용 관련 우울장애의 다른 특징들

◆ 증상 발병은 대부분 약물사용 후 3−4주 내에 일어난다.

- 약물사용을 중단하였을 때, 증상이 경감된다.

다른 질병으로 인한 우울장애와 자살위험성

- 질병이 만성적이거나 말기일 수 있으며 질병으로 쇠약한 상태에 있다면 이는 자살위험성을 증가시킨다.
- 약물의 상호작용 효과가 충동성, 혼란, 인지적 분열, 정신병적 증상, 온전치 못한 의사결정을 야기할 수 있다.
- 의료서비스 이용이 적을 경우 자살위험성을 증가시킬 수 있다.
- 신체건강 상태와 관련된 만성적 통증이 발생하면 자살위험성이 증가할 수 있다.
- 신체건강 상태가 쇠약한 경우에는 무기력함, 절망감, 수치심, 죄책감과 같은 감정을 유발할 수 있다. 또한 이러한 질병은 개인이 직업적 기능 및 일상적인 활동을 하지 못하게 하거나 인지적 결손을 경험하게 하기 때문에 삶의 질에 영향을 준다.
- 개인은 스스로를 고립시키고, 위축되며, 타인과 관계를 형성하거나 유지하는 것에 대해 관심이 없기 때문에 제한된 사회적 지지 체계를 가지게 된다.
- 개인은 질병의 정서적 또는 심리적 영향, 신체적 영향을 관리하기 위해 자가치료의 목적으로 약물을 복용하다가 물질사용장애를 겪게 될 수 있다.

내담자와 작업 시 우울증상을 야기하는 의학적 질병을 이해하는 것은 중요하다. 질병은 말기 또는 진행기일 수 있으며 이러한 경우 자살위험성을 증가시킬 수 있다. 또한 질병과 관련하여 약물치료에 대해 이해하는 것도 중요하다. 왜냐하면 약물과 질병과의 상호작용 효과는 자살사고, 의도, 계획의 발생에 영향을 줄 수 있기 때문이다. 의학적 질병으로 인한 정신병적 장애의 경우 최적의 관리를 제공하기 위하여 다른 건강전문가들과 의논하는 것은 항상 중요하다. 2차적으로 우울증을 일으키는 흔한 질병은 쿠싱병, 헌팅턴병, 갑상선 기능 저하증, 파킨슨병, 뇌졸중 및 외상성 뇌손상을 포함한다.

불안장애와 자살

　대부분의 치료자들은 우리의 내담자가 우울증상을 보고할 때, 내담자에게 자살사고가 존재할 것이라는 것을 "자동적"으로 가정하거나, 최소한 인식하도록 훈련되었다. 하지만 우울장애 뿐 아니라 불안장애를 보고하는 내담자들 또한 자살위험성이 높아지고 있다.

　불안은 스트레스를 야기하고, 위험하거나 익숙하지 않은 상황에 일어나는 단순한 신체반응이다. 이는 의미있는 사건 전에 당신이 느끼는 불안감, 고통 또는 두려움이며 이 감정은 우리가 걱정하는 상황에 대비하는 데 도움이 되기 때문에 정상적이며 심지어 유익하다. 하지만 불안장애를 경험하는 이들에게 이러한 반응들은 정상과는 거리가 멀다. 치료가 필요한 불안은 보통 비합리적이고, 압도적이며, 상황에 맞지 않다. 불안증상은 흔히 내담자가 압도감, 무기력, 절망, 통제 불능, 두려움, 회피, 죄책감, 수치심을 느끼게 한다. 불안은 메스꺼움, 위장 장애, 식욕 감퇴, 간헐적 불면증, 두통, 진전증(예: 떨림, 전율)을 포함하는 생리적 증상을 초래할수 있다. 이 상태는 일부 내담자들을 쇠약하게 할 수 있으며, 심지어 그들은 이러한 증상들을 경감시키거나 없애기 위해 항불안 치료제 또는 다른 물질을 남용할가능성이 있다. 일반적으로 불안증상을 경험하는 내담자는 우울증과 물질사용장애의 공존질환 진단을 받을 수 있다.

　나는 범 불안장애부터 사회불안장애, 공황장애, 공포증, 분리불안장애, 불안과관련된 질병들과 특정되지 않은 불안까지 모든 유형의 불안장애를 보이던 내담자들과 함께 작업해 왔다. 이 모든 장애의 공통적인 부분은 무력감이다. 불안을 예측하거나 통제할 수 없다는 것, "나는 곧 죽을 것이고 아무도 내 말을 듣지 않을 것이다!"라고 느끼는 것, 이러한 증상들이 결코 없어지지 않을 것 같은 느낌은 내담자로 하여금 학습된 무력감을 발전시키고 심지어는 그들의 상황에 대한 좁은 시야를 갖게 한다. 불안은 한 사람의 일상의 기능에 지장을 주며 회사에서의 심각한갈등과 대인관계에서 문제를 만들며 질병까지도 악화시킨다.

　스트레스는 불안의 수준에 영향을 미치는 또 다른 요인이다. 스트레스는 "지각된 위협, 요구 또는 변화에 대한 반응"으로 정의될 수 있으며 "지각된"이라는 단어가 중요하다. 지각은 주관적인 경험이며 한 사람의 유전적 구성, 환경적 영향, 문화, 일상적 요구사항에 의해 좌우된다. 즉, 우리가 사건을 해석하는 방식이 그 사건에 대한 우리의 행동 또는 반응에 영향을 준다. 당신이 불안을 안고 살고 있다면, 당신의 지각은 왜곡될 것이며 더한 불안감을 경험하게 될 것이다. 길이 없는 것처럼 들리는가? 이제 당신의 인생의 매일을 이렇게 치료하지 않거나 치료가 계속 성공적이지 않을 것이라고 느끼면서 살아간다고 상상해보아라. 이 장애와 매일 싸우는 사람들은 높은 빈도의 자살사고와 병적인 사고를 보고한다. 이것이 이 장애의 심각하고 파괴적인 영향을 인식하고 지속적으로 각 내담자들의 자살 잠재력을 살펴보아야 하는 이유이다.

분리불안장애와 자살위험성

- 하나 또는 그 이상의 불안장애는 일생의 자살사고와 자살시도와 상당한 연관이 있다.
- 연구에 따르면 불안장애는 자살사고 및 자살시도와 상당한 연관이 있다고 한다.
- 자살사고를 하는 개인의 52.4%가 적어도 하나의 불안장애가 있다고 보고하였다.
- 분리불안장애진단을 받은 개인은 일반적으로 제한된 사회적 지지망을 가지며 타인으로부터 고립될 수 있다.
- 이 진단은 우울장애, 양극성장애, 물질사용장애, 성격장애를 비롯한 다른 장애들과 함께 발생할 수 있으며, 이는 자살위험성을 증가시킨다.
- 불안장애진단을 받은 개인들은 보통 무력감, 절망감, 슬픔, 죄책감, 수치심, 쉽게 압도되는 느낌과 같은 우울증상을 보인다.

분리불안장애는 업무, 교육, 대인관계에서의 상호작용에 중대한 지장을 준다. 이로 인해 심화된 고립과 외로움의 감정에 더하여 타인과 관계를 형성하고 유지하는 것에 대한 어려움이 있을 수 있다. 이 장애는 일반적으로 아동기에 발생하지만, 성인기에도 이 장애가 발생하는 것으로 봐야 할 것 같다. 성인 또한 이러한 불안을 자녀, 배우자, 노년의 부모나 장애를 가진 부모와의 관계에서 경험할 수 있기 때문에 이 장애를 가질 수 있다. 대부분 아동기에 진단을 받기 때문에 이 장애가 있는 경우 자살위험성의 증가와 관련이 있다. 아동들의 제한된 세계관, 제한된 인생 경험과 문제해결 능력, 충동성 때문이다.

또한 아동들이 객관성을 유지하는 것은 어렵다. 따라서 그들은 자신이 누구인지에 대해서가 아니라 자신의 행동에 대해 부모나 주변에 있는 다른 사람들이 언짧아한다는 것을 이해할 수 없다. 그들은 본인의 행동에 대한 언어적 또는 비언어적 피드백을 내재화하며 자신이 바람직하지 않으며 사랑스럽지 않다고 추측한다. 이러한 생각은 죄책감, 수치심, 슬픔, 외로움, 무가치함과 같은 느낌을 상승시킨다. 이 진단은 우울장애 또는 물질사용장애와 같은 다른 장애와 공존할 수 있으며, 자살위험성을 증가시킬 수 있다.

이러한 개인들의 자살위험성 평가(Suicide Risk Assessment: SRA)를 수행할 때, 동시에 발생하는 증상들을 기록하고 사회적 지지를 평가해야 한다. 이는 내담자의 자살위험성의 수준을 결정할 때 적절한 정보를 제공할 것이다.

분리불안장애의 다른 특징들

- 그들이 불안의 초점으로부터 분리되면, 아동들은 무감각하고, 위축되거나 슬픔을 나타내며, 무언가에 참여하고, 초점을 맞추거나, 집중하는 것을 어려워 할 수 있다.
- 내담자는 다른 두려움이 생길 수 있다(예: 동물, 비행, 괴물).
- 증상들은 이 장애의 혼란스러운 특성으로 인해 학업문제로 이어질 수 있다.
- 내담자들은 분노, 공격성을 보일 수 있으며, 쉽게 불안해하고 화를 내며 좌절감을 느낄 수 있다.
- 내담자들은 이상한 지각경험을 보고할 수 있다(예: 사람을 보거나, 촉감을 느끼는 것).
- 내담자들은 고통을 경험할 때 요구적이거나 거슬리거나 부적절하게 행동할 수 있다.
- 그들의 요구적인 태도는 가까운 사람이 분노하고 좌절감을 느끼도록 할 수 있다.

특정 공포증과 자살위험성

- 연구에 따르면 특정 공포증 진단을 받은 사람들은 받지 않은 사람들보다 자살시도를 할 가능성이 60% 높다고 보고되었다.
- 우울장애, 다른 불안장애, 기분장애, 성격장애, 물질사용장애와 공존진단을 받을 수 있다.

- 이러한 증상은 일반적으로 7세부터 11세 사이에 발병한다. 따라서, 이러한 개인들은 부족한 현실 검증력, 제한된 세계관, 제한된 대처능력, 충동조절의 어려움, 제한된 자원을 가진다.
- 이 진단은 사회적, 직업적, 학업적 기능에 막대한 지장을 주며 관계에 지장을 준다. 이러한 개인들은 제한된 사회적 지지망을 가지며 외롭고 슬픈 감정을 느끼고 타인으로부터 위축될 수 있다.

공포증이 다른 사람들에게는 별것 아닌 것처럼 보일 수 있지만, 공포증을 가진 사람들에게는 그들의 삶의 많은 면에 영향을 미치는 문제를 일으키기 때문에 상당히 파괴적일 수 있다. 이러한 개인들은 그들이 무서워하는 것들과 장소를 피하며 스스로를 사회적으로 고립시킨다. 이러한 행동은 학업적, 직업적, 관계적 문제들을 초래한다. 이 장애를 가진 아동들은 학업적 문제와 외로움을 경험할 가능성이 높아지며, 적절한 사회적 기술을 발달시키지 못할 수 있다.

공포증을 가진 많은 사람은 불안장애 증상뿐 아니라 다른 우울장애 증상을 가질 수 있다. 약물남용 또한 이러한 증상들을 조절하거나 이 장애와 관련된 스트레스를 완화하기 위한 시도의 결과로 나타나기도 한다. 이러한 요인들의 조합은 내담자의 자살위험을 상승시키며 지속적인 평가가 필요하다.

특정 공포증의 다른 특징들

- 내담자들은 일반적으로 혈압 상승, 심박수 증가, 땀 증가, 얕은 호흡 및 확대된 동공과 같은 생리적 반응을 경험한다.
- 상황, 자연 환경, 특정동물 공포증은 교감신경계를 각성시킨다.
- 혈액, 주사, 부상의 특정공포증을 앓고 있는 사람들은 심박수 증가와 혈압상승 이후의 심박수 감속과 혈압 감소에 의해 기절하거나 기절할 수준까지 경험한다.
- 공포증은 보통 외상적 사건 또는 외상적 사건 관찰, 어떠한 대상을 본 후의 예기치 않은 공황발작, 정보 전달(다른 사람들이 대상을 두려워하는 것을 보면서) 이후에 발생한다.
- 일반적으로 초기 아동기에 발병한다(7-11세).

공황장애와 자살위험성

◆ 지난 12년 동안 공황발작과 공황장애진단은 높은 비율의 자살시도 및 자살사
   고와 관련이 있다.
◆ 자살위험성은 물질사용장애, 우울장애, 양극성장애, 다른 불안장애와 같은 다
   른 진단과 공존할 때 증가한다.
◆ 또한 자살위험성은 무기력함, 절망감, 압도당하거나, 함정에 빠졌다고 느끼는
   우울증상 때문에 증가한다. 많은 이들은 다른 사람들이 그들의 증상을 하찮게
   여기고 그들의 증상을 치료하기 위한 적절한 관리를 받을 수 없다고 느낀다.
◆ 또한 자살위험성은 그들이 공황증상을 잘 조절하기 위해 정신병 약물을 남용
   할 때 증가한다. 그 이유는 인지적 기능, 충동 조절, 의사결정능력에 영향을 줄
   수 있기 때문이다.

　1.5%의 인구가 일생 중 한 시기에 겪는 공황장애는 심계항진, 가슴통증, 기절을
동반하는 갑작스럽고, 예측할 수 없으며, 극심한 두려움이 반복되는 삽화를 말한
다. 이러한 진단기준에 완전히 맞지 않는 공황발작은 공황장애보다 두세 배 더 만
연해 있다.

　내담자들은 끊임없는 두려움 속에서 살면서 공황발작을 두려워하며, 이는 그들
의 삶의 질을 떨어뜨린다. 이 장애는 운전 또는 집을 떠나는 것에 대한 두려움(광
장공포증)과 같은 특정 공포증을 포함하는 여러가지 문제를 유발할 수 있다. 예를
들면, 건강상태와 질병을 위한 잦은 치료의 필요성으로 인한 재정적 어려움, 사회
적 상황 회피, 직장 또는 학교에서의 문제를 또한 유발할 수 있다. 또한 이러한
개인들은 불안, 우울, 물질사용장애, 다른 정신건강 질병 증상을 보일 수 있다. 연
구결과에서도 공황장애와 관련된 인지(예: 죽음, 미쳐버리는 것, 통제를 잃는 것에
대한 두려움)는 자살시도와 높은 상관관계가 있는 것으로 밝혀졌다.

　공황장애 또는 공황발작에 대한 내력을 보고한 사람을 평가할 때, 자살사고가
존재할 수 있다는 점을 염두에 두어야 한다. 또한 자살사고를 보고한 사람들의 공
황장애와 공황발작을 평가해야 한다는 것을 알아야 한다.

　공황장애 동안의 죽음에 대한 두려움은 자살시도와 관련된 독립적인 위험 요소
이다.

공황장애의 다른 특징들

◆ 내담자는 그들의 신체적 질병(예: 마치 가슴이 답답하게 느껴지는 것과 생리적 질병)과 관련된 불안을 지속적이거나 간헐적으로 경험할 수 있다.

◆ 증상은 보통 20세에서 24세 사이에 발병한다.

◆ 45세 이후에 이러한 증상이 발병하는 경우는 거의 없다.

강박장애, 관련장애와 자살

강박장애(OCD)는 반복되는 괴로운 생각과 반복적인 행동 또는 불안을 경감시키기 위한 정신적 의식이라고 특징 지을 수 있다. 이 장애의 증상들은 종종 수치심과 비밀스러움을 동반한다. 왜냐하면 내담자들이 이러한 사고와 생각과 행동들이 과하고 비합리적이라는 것을 인식하기 때문이다. 이러한 침묵은 강박장애 증상에 대한 건강전문가들의 오진과 더해져 진단과 치료의 지연을 초래하며 자살위험성을 증가시킬 수 있다.

OCD 증상은 대부분 청소년기에 시작되며, 50% 이상이 20대 중반 이전에 증상을 나타낸다고 보고하였다. OCD에 대한 최근 연구결과에서 OCD를 가진 5%에서 25% 사이의 사람들이 자살을 시도해본 적이 있다고 밝혀졌다. 자살사고 또한 OCD를 경험하는 사람들 사이에서 상대적으로 흔하다.

이러한 상태로 고통받는 내담자들의 자살시도 가능성을 예측할 수 있는 몇 가지 요인으로는 OCD 증상의 심각성, 우울증의 공병(특히 무기력함, 절망감, 무가치함, 부담감), 강박 성격장애와 같은 성격장애, 자해 내력(예: 긋기, 절단)이 있다. 내담자가 활발하게 알코올 또는 마약을 사용하는 경우 위험성은 높아진다. 이러한 가능성을 높이는 몇 가지 다른 요인은 실업과 사회적 고립이다.

이러한 유형의 장애로 진단받은 내담자들은 종종 이러한 증상을 잘 조절할 수 있는 능력에 대한 절박한 욕망에 더하여 무력감, 통제력 상실, 무가치함을 보고한다. 10대들은 "특이하거나 이상한" 느낌, 또래들과 맞지 않는 것, 자신의 어려움이나 수치심과 죄책감과 같은 감정에 대해 타인이 "알게 되는 것"에 대한 두려움을 보고하였다. 이러한 생각과 감정은 대개 OCD 증상 및 기능의 손상을 악화시킨다.

내담자들은 자신들이 당혹스러워하는 OCD 증상에 대해 보고하는 것을 꺼리는 경우가 많다. 그들은 본인의 장애에 대해 자세히 말하기를 주저할 수 있으며 대신 침입적 사고나 반복적 행동을 언급함으로써 단서를 제공할 수 있다. 또한 그들은 특정 장소 또는 물건을 피한다고 보고할 수 있으며, 질병이나 부상에 대한 과한 걱정을 하며, (매우 흔히) 반복적 안심추구 행동을 보일 수 있다. 과도한 손 씻기로 인해 손이 트거나 갈라지며 심지어 피가 나는 신체적 흔적을 발견할 수도 있다.

강박장애와 자살위험성

* 강박장애진단을 받은 사람들의 약 절반이 자살사고를 경험한다.
* 연구에 따르면 OCD 진단을 받은 사람 중 1/4이 자살시도를 한다.
* 기분조절장애(MDD)가 공존질환일 때 자살위험성이 증가한다.
* 불안과 물질사용장애가 공존진단될 때 또한 자살위험성이 증가한다.
* 최근 연구에 따르면 OCD를 가진 5%에서 25%의 사람들이 자살시도를 하였다고 밝혀졌다.
* 자살사고는 OCD를 경험하는 사람들 사이에서 상대적으로 흔한 것으로 보고되었다.

강박장애의 다른 특징들

* 공통적 주제로는 청소, 대칭, 금지된 또는 터부시되는 생각, 해를 끼치는 것이 있다.
* 이러한 개인들은 불안감과 혐오감을 느낄 수 있다.
* 강박행동을 하는 동안, 내담자는 "딱 맞는" 상황이 될 때까지 불완전감이나 불안감을 경험한다.
* 내담자들은 종종 집착이나 강박을 유발하는 사람, 장소, 물체를 피한다.
* 증상은 일반적으로 20세 전후로 발병한다.
* 35세 이후에 증상이 발병하는 경우는 드물다.

신체변형장애(BDD)와 자살위험성

* 이 증상은 일반적으로 16세에서 17세 사이에 발병한다. 이러한 개인들은 대개 충동 조절력 감소, 제한된 세계관 제한된 대처능력을 보인다.
* 이 장애를 가진 아동, 청소년, 성인의 자살사고와 자살시도의 비율은 높다.
* 연구에서 자살사고와 시도는 외모에 대한 걱정으로 인한 것이라고 보고하였다.

지난 세기 동안 신체변형장애(BDD) 진단을 받은 내담자들은 그들 자신의 "흉측함"이 너무나 괴로워서 자살을 고려하거나, 시도하거나, 완료했다고 알려진다. BDD 증상은 자신의 이미지에 관한 것이다. "못생겨 보이는 것", 결함이 있거나 비정상적인 것에 대한 것, 불충분함, 그리고 사랑스럽지 않으며 받아들여질 수 없는 것에 관한 것이다. 연구에 따르면 BDD로 진단된 사람들의 24%에서 28%가 자살을 시도하였다. 많은 내담자들은 자신의 외모에 대한 걱정에 대해 치료자와 이야기하는 것을 과하게 당혹스러워하고 수치스러워 하였다. 따라서 이러한 증상들은 수년간 진단되지 않거나 오진될 수 있으며 이로 인해 자살위험성이 증가할 수 있다.

BDD 증상을 가진 개인들은 자살위험 요소가 많다. 이러한 요인으로는 높은 비율의 자살사고, 자살시도, 정신병원 입원, 실업, 장애, 싱글이거나 이혼을 한 상태, 부족한 사회적 지지망, 신체적 또는 성적 학대 이력이 있다. 다른 위험 요소는 기분조절장애, 섭식장애, 물질사용장애와의 높은 공병률이다.

신체변형장애의 다른 특징들

- 내담자들은 흔히 관계망상을 보인다.
- BDD는 높은 수준의 불안, 사회 불안, 사회적 회피, 우울한 기분, 신경증 및 완벽주의와 관련이 있다.
- 이 질병을 진단받은 개인들은 타인에게 자신의 문제를 드러내기를 꺼려한다.
- 대다수의 사람들은 외모를 개선하기 위해 미용치료를 받는다.
- 내담자들은 스스로 수술을 하기도 하는데 이는 오히려 그들의 상태를 궁극적으로 악화시킬 수 있다.
- 기분조절장애, 불안, 물질사용장애가 공존할 경우 자살위험성을 증가시킨다.

외상과 스트레스 관련 장애와 자살

연구에서는 외상과 자살행동 사이에 관계가 있다고 말한다. APA가 정의한 외상은 극도의 부정적인 사건에 대한 정서적 반응으로 설명된다. 이러한 외상의 근원으로 성적, 정서적, 정신적, 신체적 학대의 역사(성폭력, 관계 트라우마, 임사체험과 같은 의학적 외상, 갑작스럽고 예기치 못한 사랑하는 사람의 상실, 또는 심지어 예기치 못한 실직, 재정적 안정, 웰빙(예: 1929년 주가 대폭락))이 포함된다. 외상은 끔찍한 사건을 겪은 후의 정상적인 반응이다. 그러나 지속되는 장기적인 영향이 너무 극심하면 한 사람의 일생 전반에 지장을 줄 수 있다.

이러한 영향은 정서적이며 신체적일 수 있다. 정서는 외상이 나타나는 가장 일반적인 방법 중 하나이다. 외상의 일반적인 정서적 증상으로 부정, 분노, 슬픔, 전반적인 감정의 변동을 포함한다. 외상을 입은 희생자는 이러한 부정적인 감정들을 친구, 가족에게 투영할 수 있기 때문에 사랑하는 사람이나 가족과 대인관계에서 문제를 일으킬 수 있다. 이러한 관계 문제는 고립으로 이끌어서 사회적 지지체계를 제한시키거나 붕괴시키고, 심지어 자신이 무가치한 사람이며, 외상 사건을 겪어도 된다는 왜곡된 신념을 확신으로 가지게 된다. 외상에 대한 일반적인 신체적 지표는 무기력, 피로, 집중력 저하, 산만함, 에너지 수준 감소, 식욕부진, 불면증, 심박수 상승, 호흡곤란이 있다. 당신의 내담자는 불안증상 또는 공황발작을 보고할 수도 있으며 특정상황에서 대처가 불가능할 수도 있다.

이러한 모든 영향은 당신의 내담자의 세계관과 이러한 감정들을 다루는 능력에 대한 인식에 영향을 준다. 어떤 사람들은 매우 압도되어 무기력, 절망감, 무가치함, 심지어 부담감을 경험한다. 이러한 증상들은 그들의 대인관계, 직장, 마음의 평화, 내적 일관성에 부정적인 영향을 미친다. 이러한 내적 혼란을 대처하거나 관리하는 능력의 부재는 종종 자살사고, 의도, 계획으로 이어질 수 있다.

외상성 애도는 타인의 자살시도에 노출된 사람들 또한 경험한다. 연구결과에 따르면 자살에 대한 노출이 외상적 사건으로 조사되었으며 자살 또는 자살시도에 노출되는 것이 외상 후 스트레스(PTSD) 증상의 원인이 될 수 있다고 밝혀졌다. 내담자가 그 시도를 목격했으며, 자살시도 또는 완료를 한 사람이 매우 가까웠거나, 정신건강 문제의 이력이 있는 경우에 가능성이 더 크다. 연구에서는 이러한 개인들은 우울증 또는 다른 기분장애 증상과는 별개인 외상성 애도를 경험할 가능성이 더 높다고 보고하였다. 외상성 애도는 기능적 손상, 신체건강의 쇠퇴, 자살사고를 초래하는 증후군으로 정의되어 왔다.

외상 후 스트레스 장애(PTSD)와 자살위험성

◆ PTSD를 가진 사람은 자살할 위험이 높다.
◆ 일부 연구는 PTSD를 가진 내담자의 자살위험성과 고통스러운 외상의 기억, 분노, 충동통제의 부족과 관련성이 있다고 보고하였다.

• 물질사용장애, 기분조절장애, 다른 기분장애와 같은 다른 진단들과 공존할 경우 자살위험이 증가할 수 있다.

일부 연구는 만성적으로 자살충동을 느끼는 내담자들이 PTSD의 공식적 진단기준을 충족한다고 보고하였다. 극심하고 장기간에 걸친 자살로 인한 고통은 대부분의 사람들이 겪는 고통이 아니다. 자살 위기에 있는 내담자들은 다른 선택의 여지가 없어서 그들이 현재 상황에 더 이상 대처할 수 없다고 느낀다.

자살충동 환자는 종종 기억과 관련된 문제들을 보고하며 외상적 상황과 관련된 지속적이고 침입적인 강렬한 기억을 가지고 있을 수 있다. 일상적 삶에서조차도 외상과 관련된 괴로운 기억들을 불러일으킬 수 있다. 내담자는 자살시도와 관련된 기억 중 일부를 기억하지 못하거나 침입적이고 지속적으로 남아있는 자살시도와 관련된 강렬한 이미지를 경험한다고 보고할 수 있다. 그들은 기억을 불러일으키는 대상이나 대화를 피하거나 심지어 시도의 심각성을 부인할 수 있다(예: "나는 단지 8개의 재낵스(신경안정제)를 복용하고 5잔의 보드카를 마셨을 뿐이에요. 나는 원래 그렇게 마셔요. 그날 그냥 기분이 안 좋았고 너무 많이 마신 건 실수한 것 같아요. 근데 뭐 별일 아니에요").

만성적으로 자살충동을 느끼는 내담자들 또한 계속되는 불안의 감정을 보고하며 미래에 자살시도를 선택할 수도 있는 것에 대해 두려워한다. 그들은 혼란스럽고 폭력적인 충동을 경험할 수 있으며, 무기력함이나 절망감을 경험할 수 있고, "영원히 바뀌어 버렸다"라고 느낄 수 있다. 이러한 내담자들은 기쁨과 행복, 자율을 경험할 수 없다고 말하며, 그들의 존재에 대한 의문을 가질 수 있다.

외상 후 스트레스 장애의 다른 특징들
• 내담자는 감정을 조절하거나 안정적인 관계를 유지하는 것에 대한 어려움을 경험할 수 있다.
• 증상은 모든 연령 때에 발생할 수 있다.
• 증상은 일반적으로 스트레스 요인 경험 후 3개월 이후에 나타난다.
• PTSD는 일반적으로 물질사용장애와 공존한다.
• 연구에 따르면, 적어도 7.5%의 미국인이 일생동안 PTSD를 경험할 것으로 추정하였다.
• 매년 5백만 명의 미국인이 PTSD로 인해 고통받는 것으로 조사되었다.

- 여성이 남성보다 PTSD를 경험할 확률이 두 배 높다.
- 전쟁 참전용사, 법 집행관, 소방관, 구급대원들은 특히 PTSD에 취약하다.

해리장애와 자살

해리장애는 일반적으로 외상을 대처하기 위한 하나의 방법으로서 발생한다. 이러한 장애는 종종 개인이 장기간 동안 신체적, 성적, 정서적 학대를 받은 후 아동기부터 시작된다. 침습적인 의료절차로 인한 의료외상, 또는 무섭고 매우 격해지기 쉬운 가정 환경에 사는 것이 이에 포함된다. 일부 연구는 이러한 장애들이 일련의 전쟁이나 자연재해(예: 허리케인 카트리나, 아이티 지진 또는 인도양 쓰나미) 이후에 발생한다는 사실을 나타냈다.

이러한 유형의 장애는 일반적으로 성격특성과 성격이 형성되는 시기인 아동기에 뿌리를 두고 있다. 이렇게 민감한 시기 동안 아동들은 외상사건으로부터 한발자국 걸어나와(해리) 마치 외상이 다른 사람에게 일어난 것처럼 외상을 목격한다. 이러한 외상기간 동안 해리를 다루는 방법을 학습한 아동들은 그들의 일생 동안의 스트레스 상황에 대한 반응으로 이러한 대처방법을 계속 사용한다.

해리성장애는 개인적인 관계에서 그리고 직장에서 심각한 수준의 어려움과 관련이 있다. 이러한 상태의 내담자들은 정서적, 관계적, 직업적 스트레스에 적절하게 대처할 수 없다. 그들의 해리 증상(멍해짐, 분리, 사라짐)으로 인해 사랑하는 사람들을 걱정하게 만들며 관리자와 동료들이 그들을 신뢰할 수 없는 존재로 인식하게 한다.

이러한 장애를 진단받은 사람들은 자해, 자살 및 병적인 사고, 정신건강 문제와 관련된 문제의 위험이 높아진다. 가장 일반적이며 공통적으로 발생하는 정신건강 장애는 물질사용장애, 우울증상, 불안, PTSD, 성격장애, 섭식장애, 수면장애(불면증, 기면증)를 포함한다.

위에서 언급된 모든 내용들은 자살시도나 만성적 자살사고를 완벽하게 조성한다. 이러한 내담자들은 일반적으로 무기력함, 절망감, 슬픔, 고립, 불확실성, 두려움, 과한 걱정을 보고한다. 이 장애는 관리하기 어려우며 내담자의 일상적 기능에 상당한 혼란을 야기한다.

해리성 정체감장애와 자살위험성

◆ 인구통계학적으로 자살은 노년층 남성 중 가장 높다고 보고되었으며, 해리성 정체감장애(DID)를 가진 인구는 젊은 여성층이라는 특징을 가진다.
◆ 이 진단을 받은 개인들은 일반적으로 다른 정신질환환자보다 자살시도 이력의 빈도가 더 높다.
◆ 해리성정체감장애 진단을 받은 환자 중 70% 이상이 자살을 시도하였다.
◆ 자해행동을 하는 것과 마찬가지로 여러 번의 시도를 하는 것이 일반적이다.
◆ 건망증이 있거나 현재의 정체성이 자살경향성이 있다는 것을 느끼지 못하고 다른 정체성의 자살 행동을 인식하지 못하고 있다면, 자살위험성 평가(SRA)가 어려울 수 있다.

해리성 정체감장애는 다음 영역에서의 문제를 일으킬 위험성이 높다. 자기 절단, 자살시도, 성 중독 또는 회피와 같은 성 기능장애, 알코올 중독과 약물남용, 우울, 악몽, 불면증, 몽유병을 포함하는 수면장애, 불안장애, 섭식장애, 극심한 두통.

해리성 정체감장애의 다른 특징들

◆ 개인은 일반적으로 의식, 기억상실 또는 다른 증상의 분열을 숨기지 못하며, 완전히 인식하지도 못한다.
◆ 이러한 상태의 사람들은 일반적으로 아동기 또는 성인기에 다양한 유형의 학대 경험을 보고한다.
◆ 학대가 없었다면, 증상들은 대부분 고통스럽고, 모호하고, 외상을 초래하는 반복된 (생애 초기의) 의학적 절차로 인한 것이다.
◆ 이 장애는 어느 나이대이든 발병할 수 있다.
◆ 해리성 정체감장애 환자들은 높은 빈도의 자기 주도성 공격적 행동을 보고한다.

해리성 기억상실증과 자살위험성

◆ 많은 내담자들은 다수의 자살시도, 자해 및 기타 고위험 행동의 전력을 가진다.
◆ 기억상실증이 갑자기 사라지고 내담자가 견디기 힘든 기억들로 인해 휩싸일 때의 자살행동은 특히 더 위험할 수 있다.
◆ 다른 장애(약물사용장애, 주요우울장애, 불안장애, 기타 기분장애들을 포함)와

공존할 때 자살위험성이 증가할 수 있다.

해리성 기억상실증으로 진단받은 내담자는 대부분 외상 또는 극심한 스트레스와 연관된 자신의 중요한 개인정보 또는 사건을 기억하지 못하는 반복된 삽화를 보고한다. 기억에서 잃어버린 정보는 일상의 건망증이나 노화로 인한 기억력 상실로 보기에는 너무 광범위하다. 이러한 상태는 내담자의 대인관계, 학업, 사회적 기능에 치명적이다. 그들은 무기력함과 절망감, "통제할 수 없는" 느낌을 보고한다. 심지어 해리성 기억상실증을 가진 일부 내담자들은 그들 자신의 자살시도, 자해, 폭력적 행동에 대한 기억을 해내지 못할 수 있다.

해리성 기억상실증의 다른 특징들

◆ 이 장애를 진단받은 개인들은 일반적으로 의미있는 관계를 형성하고 유지하는 능력에 대한 만성적 손상이 있다.
◆ 개인들은 일반적으로 외상, 학대, 괴롭힘을 당한 이력이 있다.
◆ 증상은 갑작스럽게 발병한다.

급식 및 섭식장애와 자살

대부분의 거식증 관련 사망은 자살시도의 완료로 인한 것이다. 연구결과에 따르면 섭식 장애진단을 받은 내담자들은 섭식장애 발병 이전에 이미 우울장애와 불안증상을 보인다. 이러한 증상들은 일반적으로 무기력함, 절망감, 부담감, 낮은 자아 존중감, 죄책감, 수치심을 포함한다. 이러한 요인들을 보면 섭식 장애를 가진 개인들의 자살시도는 자살행동의 대인관계—심리학 이론(Interpersonal Psychological Theory of Suicidal behavior: IPTS)의 전제를 따를 수 있음을 나타낸다.

IPTS는 자살위험성이 증가한 사람들의 세 가지 공통적 요인을 설명하였다.

(1) 강력한 부담감을 인지하는 경험을 한다. (2) 그들은 소속감이 없다. (3) 그들은 치명적인 자해를 실행할 수 있는 능력이 있다.

자살행동의 대인관계-심리학 이론모형(IPTS)

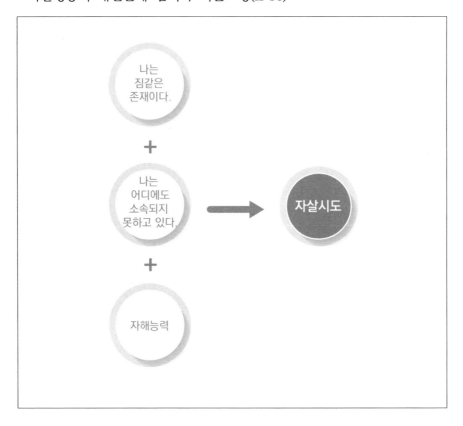

IPTS에 따르면, 개인은 자신의 죽음이 다른 사람들의 부담을 덜어 줄 것이라고 느낄 때 자살을 선택한다. 간단히 말해서, 사람은 그들의 "죽음이 사는 것보다 의미가 있다"라고 믿을 때 자살한다. 인지된 부담감은 특히 섭식장애로 진단된 사람들에게 해당되는데, 이는 그들이 대부분 제한된 사회적 지지망을 가지고 있고 친구나 가족과 불편한 관계를 맺고 있기 때문이다. 섭식 장애는 다루기 어려우며 종종 관계에서의 불화와 긴장을 야기한다. 부모와 사랑하는 사람은 절망감, 무기력함, 그리고 때로는 좌절감을 보고하는데, 이에 대해 내담자들이 잘못 해석할 수 있다.

급식 및 섭식 장애(특히 거식증)를 가진 개인들은 다른 사람과의 연결이 적다고 보고된다. 이러한 내담자는 종종 관계보다 장애를 선택하기 때문에 자기 자신을 타인으로부터 고립시키며 그들의 삶에서 중요한 사람들을 소외시킨다. 위에서 언급한 문제 외에도, 섭식장애로 진단받은 이들은 사회적 어려움과 같은 다른 정신건강 문제를 경험한다. 이 진단은 사회 공포증, 회피 성격장애, 또는 MDD 증상을 포함할 수 있다.

섭식장애로 진단받은 내담자는 자주 고통스럽고 손상을 초래하는 사건들에 노출된다. 그들은 일반적으로 위험하고 자해적인 무질서한 식습관을 가지고 있다 (예: 의도적 구토, 설사약 사용, 이뇨제 사용). 많은 사람들이 더 위험할 수 있는 극심한 유형의 행동(예: 여러 방법 혼합, 토하거나 설사제를 사용하여 물을 제거하는 것)에 의존하게 될 것이다. 이러한 행동을 반복적으로 행하게 되면 더욱 치명적인 자살시도의 계기를 만드는 고통에 대한 습관화가 된다. 연구결과, 특정 섭식 장애로 진단받은 사람들 또한 비자살적 자해행동을 한다고 밝혀졌다. 이것은 그들로 하여금 자해에 대한 내성이 생기게 하여 동일한 효과를 위해 더 잦은 자해행동을 하게 된다. 또한 그들은 습관화된 굶주림의 결과로 자살위험이 더 높다고 보고하였다. 위험하고 해로운 무질서한 식습관, 자해행동, 굶는 행동의 조합은 자살시도로 진행될 가능성이 아주 높다.

신경성 식욕부진증과 자살위험성

+ 연구에 따르면 자살을 시도한 섭식장애(거식증, 폭식증, 과식)를 가진 여성은 대부분 섭식장애 이전부터 우울증상을 앓고 있었다.
+ 섭식장애와 자살시도 경험이 있는 환자의 67%가 섭식장애 발병 이전부터 우울증을 앓고 있었다.
+ 섭식장애가 있으나 자살시도 경험이 없는 환자들의 3%가 섭식장애 발병 이전부터 우울증을 앓았었다.
+ 일부연구에 따르면 자살시도의 극단적 속성은 장기적인 굶주림과 다른 신체적 질병에서 오는 고통에 대한 높은 내성(감내력)과 관련이 있다.
+ 자해행동은 의도적으로 구토하거나 고통과 자해를 유발하려는 의도로 과도하게 운동하는 것과 마찬가지로, 섭식장애 증상으로 보일 수 있다(Brown, 2007).
+ 자살은 거식증 환자의 주요 사망원인이다.
+ 15세에서 24세 사이의 여성인구의 사망에 대한 분석에 의하면, 거식증을 가진 사망자의 수는 죽음의 모든 다른 원인(비자살적 죽음)을 합친 것의 12배에 이른다고 한다.
+ 자살방법은 종종 생존 가능성이 거의 없으며 치명적이다.
+ 섭식장애 또는 약물남용 문제를 가진 사람의 자살률은 기분조절장애만 가진

사람보다 높다.

거식증은 모든 심리적 장애 중 사망률이 가장 높은 것으로 보고되었다. 이는 완료된 자살시도뿐 아니라 골다공증, 뇌 수축 및 심장발작의 초기 발병과 같은 수많은 의학적 합병증 때문이다.

이 장애는 내담자의 행동뿐만 아니라 그들의 신체건강과 인지기능을 통제한다. 섭식장애를 가진 내담자들이 경험하는 가장 큰 좌절감 중 하나는 그들은 하루 중 대부분의 시간 동안 음식에 대해 생각하고 음식에 중점을 두고 그들의 활동을 계획하며 하루종일 음식에 집중하는 것이라고 보고하였다. 이러한 부분이 괴롭고 통제할 수 없고 절망적으로 느껴지기 시작한다. 그들은 이러한 문제에 사로잡혀 있다.

이 상태를 고문을 받는 것과 같은 상태로 묘사되는데 이러한 개인들이 자살을 시도할 때 치명적인 수단을 쓰는 이유이다. 그들은 이 질환을 가진 채 더 이상은 살 수 없다는 절박감을 느끼지만 그들은 이 상태에서 벗어날 수가 없다. 발병 연령 또한 자살위험성을 증가시키는 요소인데, 청소년과 청년은 더 충동적이며 제한된 세계관과 제한된 문제해결 능력을 가지기 때문이다.

신경성 식욕부진증의 다른 특징들

◆ 이 진단과 관련된 행동들은 중요하고 생명을 위협할 수 있는 질병들을 야기할 수 있다.
◆ 진단된 많은 사람들이 우울증상도 보인다.
◆ 음식과 관련이 있거나 그렇지 않을 수도 있는데, 강박장애(OCD)적 특징이 두드러진다.
◆ 대부분의 개인들은 음식에 대한 생각에 사로잡혀 있다. 일부는 조리법을 수집하거나 음식을 비축한다.
◆ 많은 내담자들은 공공장소에서 뭔가를 먹는 것에 대해 걱정한다.
◆ 일반적으로 그들은 환경을 통제하려고 하는 강한 욕구를 가진다.
◆ 내담자들은 일반적으로 유연하지 못한 사고, 제한된 사회적 자발성, 과도하게 억제된 감정표현을 보인다.
◆ 보통 청소년기 초기 또는 초기 성인기에 발병한다.
◆ 사춘기 이전 또는 40세 이후에 발병하는 경우는 드물지만 가능하다.

신경성 폭식증과 자살위험성

◆ 폭식증을 가진 사람들의 자살위험성이 높아졌다.
◆ 공존질환(우울장애, 불안장애, 물질사용장애 포함)은 자살위험성을 증가시킬
　수 있다.
◆ 개인은 일반적으로 이 장애에 대한 정보를 타인과 공유하지 않기 때문에 수치
　심, 죄책감, 그리고 외로움을 경험한다.

　폭식증 진단을 받은 사람은 짧은 시간에 많은 양의 음식을 먹은 후(폭식) 체중 증가를 막기 위해 음식을 처리(제거)한다. 제거하는 것은 스스로 토하거나 완화제(음식의 소화속도를 높여 배변운동을 가속화하는 약이나 액체)를 먹는 것을 포함한다. 일부 내담자들은 심지어 음식을 먹지 않고도 포만감을 얻기 위해 레몬 주스를 목화솜에 적셔 먹는다고 보고하였다.

　폭식증 환자는 보통 그들이 먹는 음식의 양을 조절할 수 없는 것처럼 느낀다. 또한 그들은 체중 증가를 막기 위한 목적으로 운동을 엄청나게 하거나, 아주 조금 먹거나 전혀 섭취하지 않을 수 있으며, 소변을 보기 위해 약을 복용하기도 한다.

　폭식증은 한 가지 주요원인이 없으며, 폭식은 다이어트, 스트레스, 분노와 슬픔과 같은 불편한 감정으로 인하여 발생할 수 있다. 음식을 제거하는 행위와 체중 증가를 막기 위한 행동들은 대부분 자신의 삶을 통제하고 있다고 느끼기 위한 하나의 방법으로써 그리고 스트레스와 불안을 완화하는 수단으로 쓰인다. 폭식증은 문화, 가족 환경, 성격 변화, 생물학, 삶의 변화 및 스트레스 상황들을 포함하는 다양한 요인들과 관련이 있을 수 있다.

　몇 가지 이유로 이 진단을 받은 사람들의 자살위험성은 증가한다. 이 진단을 받은 사람들은 동시에 불안, 우울증, 신체변형장애, 물질사용장애와 같은 장애를 흔히 갖는다. 그들은 극심한 감정 변화를 보일 수 있으며 그들 자신을 지지 체계로부터 고립시킨다. 또한 이러한 진단은 나쁜 자아상, 무가치함과 자기 비하에 더하여 죄책감, 수치심, 무력감과 함께 온다. 발병연령 또한 한 요인으로 볼 수 있는데 청소년과 청년은 더 충동적이며 제한된 세계관과 제한된 문제 해결 능력을 가지기 때문이다.

신경성 폭식증의 다른 특징들

- ◆ 개인은 일반적으로 정상체중 또는 과체중이다.
- ◆ 이 장애는 비만인 개인들에게는 흔하지 않다.
- ◆ 생리불순이 발생할 수 있다.
- ◆ 일반적으로 청소년 또는 초기 성인기에 발병한다.
- ◆ 사춘기 이전과 40세 이후에 발병하는 경우는 흔하지 않다.

물질관련 및 중독장애와 자살

알코올 및 약물을 남용하는 내담자들은 물질남용을 하지 않는 사람들보다 거의 6배 이상 자주 자살시도를 한다. 여성은 알코올 및 약물을 사용하여 자살을 완료하는 경우가 남성보다 4배 많다. 어떤 경우에는 물질남용을 하는 사람은 알코올 또는 약물과 직접적인 관련이 없는 수단을 통해 자살시도를 한다. 하지만, 많은 경우 그들은 의도적인 물질과다 복용을 하여 자살을 완료한다. 물질을 남용하는 사람들은 일반적으로 기존의 문제 또는 정신건강 문제가 있다. 물질사용장애 또한 DSM-5에 나열된 모든 진단과 공존할 수 있다. 왜냐하면 많은 사람들이 그들의 증상을 관리하기 위해 자체적으로 약물치료를 시도하기 때문이다.

알코올 및 기타 물질을 사용하면 우리는 적절한 의사결정을 내릴 수 없으며 충동억제가 잘 되지 않는다. 연구에 따르면 완료된 자살자의 약 33%는 현저하게 높은 혈중 알코올 수치를 보인다. 알코올 중독자들이 자살시도로 인해 사망하였을 때 거의 2/3는 법적으로 술이 취한 상태이다. 억제능력 저하와 정신적 또는 정서적 통제의 상실이 단기적으로 자살위험성을 증가시킬 수 있을 뿐만 아니라, 알코올 및 약물사용은 우울증상의 발병에 기여할 수 있다. 또한 알코올과 약물은 이러한 우울증상들을 악화시킬 수 있다.

연구에 따르면 고의적인 과다 복용으로 자살을 완료한 사람 중 70%는 목표를 달성하기 위해 한 가지 물질만을 사용한다. 한 가지 물질을 사용한 자살의 거의 80%에서 선택된 약물은 처방된 약물이다. 자살시도에서 가장 일반적으로 사용되는 약물은 아세트 아미노펜(아스피린)과 기타 일반 판매약, 또는 불법적인 "마약"을 포함한다. 두 가지 이상의 물질을 사용하여 자살을 완료한 경우, 알코올은 이러한 물질 중 하나라고 보고된다. 또한 내담자들은 알코올과 혼합된 다른 또는 알려

지지 않은 물질들을 사용하여 자살을 시도한다. 자살시도 중 가장 많이 사용되는 물질은 알코올이다.

기타 환각제 중독과 자살위험성

- 환각제를 사용하는 사람들 중 드물지만 자살위험성이 증가할 수 있다.
- 자살위험성의 증가는 환각제 사용자들이 경험할 수 있는 정신병과 관련되어 있는데, 환각제 사용자들은 편집증적이 되거나, 청각, 시각, 촉각, 후각에서의 환각을 경험할 수 있다.
- 의사결정력과 추론능력이 중독의 결과로 손상될 수 있다.
- 환각제에 취해있는 동안 충동성이 상승할 수 있다.
- 이러한 물질들은 영구적인 뇌 기능 손상을 초래할 수 있다.

어떠한 것이든 불법 물질이나 알코올 사용이 자살위험성을 증가시킬 수 있다는 것은 잘 알려져 있지만. DSM-5는 특히 기타 환각제 중독이 자살위험이 높다고 기술하였다. 이러한 물질들은 메스콜린, LSD, STP(환각제이며 암페타민 대체제), 그리고 MDMA(엑스터시)를 포함한다. 이러한 물질을 사용 후 취해 있는 동안, 사용자는 편집증적이고 망상적이며 때로는 자신이나 다른 사람들에게 폭력적일 수 있으며, 비합리적이고 충동적이며 청각, 시각, 촉각, 후각적인 환각 또한 경험할 수 있다. 이 모든 증상들은 자살위험성을 증가시킬 가능성이 높다.

기타 환각제 중독의 다른 특징들

- 이러한 물질들을 사용할 때 지각장애와 판단력 저하가 발생한다.
- 지속적인 사용은 신경에서 독성 효과를 야기할 수 있다.
- 지속적인 사용은 행동을 제어하고 관리하며 충동조절, 말하기 및 추론능력을 담당하는 뇌의 여러 부분에 유기적 손상을 초래할 수 있다.

오피오이드 사용장애와 자살위험성

- 이 물질의 사용은 자살시도와 자살로 인한 사망의 위험성을 증가시킨다.
- 개인은 만성적 통증을 일으키는 다른 질병으로 고통스러울 수 있으며, 이는 자살위험성을 증가시킨다.

- 이 장애는 우울증, 외상장애, 불안장애, 성격장애를 포함하는 다른 질병들과 공존할 수 있다.
- 연구결과, 아편제는 경계선 성격장애(경계선 성격장애) 진단을 받은 개인들이 선호하는 물질로 보고되었다.
- 이 물질의 금단현상은 심각할 수 있으며 부족한 의사결정력 및 인지장애를 유발할 수 있다.

오피오이드 사용장애는 여러가지 이유로 자살위험성 증가와 관련이 있다. 아편제를 사용하기 시작하는 대부분의 개인들은 의학적 질환을 관리하기 위해서다. 이 질환이 진행중에 있거나, 이 질환으로 인해 내담자는 만성통증을 경험할 수 있다. 만성 통증 환자는 주요 우울증과 불안 증상을 경험하고 엄청난 무기력함과 절망감을 보고할 가능성이 크다. 만성질환으로 인해 우울한 내담자들은 그들의 치료 계획을 준수하지 않으며 더 나쁜 결과를 보인다. 내담자가 만성 통증을 보고할 때마다 우리는 치료자로서 자살경향성과 물질남용에 대해 평가해야 한다.

아편제는 내담자가 통증을 잘 관리할 수 있도록 도울 수 있지만, 이러한 사용은 올바르게 사용되더라도 내성, 의존성과 중독을 유발할 수 있다. 의존성이 생긴 후에 몸은 동일한 효과를 경험하기 위하여 더 많은 약물을 필요로 할 것이며, 이렇게 되면 약물 과다복용의 위험이 높아진다. 이것은 "돌발적인 자살"을 초래할 수 있다. 이 물질과 관련된 금단 증상은 의존성이 발생할 수 있는 또 하나의 이유이다.

오피오이드 사용장애의 다른 특징들

- 개인은 약물과 관련된 범죄 전력을 가지고 있을 수 있다.
- 오피오이드 사용은 심각한 관계 문제와 직업 문제를 일으킬 수 있다.
- 우연히 또는 의도적인 과다 복용이 발생할 수 있다.
- 반복적인 중독과 금단증상은 극심한 우울증상과 관련이 있을 수 있다.

성격장애와 자살

성격장애는 한 사람이 융통성 없고 건강하지 않은 양식의 사고, 기능, 행동을 보이는 정신장애 유형으로 정의된다. 성격장애가 있는 사람은 상황과 사람에 관련하여 지각에 어려움이 있다. 이러한 유형의 기능은 관계, 사회적 상호작용, 직장 또는 학교에서 타인과의 상호작용에서 심각한 문제와 제한을 초래한다.

대부분의 경우, 사람은 자신의 사고와 행동이 그들에게는 정상적이기 때문에 성격장애가 있음을 깨닫지 못할 수 있으며, 정기적으로 다루는 어려움이나 문제들에 있어서 다른 사람들을 탓할 수 있다. 성격장애는 대부분 10대 또는 초기 성인기에 시작되며 많은 유형들이 있다.

B군 성격장애는 극적이고 지나치게 감정적이며 예측할 수 없는 사고 또는 행동을 보이는 특징을 가진다. 장애는 반사회적 성격장애, 경계선 성격장애, 연극성 인격장애, 자기애성 인격장애를 포함한다. 이러한 B군 성격장애 집단은 A군(일반적으로 특이하거나 괴상한 군집으로 편집성 인격장애, 분열성 성격장애, 분열형 성격장애 포함)또는 C군(이 장애는 일반적으로 불안, 두려운 인식 또는 행동으로 특징지어지며 회피성 성격장애, 의존성 성격장애, 강박성 인격장애를 포함한다)의 집단보다 자살위험성과 높은 상관관계가 있다. B군 성격장애는 사회적 관계에서 큰 분열을 일으키며, 높은 정서적 변덕스러움과 충동성을 수반하며 정서적 통제 능력이 없기 때문이다. 이러한 결손으로 인해 내담자가 충동적이며 비합리적인 결정을 내리게 되며 종종 격하고 부정적인 정서를 경험할 때 자신의 행동의 결과가 그들의 의사결정을 이끌어 내지 못한다.

경계선 성격장애(경계선 성격장애)와 자살위험성

+ 경계선 성격장애로 진단받은 사람의 70%는 일생 동안 적어도 한 번의 자살시도를 하며 다수는 여러 차례 자살시도를 한다.
+ 경계선 성격장애를 진단 받은 사람 중 8~10%가 자살을 완료한다. 이 비율은 일반 인구 자살률의 50배 이상 높다.
+ 자살위험성의 증가는 실업, 재정적 어려움, 가족 불화, 기타 대인 관계 갈등 또는 상실을 포함하는 요인과 흔히 관련이 되어 있다.
+ 공존질환(흔히 우울증상 또는 물질사용장애)은 성격장애를 가진 사람들에게 자주 나타나기 때문에 자살위험성이 증가한다.
+ 이러한 개인들은 칼로 긋는 것, 화상을 입히는 것, 약물 과다복용을 포함하는 자해행동을 하며 칼로 긋는 것은 가장 일반적인 자해 유형이다.

불행히도 경계선 성격장애를 진단받은 개인들의 자살행동과 자살의 완료는 매우 흔한 일이다. 연구에 따르면 경계선 성격장애 환자의 70%는 일생 동안 적어도 한 번의 자살시도를 하며, 더 많은 이들이 여러 차례의 자살을 시도한다. 경계선 성격장애 진단을 받은 내담자들은 모든 다른 정신질환을 가진 사람보다 자살을 완료할 가능성이 높다. 경계선 성격장애 환자 중 8~10%의 사람은 자살을 완료할 것이며 이는 일반 인구의 자살률보다 50배 이상 높다.

이 장애를 진단받은 사람들의 자살과 자살시도는 몇 가지 이유로 매우 흔한 일이다.

첫째, 이 장애는 매우 강렬하고 부정적인 정서적 경험과 관련이 있다. 이러한 경험들은 참기 힘들고 견딜 수 없는 것으로 묘사되며 경계선 성격장애 진단을 받은 많은 내담자들은 도망치고 싶고 "이것이 없어지기를" 원하거나 "고통을 멈추기 위해서는 어떤 것이라도 원한다"고 보고한다. 그들은 정서적 고통을 완화하기 위해 다양한 전략을 사용하는데 이는 고의적 자해와 약물사용, 심지어 자살을 포함한다.

둘째, 경계선 성격장애는 충동성, 즉 결과를 고려하지 않고 상황에 반응하는 경향과 관련이 있다. 따라서 개인들은 격한 정서적 고통의 순간에 그들의 행동의 결과를 충분히 고려하지 않은 채 충동적으로 자살행동을 할 수 있다.

셋째, 이 진단은 종종 약물사용 또는 약물사용장애진단과 함께 발생한다. 약물 또는 알코올 사용은 이미 경계선 성격장애 특성 없이도 자살위험성을 증가시킨다. 따라서 경계선 성격장애와 물질사용의 조합은 치명적인 조합일 수 있다. 왜냐하면 물질사용은 충동 제어와 관련된 더 많은 문제를 야기하기 때문이다. 또한 이러한 충동 조절과 관련된 어려움은 사용 중인 약물을 과다복용할 가능성을 높인다.

넷째, 이 장애는 만성적이며, 대부분의 경우, 낫기 위해서는 충분히 많은 노력을 해야 하는 일생에 걸친 질병이다. 이 진단의 만성적이고 만연한 특성 또한 자살위험을 고조시킨다. 특히 치료가 제공되지 않았을 때 내담자는 무기력하거나 절망적인 것처럼 느낄 수 있으며 그들의 삶이 영원히 파멸할 것이라고 느낀다. 이러한 상태는 다른 출구가 없다고 느끼게 하며 삶에 대한 좁은 시야(tunnel vision)를 가지게 한다.

다섯째, 경계선 성격장애는 불안장애, 섭식 장애, 망상 장애, 기분장애, 심지어 정신병적 장애와 같은 다른 정신장애와 동시에 발생할 수 있다. 이러한 공존질환들은 내담자의 자살위험성을 증가시킬 수 있다.

경계선 성격장애의 다른 특징들

♦ 내담자들은 일반적으로 자기 파괴적 행위를 한다.

♦ 내담자들은 고통을 느낄 때 정신병과 같은 증상을 보이며 이행대상과 함께 있을 때 더욱 안정감을 느낀다.

♦ 일반적으로 함께 발생하는 장애로는 우울장애, 양극성장애, 물질사용장애, 섭식 장애, PTSD, ADHD가 있다.

♦ 이러한 증상은 일반적으로 초기 성인기에 발병한다.

♦ 공통적인 패턴은 초기 성인기에 심각한 정서적 충동 조절 곤란 삽화를 동반하는 만성적 불안정을 포함하며, 높은 수준의 정신건강 자원과 의료자원 사용을 포함한다.

♦ 이 장애를 가진 개인들은 30−40대에 감정적으로 덜 불안정하다.

자살위험성 평가

03

자살위험성 평가
(Suicide Risk Assessment: SRA)

질문하기

자살사고, 의도, 계획, 시도에 대해 질문하는 것은 쉽지 않다! 가끔 내담자는 자살에 대해 질문할 수 있는 기회를 제공한다. 그러나 일반적으로 내담자가 초기 불만 사항을 표현할 때와 현재의 문제와 관련된 이력을 제공할 때 다루는 주제는 아니다. 이와 상관없이, 임상적 상황 또는 표현들이 정당하다면 언제든지 어떠한 종류의 선별질문을 하는 것이 필수적이다.

이 주제를 다루는 가장 좋은 방법은 이러한 유형의 질문을 할 준비를 한 후, 이러한 유형의 질문이 전반적인 평가단계에서 일반적이라는 것을 내담자가 이해하도록 돕는 것이다. 자살 경향성을 철저하고 정확하게 평가할 수 있는 능력은 치료자가 목표로 한 선별 질문에 대해 익숙한지, 자살이라는 주제를 다루는 것이 편안한지, 이러한 유형의 질문들을 얼마나 쉽게 하는지에 달려있다.

치료적 상호작용에서 이 문제를 다룰 좋은 시점은 일반적으로 내담자가 (신체적 또는 정서적) 고통을 보고한 이후이다. 이러한 질문에 이르도록 하는 개방형 진술은 내담자로 하여금 깨달음을 얻고 원활한 소통을 할 수 있는 분위기를 마련해준다. 또한 내담자가 어떠한 정보를 제공하든 당신이 들을 준비가 되어 있다는 태도를 통해 내담자를 안심시킬 수 있다.

다음은 개방형 진술의 예이다.

나는 당신이 오늘 이러한 주제에 대해 이야기하는 것이 얼마나 어려운 일인지 분명히 이해할 수 있어요. 나는 당신에게 매우 개인적인 질문들을 하고 있으며 당신은 내가 누구인지 전혀 모르시지요. 그렇기 때문에 당신이 나와 공유하는 것을 주저할 수 있다는 것에 대해 나는 이해할 수 있어요.

하지만 아시다시피, 비슷한 문제 또는 증상을 가진 일부 내담자들이 나에게 그들의 삶을 마무리하고 싶다는 생각을 한다고 하였어요. 나는 단지 당신도 이러한 비슷한 생각을 한 적이 있는지 궁금해요.

자살위험성 평가

자살 경향성을 평가하는 것은 때로는 위협적이고 압도적일 수 있다. SRA가 접수면접단계에서 항상 다뤄지는 부분은 아니다. 우리는 일반적으로 법적 압박하에 자살위험성 평가(SRA)를 하게 되는데 모든 정보들을 정확하게 문서화하고 있는지 확인하고자 한다. 우리는 모든 적절한 정보들을 포함하려 하지만 종종 이 평가를 완료할 때 포함시켜야 할 가장 중요한 정보를 알지 못할 수 있다.

정신건강 전문가로서 우리는 자살이 예측할 수 없고 충동적일 수 있으며 계획적일 수도 있음을 알고 있다. 우리는 또한 내담자들이 우리에게 열린 마음으로 솔직할 때만 그들에게 도움을 줄 수 있다는 것을 안다. 그들이 허용해야지만 우리가 도움이 될 수 있다. 하지만, 자살위험성을 적절하게 평가할 수 있을 만큼 전문성이 있어야 하며, 훈련되고, 준비하는 것이 우리의 윤리적 의무이다. 내담자의 자살 경향성을 평가할 때, 이러한 사고, 감정, (때로는) 행동에 대한 원인이 단 하나인 경우는 없다는 것을 이해하는 것이 중요하다. 자살위험성을 정확히 평가하기 위해서는 자살이 생물심리사회적 요인의 복잡한 조합에 의해 유발된다는 것을 염두에 두어야 한다.

전국적인 조사에 따르면 13.5%의 미국인이 살면서 때때로 자살을 생각한 적이 있다고 보고하였으며, 3.9%는 자살계획, 그리고 4.6%는 자살시도를 하였다고 보고하였다. 자살시도를 보고한 사람 중 약 50%가 "심각한" 시도(예: 목매달기, 약물 과다 복용)를 했다고 보고하였다. 이는 정신장애가 있을 때보다 더 높은 수치를 보인다.

연구에서 나타난 것과 같이 철저하게 자살사고를 탐색하는 것이 중요하며, 보통, 사고에서 계획 그리고 시도까지의 연속체 선상에서 전환이 발생한다. 자살사고를 경험한 사람들 중 34%는 자살계획을 수립하고, 이 중 72%는 결국 자살시도를 한다고 보고하였다. 자살시도 중, 60%의 계획된 시도는 자살충동이 있는 사고의 시작으로부터 1년 이내에 발생하며, 90%의 계획되지 않은 시도(아마 충동적 자해행동을 나타내는)가 이 기간 내에 발생한다.

자살사고와 행동은 특히 주요 우울장애, 양극성장애, 조현병, 외상 후 스트레스장애, 불안, 물질사용장애, 의존증, 성격장애(예: 반사회적 또는 경계성)와 같은 정신질환을 진단받은 개인들에게서 높은 비율을 보인다. 과거 자살시도의 사실이 있다는 것은 미래의 시도와 완료된 자살을 예측하는 강력한 지표이다. 죽으려는 의도가 없는 의도적 자해로 정의되는 비자살적 자해(NSSI)는 반복적인 자살시도 및 자살시도의 완료라는 장기적인 위험과 관련되어 있다.

자살 및 자살시도의 위험과 관련된 많은 심리사회적 요인이 있다. 여기에는 상실(사랑하는 삶의 죽음 또는 직업, 경력, 재정, 주거, 결혼 관계, 신체적 건강, 또는 미래에 대한 상실)과 같은 최근 인생의 생활 사건을 포함하며 관계적 문제, 장기적인 실업, 법적인 문제들과 같은 지속적이거나 장기적인 어려움을 포함한다.

자살위험수준(낮음, 보통, 또는 높음)을 평가할 때 보호요인에 관한 정보와 위의 모든 정보들을 반드시 수집해야 한다. 나는 모든 영역을 포괄하는 SRA를 개발하였고 자주 사용한다.

나는 이 특정 평가양식을 다양한 상황에서 수년 동안 사용해 왔으며, 이는 매우 믿을 만하고 유용하였다. 이것은 종합적인 도구이며 내담자의 현재 자살 상태에 대한 적절한 설명을 제공한다. 당신은 초기 자살 스크리닝 시에 이 평가를 사용하고 싶어 할 것이며, 자살 경향성을 추적하거나 재평가해야 할 때 필요할 것이다. 이 SRA의 부분들은 다음 섹션에 설명되어 있다.

중요한 평가 자료(Critical Assessment Data)

사례 연계의 사유

이 부분에서는 평가 중에 사용된 자원들(의료 기록, 기타 문서들), 누가 환자를 연계하였는지, 왜 내담자가 연계되었는지, 어디서 평가가 이루어졌는지, 평가가 실시된 날짜와 시간에 대한 정보를 포함해야 한다.

또한 이 섹션에는 연계하는 사람과 연락이 되었는지, 연락이 되었다면 언제 되었는지 그리고 가능하다면 이 사람의 이야기를 포함해야 한다. 이 사람과 연락이 닿지 않는다면, 이유를 기술해야 한다.

자료 확인

이 부분에서는 환자의 나이, 인종, 성별 및 기관에 있었던 시간에 대한 정보(보증되는 경우)를 포함한 인구통계학적 정보를 포함해야 한다.

개인적 이력

이 부분에서는 현재의 치료 시설에 오기 전에 있었던 곳, 학력 및 직업에 대한 정보, 군복무 이력, 혼인 여부, 자녀들에 대한 간단한 세부사항을 포함하는 내담자의 개인적 이력에 대한 간략한 요약을 포함해야 한다.

정신건강과 자살이력

이 섹션에서는 다음의 정보들을 포함해야 한다.

- 과거와 현재 진단
- 물질남용 이력
- 과거 정신건강치료(장소와 기간)
- 과거 자살사고, 의도, 계획
- 과거 자살시도(아래에 자세히 설명되어 있음)
- 머리 손상
- 관련 건강 문제

- 정신건강 서비스 요청
- 자해 및 폭력적 행동
- 자살경향성으로 인한 입원
- 현재 또는 과거 약물사용

왜 자살시도 이력을 평가하는 것이 중요한가?

자살을 시도하는 대부분의 사람들은 또 다시 시도를 하고 싶지 않다고 보고한다. 하지만 연구에 따르면 16%가 1년 이내에 자살시도를 반복하며 21%는 1~4년 사이에 시도를 반복한다고 나타났다. 시도를 반복하는 사람들 대부분은 일반적으로 다음 시도에서 더 치명적인 방법을 사용하며, 이는 사망의 가능성을 높인다.

반복적인 시도를 하는 사람의 약 2%는 첫 시도 이후 1년 이내에 자살로 인해 사망하며, 8~10%는 결국 자살로 사망한다. 또한 연구에서 이전 자살시도의 이력이 미래 자살행동을 가장 잘 예측하는 지표라는 것을 입증하였다.

과거 자살시도를 평가할 때, 가장 유용한 정보를 얻기 위해 특정 데이터가 요구되어야 한다. 이러한 데이터는 다음 섹션에서 설명되어 있다.

첫 번째 시도와 최악의 시도

15번, 20번, 30번의 자살시도를 보고하는 내담자와 작업하는 경우, 모든 시도에 대한 세부사항을 문서화하는 것은 비효율적이고 도움이 되지 않는다. 가장 적절한 정보는 첫 번째 시도에서 나오며, 이는 내담자가 압력을 관리할 수 있는 능력이 언제 붕괴되었는지에 대한 정보를 제공한다. 또한 이는 시도하였을 때의 내담자의 나이와 사회적 지지의 여부를 포함하는 다른 적절한 정보들을 당신에게 제공할 것이다. 최악의 시도에 대한 세부사항은 내담자의 시도들의 일반적인 심각도에 대한 정보를 제공한다.

시도에 대한 반응

이 유형의 정보는 자살에 대한 내담자의 현재 사고와 느낌에 대한 이해를 돕는 정보이다. 예를 들어, 내담자는 다음과 같이 말할 수 있다. "나는 총이 발사되지 않아서 기뻤어요! 나는 명료하게 생각하고 있지 않았고 정말 죽을 수도 있었어요! 내가 이런 행동을 했다는 게 믿기지 않아요. 다시 생각해보면, 꿈같아요. 심지어

지금의 나와는 완전 달라요!" 이러한 말들은 보호적 요인과 내담자의 계속 살고 싶은 욕구에 대한 정보를 제공한다.

하지만, 내담자는 상당히 다른 말을 할 수도 있다. "어휴! 시간을 잘 정했으면 우리 엄마가 나를 발견하지 못했을 거예요. 내가 여기에 있지 않았을 거고! 제대로 계획했어야 했었어요." 또는 "무슨 느낌인지 모르겠어요... 모든 것에 대한 감각이 없어요. 어떤 후회도 안 들고 신나지도 않아요. 나를 죽게 내버려 둔데도 상관없어요." 이러한 말들은 현재의 자살사고, 의도, 또는 계획에 대한 가능성을 나타내며 내담자의 정서적 기능에 대한 정보를 제공한다. 이러한 말들은 신중하게 평가되어야 한다.

이전의 시도에서 배운 교훈

이전 섹션에서 언급한 유형의 정보들 또한 당신의 내담자의 현재 인지적 그리고 정서적 상태에 대한 통찰을 제공한다. 당신의 내담자가 자신이 살기를 원하고 있다는 것을 깨달았으며 그 시도를 할 때 명료한 사고를 하고 있지 않았는가? 또는 그들은 알코올 사용과 함께 우울증상이 판단능력에 영향을 미쳤다는 것을 깨달고, 살아있다는 것에 감사해하는가? 또는 그들이 10알의 진통제가 아닌 50알의 진통제를 먹었어야 했다는 것을 배웠는가? 또는 특정 방법을 사용하는 것은 효과가 없었으며 다른 방법을 선택했어야 한다는 것을 배웠는가? 같은 질문이지만, 답변은 매우 다양할 것이다. 그리고 다시 말해서, 이는 현재의 자살위험성을 평가할 때 중요한 정보를 제공한다.

인지된 치명성/의학적 치명성

이 질문은 내담자가 본인의 삶을 마무리하고 싶은 동기와 욕구와 관련이 있다. 당신의 내담자가 정말 5피트 높이의 다리에서 뛰어내리면 죽을 수 있다고 생각했는가? 또는 그러한 행동으로 자신이 걱정하는 것에 대한 관심을 받기 위해 충분한 정도의 부상이라고 생각했는가? 당신의 내담자가 스테이플러로 스스로를 그으면 심각한 부상을 초래할 것이라고 정말 믿었는가? 그들은 이 시도의 결과로 입원하였는가? 이러한 질문을 함으로써, 당신은 내담자의 죽음에 대한 의도와 (방법으로 인한) 시도의 심각성을 평가할 수 있다. 이것은 또한 가능한 미래의 시도와 내담자의 현재 사고의 수준에 대한 중요한 정보를 제공한다.

구조의 가능성

이 질문은, 다시 당신이 시도의 동기, 이차적 이익과 심각성에 대해 평가할 수 있게 한다. 당신의 내담자는 그들의 배우자가 오후 3시 10분에 도착할 것을 알면서 오후 3시 8분에 손목 긋기를 시도하였는가? 또는 그들은 그들의 배우자가 저녁 8시에 집에 도착할 것을 알고 오후 3시 8분에 손목을 그었는가? 같은 질문이지만 두 가지의 매우 다른 대답이 있을 수 있다. 우리 모두 "돌발적인 자살" 또한 자살이라는 것을 알고 있으며, 이 질문들은 그 시도를 과소평가하기 위함이 아니다. 대신, 이 질문은 평가를 완료하는 사람이 내담자의 자살위험성 수준(우리는 이 부분의 뒷부분에서 자살위험성 수준에 대해 논의한다)을 평가하고 환자를 다루는 가장 효과적인 방법을 결정하는 데에 영향을 줄 수도 있는 정보를 포함시키도록 한다.

위험 평가 결과

사회관계적 요인

이 부분에서는 중요한 관계들 또는 중요한 관계들의 부족함(중요한 타인들, 가족, 그리고 친구들과의 관계를 포함), 최근의 상실, 생활환경의 현저한 변화, 가족 또는 친구의 자살 전력, 그리고 이러한 요인들에 대한 내담자의 반응을 다뤄야 한다.

내담자의 가족 또는 친구의 자살 전력 여부를 확인하는 것이 중요하다. 일부 연구(사회 학습 이론)에서는 자살충동이 있는 행동은 학습된 행동이며 다른 사람들에 의해 모방될 수 있다고 주장하였다. 이러한 주장은 자살이 스트레스에 대한 학습된 반응이라고 가정한다. 따라서 자살한 사람들에 대한 정보에 노출되면 당신의 자살위험이 증가한다.

상황적 요인

이 부분은 시설 적응의 문제를 포함한 현재의 문제에 대한 어떠한 정보든 포함해야 한다. 현재 내담자의 인생 상황에서의 모든 변화, 최근의 사랑하는 사람의 죽음, 그리고 재정적 상태, 고용, 신체건강 상태, 그리고 혼인 여부의 변화를 포함한다.

의학적 요인

중대한 의학적 문제 또는 생명을 위협하는 질환, 통증의 수준(해당되는 경우), 그리고 약물이나 불법 약물의 금단 증상이 포함되어야 한다. 정신건강 진단 또한 포함될 수 있다.

정신적 상태

이 부분에서는 기분, 정서, 사고의 과정, 협력 및 발화, 그리고 청각적, 시각적, 촉각적, 또는 후각적 환각 또는 망상의 유무 등을 포함하는 내담자의 정신 상태에 대한 포괄적인 정보를 포함해야 한다.

심리적 요인

이 부분은 절망감, 개인적 통제에 대한 인식, 인지된 정서적 불편감, 자아상에 대한 인식, 그리고 대처능력에 대한 정보를 포함해야 한다.

절망감에 대한 느낌을 물어보는 것이 왜 중요한가?

현재와 미래에 대한 절망감은 자살사고와 NSSI 행동을 예측하는 매우 믿을 만한 지표인 것으로 밝혀졌다. 연구에 따르면 절망감에는 다섯 가지 요소가 있으며, 절망감을 느낄 때, 아래의 다른 요소들이 보고되면 자살위험성이 높아진다고 밝혔다.

- 수치심
- 죄책감
- 부담감
- 수면장애
- 고통을 관리할 수 있는 능력이 없음

이러한 다른 요소들은 주요 우울장애진단 또는 주요 우울증상을 가진 다른 진단들의 존재를 나타낸다. 당신의 내담자가 이전에 우울장애진단을 받은 적이 없다 할지라도 이 진단이 확실한지의 여부를 결정하기 위해 이러한 증상들에 대한 추가적인 평가를 실시할 것을 권한다. 이것이 중요한 이유는, 전에 언급한 것처럼, 진단되지 않은 우울증은 대부분의 인구의 자살시도와 관련된 주요 요인 중 하나이기 때문이다.

행동적 요인

이 부분에서는 버릇 또는 상호작용의 변화 그리고 직원 및 가족이 발견한 중요한 행동 변화들을 포함한 관찰 가능한 모든 행동 변화를 포함해야 한다.

동기부여 요인

이 섹션에서는 내담자가 보고한 죽고자 하는 욕구, 죽음에 대한 양면가치, 꾀병, 이차적 이익, 도움추구 행동, 치료 동기, 치료에 응하고자 하는 욕구, 그리고 치료적 동맹에 대해 설명해야 한다.

만성적 위험 요인의 요약

이 부분에서는 변하지 않거나 비교적 지속적으로 안정적인 위험 요인들인 만성적 요인을 포함해야 한다. 과거의 정신건강 이력, 과거의 자살시도, 과거의 자살 이력(가족 또는 친구), 생명을 위협하는 부상, 순응 또는 불응, 만성적 생활 스트레스, 불치병, 사랑하는 사람의 죽음 등을 포함할 수 있다.

만성적 위험 요인의 예

+ 물질사용 또는 의존의 역사
+ 건강 문제(불치병)
+ 진행성 요인으로 인한 생계 위협
+ 나이
+ 인지 기능 저하
+ 자해행동 이력

급성적 위험 요인의 요약

이 섹션은 현재 정신건강 진단, 최근의 의학 진단, 실업, 이혼, 알코올 또는 약물(현재 중독)사용, 정신병적 삽화, 노숙, 임박한 자살시도 또는 계획, 몇 시간, 며칠, 또는 몇 주 내에 발생할 수 있는 가까운 날의 위험, 그리고 즉각적 자살위험에 기여할 수 있는 모든 다른 요인들과 같은 급성적 위험 요인들을 포함해야 한다.

급성적 위험요인의 예

+ 건강 문제
+ 현재의 정서적 상태
+ 수면장애
+ 현재 생활 스트레스 요인
+ 무기에 대한 접근
+ 최근의 불법 물질사용
+ 최근의 준비 또는 예행연습

보호적 요인의 요약

이 부분에서는 사회 및 가족지지 시스템, 영성, 치료 협조도, 통찰, 도움 추구 행동, 자살사고 및 의도, 그리고 계획에 대한 부정과 같은 보호적 요인에 대한 정보를 포함해야 한다.

보호적 요인의 예

+ 결혼
+ 자녀
+ 치료에 참여
+ 탄력성
+ 치료 순응도
+ 보고된 의도 없음
+ 기질적 장애 없음
+ 이전에 정신건강 치료 받은 적 없음
+ 문화적 측면

현재 자살경향성

이 영역에는 현재의 자살성 사고, 의도 및 계획에 대한 정보가 포함되어야 한다. 또한 준비 또는 예행 시도, 자해행동 위험, 불안 수준, 수면 부족에 대한 정보도 포함해야 된다. 위험성(낮음, 보통, 높음)도 이 섹션에서 다루어야 한다.

사고에 대해 질문하는 것이 왜 중요한가?

자살사고는 자살의도, 계획 및 행동의 시작에 선행하는 것으로 예측된다. 자살사고는 죽기를 원하거나 소망하는 것과(의도) 죽기를 바라는 이유 또는 근거와(동기 부여) 연결된다. 따라서 내담자가 주요 생활 스트레스를 직면했을 때 현재, 과거 또는 잠정적 자살사고의 유무를 탐구하는 것이 중요하다(예: 사망, 손실, 실업 또는 진단된 의학 질환).

처음에는 많은 내담자들이 다음과 같은 여러 가지 이유로 자살사고의 존재를 부인한다.

- 입원이나 학업, 교육 또는 직업상의 기능에 부정적인 영향을 미칠 수 있는 다른 결과에 대한두려움
- 조롱당하고 비판받고 판단되는 것에 대한 두려움
- "미쳤다"고 낙인이 찍히거나 정신건강 진단을 받았다는 오명을 피하고 싶은 마음
- 자율성을 잃거나 상황을 통제할 수 없다는 두려움
- 아무도 자신의 주장을 믿지 않거나 아무도 자신의 주장을 심각하게 받아들이지 않을 것에 대한 두려움

내담자가 자살사고의 존재를 부인하더라도, 다른 (정서적 및 행동적) 관찰 지표를 통해 당신에게 자살사고의 가능성을 여전히 알릴 수 있다.

이러한 징후와 증상 중 일부는 사회적 위축 또는 다른 사람들과의 관계를 수립 및 유지하는 데 아무런 관심이 없고, 비합리적 사고, 불면증, 쉽게 동요되거나 자극받고, 또는 좌절, 분노, 절망, 부끄러움, 죄, 굴욕, 피해망상, 정동둔마가 포함된다. 내담자가 계속해서 자살사고의 존재를 부정한다면, 내담자의 부적절한 행동과 보고를 강조하는 것이 도움이 된다.

자살사고와 의도에 대해 묻는 것은 처음으로 자살에 대한 생각을 하거나 그러한 행동을 할 가능성을 높이지 않는다. 사실, 대부분의 환자는 자신을 걱정해주는 임상의가 환자의 현재 심리적 고통을 탐색하고 이해하는 데에 비판단적으로 관심

을 표할 때 자신의 자살이나 다른 자해행동을 생각해보게 되고, 이 때 안도감과 지지를 느낀다고 보고했다.

> **모든 자살사고와 자살 위협은 심각하게 받아들여져야 한다.**

현재의 자살경향성을 평가할 때

항상, 항상, 항상 내담자의 말을 인용하여라!

자살충동, 의도, 또는 계획에 대해 현재의 보고에 대해 이야기 나눌 때 내담자의 말을 기록하는 것이 유익하다. 이러한 말은 저자의 말로 바꿔 쓰거나 해석되어서는 안 된다.

자살성 사고의 빈도와 기간(얼마나 자주 자살성 사고가 발생하는지)에 대한 정보를 수집하면 이러한 사고가 일시적인지 만성적인지를 평가할 수 있다.

왜 자살성 사고의 타이밍에 대해 질문하는 것이 중요한가?

대부분의 사람들은 생활에서 부정적인 사건이나 심리적인 스트레스 요인에 대한 반응으로 자살 행위를 한다. 내담자의 대처능력이 악화되었을 때, 자살성 사고를 경험할 수 있으며, 특히 정신건강 장애를 앓고 있을 경우이다. 따라서, 자살 생각을 불러일으키는 요인과 이러한 생각이 발생하는 상황을 이해하는 것이 필수다.

얼마나 많은 시간 동안 자살 생각을 했는지를 알면 당신은 내담자의 일상생활에 미치는 영향과 역할에 대해 경계할 수 있다. 치료 계획 또한 이 정보를 통해 안내된다. 내담자의 자살충동에서 감정의 발병, 강도, 지속 기간 및 빈도에 관해서 더 좋거나 나빠지게 만드는 요소를 알고 있으면 치료 계획을 개발할 때 어떤 부분이 특히 흥미로운지 판단하는 데 도움이 된다. 이 정보를 탐색하고 이해하면 안전한 계획을 개발하는데 유용할 수 있다. 효과적이고 유용하며 안전한 계획을 수립하기 위해서 임상의와 내담자는 환자의 자살성 사고유발원인을 파악하고 환자가 피해야 하는 상황 또한 파악해야 한다. 이 유형의 통찰력을 확보하면 내담자는 이러한 상황을 더 잘 다룰 수 있다.

계획의 유무에 대해 질문하는 것이 왜 중요한가?

자살계획이 있다는 것은 당신의 내담자가 어느 정도 죽을 의도가 있고 그들 스스로 목숨을 끊을 준비를 시작했다는 것을 나타낸다. 계획 이행의 가능성과 잠재력, 계획이 실행되면 내담자가 구출될 가능성 및 계획의 치사율에 대해 알고 있는 것이 중요하다.

의도: 자살의도를 평가할 때, 나는 내담자가 정보를 명확하게 표현할 수 없을 때 "스케일링"이 도움이 된다는 것을 발견했다. 예를 들어, 내담자에서 "1에서 10까지에서(1은 전혀 아니다, 10은 확실하다), 자살을 시도할 가능성이 분당, 시간당, 일, 또는 주 단위로 어느 정도인지 물어볼 수 있다. 이 정보는 극심한 자살위험에 대한 평가를 지원한다.

임상의가 치사율의 위험이 미미하다고 결정하더라도, 사망 계획은 무시되거나 최소화 되어서는 안 된다. 이는 내담자가 인식하는 치사율이 중요한 점이기 때문이다.

방법: 또한 당신의 내담자가 계획을 세우기 시작했는지, 메모를 쓰거나, 물건을 버릴 준비를 하고, 최근에 유언을 쓰거나, 예행연습을 하거나, 약물을 보관하거나, 총기류에 접근하거나 다른 치명적인 행동을 하는지 그 여부를 알아야 한다. 방법을 논의할 때 가능한 한 내담자가 자세하게 말하도록 시도한다. 내담자가 여러 가지 방법을 논의하는 경우, 이 정보를 문서화한다.

주관적인 정보: 이 정보에는 양가의 존재에 대한 어떤 표시 또는 자살에 대한 해결을 포함한다. 고객은 자살성 사고에 대해 의논할 때, 강한 정서를 표현하는가? 부적절한 영향인가? 이 문제를 의논할 때 그들은 어떤 감정을 느끼는가? 무서움? 흥분? 슬픔? 안도감?

당신이 자살 경향성을 평가할 때, 당신의 내담자는 노골적인 자살사고 또는 자세한 내용을 드러내지 않을 수 있다. 때때로, 이러한 진술은 모호하거나 수동적일 수 있다. 당신의 내담자와 이러한 사고에 대해 탐색할 때 자살사고를 병적인 사고로부터 구분하는 것은 매우 중요하다. 병적인 사고를 절대 무시해서는 안 되지만, 내담자를 입원시키거나 기밀 유지 파기를 위한 유일한 이유가 되어서는 안 된다.

자살성 사고 대 병적인 사고

자살성 사고는 자살계획을 하지 않고 죽거나 자신의 목숨을 빼앗으려는 욕구의

명시적 표현이다. 예:

- "나는 매일 자살하는 생각을 해요. 가끔은 그냥 내 머리에 총을 겨누고 쏴버리고 싶어요."
- "6알만 더 먹었어도 죽을 수 있었는데..."
- "사실... 쉬워요. 내 손목에서 여기에서 여기까지 그으면 그냥 그게 다예요."

병적인 사고는 죽음에 대한 생각을 모호하게 표현하거나 "지금 여기"에 존재하고 싶지 않은 것을 말한다. 이 경우의 의사소통은 더 수동적이다. 예:

- "그냥 잠에 들어 영원히 일어나지 않을 수 있으면"
- "내가 떠나버리고 영영 돌아오지 않으면 사람들이 신경을 쓸까요?"
- "이 질병을 가지고 살 바에는 그냥 죽고 싶어요."
- "끝을 전혀 알 수 없는데 살아가야 되는 이유는 뭐예요?"

임박한 자살위험성 대 만성적인 자살위험성

임박한 자살위험성은 내담자가 급성적인 스트레스 수준에 있음을 의미한다. 이 위험수준은 가까운 시일 내에 시도를 할 수 있음을 나타낸다. 다음을 포함할 수 있다.

- 심각한 자살계획 또는 의도(준비, 예행 연습, 방법, 능력)
- 현재 인지과정의 장애(수면 장애; 청각, 시각, 촉각, 후각적 환각; 망상; 부정적인 영향)
- 최근의 자살성 행동
- 보호적 요인의 부재
- 평가한 후로부터 몇 분, 몇 시간, 또는 며칠 내에 자살시도의 위험에 처할 수 있음
- 위기관리 필요

만성적 자살위험성은 주요 우울장애, 양극성장애, 또는 B군 성격장애를 치료받는 내담자들에게 일반적으로 나타난다. 이러한 개인들은 항상 자살사고를 경험할

수 있으며 현재의 의도나 계획 없이 잠깐 동안의 사고 기준치를 보고한다. 당신은
이러한 내담자들과는 매 세션마다 완전한 SRA를 실시하는 것을 선택하지 않을
수 있다. 하지만, 어떤 변화도 일어나지 않았는지 혹은 사건의 계기가 되는 어
떤 의미있는 촉발사건도 발생하지 않았는지를 확인하기 위해 내담자의 기준치
행동(baseline behavior)을 평가해야 한다. 이러한 유형의 위험성은 아래를 포
함한다.

- 순간적 자살사고가 지속됨
- 시도의 이력
- 자해행동의 이력
- 병리학/병적 측면의 유무(성격 또는 우울)
- 물질 의존의 이력
- 현재 자살의도 또는 계획 없음
- 보호적 요인 있음

자살위험 수준을 평가하기

자살위험 수준은 당신의 임상적 판단과 SRA 동안 수집된 모든 데이터의 통합을
통해 결정되며, 보호 요인에 더하여 급성과 만성 위험 요인들을 포함한다.

위험 수준은 개인적 환경, 취약성, 현재의 스트레스 요인, 전력 그리고 위험 요
인에 의해 결정된다.

위험 수준

- 저위험: 과거 자살시도의 전력 없음, 보호 요인 있음, 현재의 자살사고 없음,
  일부 급성 위험 요인들이 존재할 수 있음, 내담자는 탄력성을 보일 수 있음,
  적절한 조절, 희망이 있으며 문화적 영향이 긍정적임(예: 종교, 영성)
- 중위험: 자살사고로 인해 증가한 위험성, 만성적 스트레스 요인, 손상된 대처
  능력, 제한된 사회적 지지망, 병적 측면이 있음(예: 우울, 적응 장애), 만성적인
  약물 및 알코올 사용, 능력이 있음(해결 대 양면성), 더 빈번하고 지속적인 자
  살성 사고, 그리고 긍정적인 문화적 영향.
- 고위험: 과거의 다수의 시도 역사로 인해 상승한 위험성, 유발하는 사건, 사회

적 지지망이 제한되거나 없음, 현재의 자살사고와 계획, 준비와 예행연습을 포함하는 행위, 제한된 고통 저항력, 병적 측면이 있음(성격장애 또는 우울장애), 수면장해, 불안 상승, 짜증, 자해행동의 전력, 그리고 부정적인 문화적 영향.

결론 및 후속조치 권고

이 섹션에서는 내담자를 위한 당신의 권장사항에 대한 정보를 포함해야 한다. 이는 통합적이며 구체적이어야 한다. 실행할 수 없는 후속조치 기록들은 절대 포함하면 안된다. 예를 들어, 당신의 권장사항 중 하나가 1주일 내에 내담자에게 후속 조치를 취할 예정이었지만 당신이 도시를 떠난다거나 사례가 꽉 찼다면, 이러한 성명을 하지 마라. 혹시 그렇게 하더라도, 동료가 살피거나 전화 상담을 해서라도 대체할 수 있도록 준비해야 할 것이다. 이것은 매우 중요한 세부사항이다. 왜냐하면, 혹시 당신의 내담자가 자살시도를 완료하고 당신은 후속조치를 문서화하지 않았다면 과실로 기소될 수 있기 때문이다.

모든 후속조치 사항은 반드시 수행되어야 한다. 견본 문서를 사용할 때 모든 정보들이 정확하며 해당 내담자를 참조해야 된다는 것에 주의해야 한다(예: 이름, 생년월일, 그리고 특정 권장사항들을 변경하는 것을 잊지 말아라).

또한 다음 권장 사항 목록에는 임상의가 다음과 같은 개입에 대한 고려사항과 이러한 개입이 내담자에게 적절하거나 부적절한 이유에 대해 설명하는 예가 포함되어 있다. 이러한 고려사항을 포함하는 것은 당신이 당신의 선택에 있어서 심사숙고하였으며 분별력을 가지고 치료 기술을 발휘했다는 것을 보여준다.

권장사항의 예

- 입원은 현재 보장되거나 보장되지 않는다.
- 관찰/입원을 시키는 것은 라포 형성을 할 수 있는 내담자의 능력과 기관에 적응을 할 때 안전한 대처 기술을 나열할 수 있는 능력에 기반하여 이 시기에 적절하지 않은 것으로 고려되며 결정된다.
- 정신 의학으로 케이스 인계를 하는 것이 고려되었으며 약물치료의 적절성에 대한 검토가 작성되었거나 작성되지 않았다.
- (시설, 프로그램, 집단, 등)에 대한 적응을 촉진시키기 위해 내담자는 치료의 첫 2주 동안 접수 과정에 참여할 것이다.
- 내담자는 2주 내에 후속 약속에서 볼 수 있다.

♦ 지지 집단에 배치되는 것은 어떠한 결과 때문에 적절하거나 부적절하다고
여겨지며 결정지어진다.

자살 이후 위험성 평가하기(POST-SRA)

자살 이후-SRA는 급성기 이후에 이루어진다. 이것은 일반적으로 내담자의 안
정화 그리고 그들이 치료에 복귀한 후 일어난다. 자살 이후 SRA는 초기 SRA만큼
종합적이지 않으며, 원 SRA의 정보를 대부분 옮겨 적기 때문에 섹션이 더 적다.

위험 요인들 평가

이 섹션에서는 이전에 SRA에서 제공한 결론 또는 권장사항에 대한 근거를 다시
반복한다. 예: "내담자는 몇 가지의 핵심적인 위험 요인 때문에 입원을 했었다. 구
체적으로 말하면..."(이전 SRA의 목록)

퇴원의 이유

이 섹션에서는 내담자를 퇴원시키기 위한 치료적 근거가 포함되어야 한다(변화
되고, 안정되거나, 다뤄진 임상적 위험 요인 열거 그리고 어떻게 변화하였는지).
치료자가 통제할 수 없는 이유로 퇴원한 경우에도 마찬가지로 문서화되어야 한다.

남아있는 위험 요인들

이 섹션에서는 남아있는 자살위험성에 대한 정보를 포함해야 한다. 이러한 위
험들은 만성적 요인을 포함한다. 예: "내담자는 자살위험성을 나타내는 다음의 요
인들을 계속 보인다. 불치병, 과거 자살시도와 NSSI 행동 이력"

후속조치 권장사항

퇴원 시 내담자의 치료와 관련된 특정 권장사항 목록의 작성으로 끝내라.

권장사항의 예

♦ 치료 계획 수립의 시작

- 가족 치료법과의 결합
- 케이스 인계
- 지속적인 항정신성 약물

정신건강전문가들을 위한 자살위험평가
(Suicide Risk Assessment: SRA)

정보의 출처: 이 영역에는 평가(의료기록이나 다른 문서를 비롯한)에 사용된 출처에 대한 정보, 내담자를 의뢰한 사람, 이 내담자가 의뢰된 이유, 평가를 실시한 장소와 시간 및 날짜에 대한 정보를 담아야 한다. 의뢰된 내담자와 연락이 닿았는지의 여부와 언제 연락했는지 그리고 가능하다면 내담자가 직접 말한 내용을 포함하는 것이 좋다. 내담자와 연락할 수 없었다면, 이유를 설명해야 한다.

Franklin Brown 씨는 그의 사례 매니저 S.Worker 씨에 의해 2016년 4월 4일 오후 3시 30분쯤 저자에게 의뢰되었다. S.Worker 씨는 다음과 같이 말했다, "오늘 Brown 씨에게 무슨 일이 일어나고 있는지 정확히 알 수 없지만 그는 평소와 다르다. 질문에 반응을 보이지 않았고 평소보다 더 우울해보였다. 그가 자살을 언급하지는 않았지만, 자살에 대해 물었을 때 부정하지 않았다. 나는 다소 걱정스럽고 그의 자살 경향성을 살펴봐주기를 부탁한다. 무엇인가가 상당히 잘못되었다…" Brown 씨의 의료기록은 열람이 가능했고 SRA를 실시하기 전에 검토되었다. 2016년 4월 4일 오후 4시 8분쯤 Brown 씨는 저자의 감독 하에 사례 매니저의 연구실에서 검사를 받았다.

데이터 확인: 이 영역은 내담자에 대한 인구통계학적 자료를 다뤄야 한다. 나이, 인종, 성별, 시설에서 보낸 시간에 대한 정보, 폭력이나 자해의 이력 이상의 정보를 담아야 한다.

Brown 씨는 65세의 다인종(스스로 아시아계 및 아프리카계 미국인이라 밝혔다) 남성이며, 실제 나이보다 어려 보인다. 그는 이 시설에 대략 4년째 나오고 있다. 직원들은 그가 때때로 거침없고 심술궂다고 말하며 그가 직원들에게 화를 낼 때 폭언을 했다는 기록이 있다. 그는 6번의 구두 경고와 2번의 서면 징계를 받았고, 치료의 종료를 막기 위한 이러한 행동을 삼가겠다고 서명했다.

개인 이력: 이 영역은 내담자의 개인사의 짧은 요약을 담아야 하며, 그 내용은 이 시설 이전의 거주지, 학력, 경력, 병역 여부, 혼인 여부, 자녀에 대한 정보를 포함한다.

Brown 씨는 최근에 아내를 잃었고 아내와 20년간 함께 지냈다고 이야기했다. 그는 아내는 약 6개월 전에 죽었고, 아내의 가족과는 여전히 가까이 지낸다고 말했다. 그는 또한 23세, 32세, 36세의 자녀가 있고 이 지역에 살고 있어 자주 만난다고 했다. 그는 은퇴한 지 5년이 지났고 그 전엔 30년간 정간호사로 일했다. 그는 "내 직업이 매우 그리워요. 내가 일할 때는 의미가 있었어요. 내 삶엔 의미가 있었고 매일 목적이 있었죠, 심지어 David를 그만 돌보게 되었을 때에도 저는 목적을 갖고 있었어요. 저는 필요한 사람으로 느껴졌고 포기하고 싶은 마음이 없었습니다. 그러나 지금 David는 없고 제 삶을 어떻게 해야 할지 모르겠네요."라고 말했다. 그는 지금은 참여하는 봉사활동이 없고 가족이나 "몇몇 친구"가 방문하는 날을 제외하고는 고립되어 지낸다고 말했다. 그는 수요일과 일요일에 교회에 갈 때가 사회활동의 대부분이지만, 활동적으로 참여하지 않는다고 했다(주로 예배에만 참여한다). 그는 1989년부터 제1회 감리교회의 신자였다고 말했다. 이때부터 가족과 함께 "이따금씩" 교회에 나갔다고 말했다. 그가 우울장애 치료를 시작한 약 4년 전까지는 어떤 정신건강치료도 거부했다.

정신건강/자살 이력: 이 영역에는 이전의 또는 현재의 정신건강 이력을 적어야 하며, 이전/현재의 진단, 약물남용 이력, 과거의 정신건강치료(장소와 시간 정보 포함), 과거의 자살성 사고, 의도, 또는 계획, 두부손상, 관련된 건강상의 문제, 정신건강치료의 요청, 자해행동, 자살경향성으로 인한 입원, 현재 혹은 과거의 약물사용에 대한 정보를 포함해야 한다.

Brown 씨의 의료기록에는 주요 우울장애, 재발성, 중증과 단순 사별반응을 진단받았음을 보인다. 그는 이전의 모든 정신건강치료를 거부했다. 그는 약 4년 동안 이 시설에서 치료를 받아 왔고 그의 치료 계획에 순순히 응해왔다. 그는 6개월 전에 Zoloft(졸로프트)를 처방받았고 그의 우울증상에 대하여 계속 보고할 때 이 약물치료가 증상을 잘 다루는 데에 다소 효과적이었다고 말했다. 이러한 증상은 슬픔, 절망, 무기력, 외로움의 감정과 간헐적인 불면증, 반추사고, (때때로) 빠르게 스치는 생각들, 쾌감상실과 사회적 고립을 포함한다. 그는 이러한 증상들이 경도에서 중등 정도로 심각하다고 말했다. 그는 어떤 약물남용 이력도 부인했지만 지난 4개월간 술자리가 늘었다고 말했다. 그는 "일반적으로 저는 사람들을 만나서 술을 마셔요. 저녁식사와 같은 모임이 있을 때 친구와 술을 마시곤 하죠. 그런데 최근에는 사람을 만나고 싶지 않아 집에서 혼자 술을 마십니다. 보통 자기 전에 와인 한두 잔을 마시고 이는 잠을 자는 데 도움을 주죠." 그는 과거의 어떤 자살사고 및 의도나 계획도 부인했다.

위험평가 결과:

A. 사회관계적: 이 영역에서는 (의미있는 타인, 가족, 친구와의 관계를 포함한) 중요한 관계나 이것의 부족, 최근의 사별, 생활환경에서의 중요한 변화, 가족이나 친구의 자살이력, 이러한 일들에 대한 반응을 다뤄야 한다.

Brown 씨는 그의 배우자가 대략 6개월 전에 불치병으로 생을 마감했다고 말했다. 그는 그가 배우자의 가족과 가까이 지내고 있으며 매주 대화를 나눈다고 말했다. 또한 그의 자녀들과도 가까이 지내고 있다고 말했다. 가장 나이가 많은, 32세와 36세의 자녀들은 그의 집에서 15-20마일 떨어진 곳에 살고 있고 가장 어린 자녀는 "차로 오갈 수 있는 거리에 살지만 다른 아이들과는 달라요. 다른 두 명의 아이들만큼 그녀와 가깝게 지내지 않아요."라고 말했다. 그는 여전히 배우자를 잃은 상황에 적응하는 것이 힘들고 그의 가족들(형제자매들)이 도움이 되지 않는다고 말했다. 그는 "제 원래 가족과 그렇게 가깝지 않아요. 제 형제자매들은 제 삶의 방식을 인정한 적이 없고 항상 저에게 비판적이었어요. 장례식에는 왔지만 그 이후로 소식을 잘 못 들어요. 저희 부모님은 돌아가셨어요. 어머니는 10년 전에 돌아가셨고, 아버지는 어머니가 돌아가시고 8달 뒤에 돌아가셨어요. 아버지하고는 친했어요. 어머니하고는 아니었지만."이라고 말했다. 주변 사람의 또 다른 죽음에 대해 물었을 때, Brown 씨는 자살로 생을 마감한 친척은 없다고 말했다.

B. 상황적: 이 영역에서는 현재 일어나는 모든 문제를 포함해야 한다. 시설에서의 적응 문제, 현재 일상 상황에서의 변화, 사랑하는 사람의 죽음, 재정상태의 변화, 취업 여부, 신체적 건강 상태, 혼인여부 등.

Brown 씨는 그의 배우자가 최근에 생을 마감했다고 말했다. Brown 씨는, "David가 아프다는 것을 나도 알고 있었고, 우리 모두가 알고 있었지만, 아직 그의 죽음에 대한 준비를 하지 못했었나 봐요. 준비되었다고 생각했지만. 우리는 모든 장례 준비도 같이 했고, 심지어 사망선택유언도 함께 만들었지만, 그의 죽음은 여전히 우리 가족에게 고통스러워요. 내가 의지하던 사람이었는데 그가 없으니 저는 어떻게 해야 할지 모르겠어요. 가슴에 구멍이 뚫린 것 같아요... 무슨 말인지 이해가 되세요? 사랑하던 사람을 잃은 적이 있나요? 그는 제 소울메이트였어요."라고 말했다.

C. 의료적: 이 영역에서는 주요 의료 문제나 생명을 위협하는 질환(앞서 언급한 것이 있을 경우), 고통의 수준, 또는 약물이나 불법약물의 금단 증상에 해당하는 내용은 어떤 것이라도 포함해야 한다.

이 면담에서 그는 주목할 만한 의료적 문제나 걱정은 언급하지 않았다.

D. 정신상태: 이 영역은 종합적인 정신상태에 대한 정보를 담아야 하며, 이는 정서상태, 사고과정, 협력, 말, AVH 등에 대한 내용과 그 이상을 포함한다.

Brown 씨는 단정하고 깔끔해 보인다. 외모와 청결에 신경을 쓰는 듯하다. 그는 이 저자와 눈을 잘 마주

쳤고, 저자의 지시사항이나 질문을 이해하는 데에 어려움이 없는 듯했다. 그의 정신운동활동은 정상이었고, 말의 속도와 크기가 정상적이었고, 말을 할 때 일관되고, 이성적이고, 목표 지향적이었다. 사고의 내용은 정상적으로 보였고, 그는 어떠한 망상적 관념과 자살사고, 자살의도, 자살충동이 있는 자해도 부인했다. 면담을 진행하는 동안 그는 내적 자극에는 반응하지 않는 것으로 보였다. 그의 정서상태는 면담 동안의 말의 내용과 분위기와 일치했다. 그는 면담이 진행되는 줄곧 감정적으로 불쾌감을 느끼는 것으로 보였다.

E. 심리적 요인: 이 영역은 절망감, 개인적 통제감의 지각, 진행 중인 진단받은 증상, 지각된 정서적 불편감, 자기 이미지에 대한 인식과 대처능력에 대한 정보를 포함한다.

Brown 씨는 그가 현재 우울증의 증상을 경험하고 있지만, 치료와 향정신성 약물치료를 찾아다니고 치료에서 배운 대처기술을 활용하면서 가족으로부터 얻는 지지에 힘입어 사별과 자신의 증상에 대처해올 수 있었다고 말했다. 그는 그가 경험하는 현재의 우울증 증상으로 절망감, 무기력감, 슬픔, 죄책감, 외로움과 때때로의 성적쾌감상실이 있다고 말했다. 그는 또한 사람들로부터 스스로를 소외시키고 위축된 채, 간헐적인 불면증, 반추사고, 생각을 조절하는 것의 어려움을 경험하고 있다고 말했다.

F. 행동적: 이 영역은 습관이나 상호작용의 변화, 직원이나 가족이 보기에 중요한 행동적 변화를 비롯한 행동적 변화를 다뤄야 한다.

면담 중에는 중요한 행동적 변화가 관찰되지 않았다. 그는 습관이나 감정에서의 두드러진 변화에 대한 어떠한 것도 부인했다. 그의 사례 매니저는 면담 중에 행동적 변화를 인지했고 따라서 SRA를 요청했다. 그녀는 Brown 씨가 면담할 때 "반응성이 없었고 평소보다 더 우울해 보였다."고 말했다.

G. 동기부여: 이 영역에서는 죽으려는 욕구, 죽음에 대한 양가감정, 꾀병이나 이차적 이익의 내용, 도움추구행동, 치료에 대한 동기부여, 치료나 치료적 집단에 참여하려는 욕구를 전달해야 한다.

Brown 씨는 치료에 순순히 응했다고 말했다. 그는 대부분의 회기에 참여했고 그의 향정신성 약물투약계획을 잘 따라왔다. 그는 그의 주 치료사와 잘 지내고, 치료사를 믿으며, 그의 사례 관리자의 지시사항을 따르고 있다고 말한다. 그의 주 치료사, 정신과 의사, 사례 관리자는 그의 말에 동의했다.

H. 현재의 자살경향성: 이 영역은 현재 일어나는 생각, 의도, 또는 계획에 대한 내용을 담아야 한다.

준비나 예행연습, 자해행동의 위험, 초조함의 정도와 수면부족에 대한 내용이다.

Brown 씨는 현재의 어떠한 자살충동이 있는 생각, 의도나 계획도 부인했다. 자살충동이 있는 사고에 대한 질문을 받았을 때 그는 "아니, 아니, 아니요. 저는 스스로를 해치는 어떤 것도 하지 않을 거예요. 자살하고 싶지 않아요. 그냥 오늘이 좀 안 좋은 날이라서 그래요. 오늘은 결혼기념일이어서 David가 그리울 뿐이에요. 그는 언제나 결혼기념일을 즐거워했어요. 그는 일종의 기획자 역할을 했어요. 저는 가끔 잊어버리곤 했어요. 특히 교대근무로 바쁘거나 정말 늦게까지 일해야 할 때 말이죠. 그러나 David는 아니었어요, 항상 결혼기념일을 챙겼어요. 올해는 제가 이 날을 기억하고 있다는 게 웃기네요. 그가 너무 그리워요. 그를 다시 만나는 생각을 하고, 어떤 날에는 깨어나지 않는 것을 생각하긴 하지만, 절대 자살하지는 않을 거예요. David는 그걸 용납하지 않을 거예요! 그리고 우리가 다시 만날 거라는 걸 알아요. 제 신념은 강해요 선생님, 이건 제가 여기까지 버텨온 이유이기도 해요!"라고 말했다.

만성적 위험요인의 요약: 이 영역은 과거의 정신건강 이력, 과거의 자살시도, 과거의 자살 이력, 회복력, 생명을 위협하는 부상, 이행/불이행, 만성적 생활스트레스 요인 등을 비롯한 어떠한 만성적 요인이라도 포함시켜야 한다.

내담자는 65세의 남성이다.

급성적 위험요인의 요약: 이 영역은 현재의 정신건강 진단, 급작스러운 자살충동이 있는 의도나 계획, 몇 시간, 며칠, 몇 주 안에 일어날 가까운 위험과 같은 급성의 요인과 급작스러운 자살위험을 즉각적으로 촉발할 수 있는 어떠한 요인이라도 포함시켜야 한다.

- 주요우울장애, 재발성, 중등도, 그리고 단순 사별에 대한 현재의 진단
- 내담자가 간헐적인 불면증을 보고한다.
- 내담자가 뚜렷한 우울증의 증상을 보고한다.
- 내담자가 대략 6개월 이내에 배우자의 죽음을 겪었다.
- 오늘은 결혼기념일이다.
- 면담 중에 불쾌한 정서상태를 보였다.
- 내담자는 혼자 살고 있으며 그의 직업은 공인 간호사였으므로, 그가 현재의 생각, 의도나 계획을 부인하더라도 그는 (자살)방법에 접근성이 있다.
- 내담자는 6개월 전에 항우울제를 복용하기 시작했다.

보호 요인의 요약: 이 영역은 지지 시스템, 영성, 치료 이행, 통찰력, 자살충동이 있는 사고, 의도, 계획의 부인, 도움추구행동과 같은 보호 요인에 대한 어떠한 정보라도 포함해야 한다.

- 내담자는 자녀들과 가까운 관계를 가지고 가까운 거리에 살고 있음을 보고한다.
- 내담자는 현재 자살충동이 있는 사고, 의도, 계획을 모두 부인한다.
- 내담자는 치료를 잘 따라왔다.
- 내담자는 현재의 치료사, 사례 관리자와 좋은 라포와 긍정적인 치료적 동맹을 갖고 있음을 보고한다.
- 내담자는 치료에서 배운 대처기술을 사용하고 있다고 보고한다.
- 내담자는 그의 현재 정서상태에 대해 잘 통찰하고 있는 것으로 보이고, 그의 감정을 애도 및 결혼기념일과 관련짓는다.
- 내담자는 우울증의 증상을 경험하는 동안에도 그의 치료자 및 자녀와 소통의 끈을 놓지 않는다.
- 내담자는 정신건강 문제나 자해행동의 이력을 보고하지 않는다.
- 내담자는 성격장애 특성을 보이지 않는다.
- 내담자는 그가 "활동적인 신도"는 아니지만 영성적 신념에 근간을 두고 있으며 교회에 매주 2회 참여한다고 보고한다.

진단: 주요우울장애, 재발할 수 있는 보통 수준의 범불안장애.

결론/추후 제안사항: 이 곳에 위험수준이 표기되어야 하며(낮은 수준, 보통 수준, 높은 수준) 자살 검사 도구를 사용하였는지의 여부와 이 검사의 결과를 기록해라.

- 검사 결과, Brown 씨는 자살위험이 낮으며 자살 직전의 위험상황은 아닌 것으로 보인다.
- 이 경우에 입원은 허가되지 않는다. 내담자가 시설에서 적응하는 동안 라포를 형성하고 안전한 대처 전략을 나열할 수 있는 능력으로 보아, 이 경우에 관찰/입원을 고려하는 것은 부적절한 것으로 결정되었다.
- Brown 씨가 약 6개월 전에 졸로프트를 처방받았음을 보고했기 때문에, 정신의학과로의 의뢰가 고려되었고 약물 적합성의 검사를 위해 검토가 이루어졌다.
- SRA의 사본은 내담자의 주 치료자, 정신과의사, 사례 관리자에게 전달될 것이다.
- 이 저자는 2주 이내에 위에서 언급된 치료 제공자들과 함께 내담자의 진행상황에 추후조치를 취할 것이다.

자살위험 평가지(Suicide Risk Assessment)

정보의 출처:

자료 확인하기:

개인 이력:

정신건강 및 자살 이력:

위험평가 결과:

A. 사회-관계적 요인:

B. 상황적 요인:

C. 의학적 요인:

D. 정신 상태:

E. 심리적 요인:

F. 행동적 요인:

G. 동기적 요인:

H. 현재 자살경향성:

만성적 위험요인의 요약:

급성적 위험요인의 요약:

보호요인의 요약:

진단:

결과/추후 제안점:

자살 이후 위험 평가
(Post-Suicide Risk Assessment)

더 이상 내담자는 자살 직전의 위험에 처해있지 않다. 임상적 결정은 상황에 맞게 적절한 다른 의료직원과의 상담, 상담자/심리학자들과의 상담, 기록 검토 등을 통해 내려졌다.

평가된 위험요인:

내담자는 구체적으로 어떠한 몇 가지의 핵심적인 위험요인 때문에 입원했는가?:

퇴원한 이유:

다음과 같은 내용에 근거하여 내담자를 퇴원시키는 임상적 결정을 내렸다.

남아있는 위험요인:

내담자는 자살위험을 시사하는 다음과 같은 요인을 계속하여 보인다.

추후 제안점:

퇴원 이후 내담자의 관리와 관련된 구체적인 제안점은 다음과 같다.

자살평가 대 자살검사

자살평가는 훈련된 상담자가 추정하는 자살위험을 확인하고, 내담자에게 닥친 임박한 위험을 평가하고, 치료의 과정을 결정하는 보다 종합적인 평가를 의미한다. 보통 평가는 구조화된 설문지로 이루어지지만, 내담자의 사고와 행동, 위험요인(예를 들어, 치명적인 수단에의 접근이나 자살시도의 이력), 보호요인(예를 들어, 즉각적인 가족의 지지), 의료건강 및 정신건강 이력에 대한 이해를 위해 내담자 또는 그들의 친구, 가족과의 보다 자유로운 토의까지 포함할 수 있다.

연구에서는 자살방지 전문가들이 보통, 자살할 위험이 있는 내담자를 알아차리기 위해 표준화된 도구나 프로토콜을 사용하는 과정을 의미하는 '자살검사'라는 용어를 사용한다는 것을 밝혀왔다.

자살검사는 단독으로 이뤄지거나 더 복합적인 건강이나 행동적 건강 검사의 일부로 이뤄진다. 이러한 검사는 구두로 진행되거나(질문을 함으로써) 연필과 종이, 심지어는 컴퓨터를 활용하여 서면으로 진행되기도 한다.

이러한 검사 도구는 SRA를 아는 데 도움을 줄 수 있고 내담자의 자살위험 수준을 결정할 때 추가적인 정보를 제공한다.

자살검사 도구

콜롬비아 자살심각성 평가 척도(C-SSRS)

이 질문지는 다양한 상황에서 자살 평가를 위해 사용되며 초기 검사에 특히 유용한 것으로 보고된다. 이는 14개 언어로 번역되어있다. C-SSRS를 사용하기 위해 정신건강 훈련이 필요하지는 않다. 내과의사, 간호사, 상담자/심리학자, 사회봉사자, 동료 상담자, 조정자, 연구조교, 고등학생, 교사, 신부를 비롯한 다양한 분야의 전문가들이 이 척도를 사용할 수 있다.

이 섹션에서 평가의 예시를 하나 제공한다;

http://www.cssrs.columbia.edu/scales_practice_cssrs.html에서 무료로 다운로드 가능하며, 도구를 어떻게 사용하는지 무료교육 또한 제공한다.

자살행동 질문지(SBQ-R)

이 도구는 자살과 연관된 사고와 행동을 파악하기 위해 사용되어 왔다. 본래의

SBQ는 1981년에 Marsha Linehan이 개발한 것이며 자살충동이 있는 행동의 빈도 및 심각성과 과거 자살시도 이력을 알아내기 위해 고안된 34개 문항으로 이루어 진 자기보고식 설문지였다. 이후 Linehan은 4개 문항 버전과 14개 문항 버전을 개발해왔다. 이 도구를 다양한 세팅에서 활용하기 위해 여러 연구자들에 의해 수 정, 보완되어 왔다. 임상적인 집단과 비임상적인 집단 모두에서 유용한 것으로 보 고된다.

자살평가 5단계 평가지와 환자 분류(SAF-T)

이 도구는 자살방지자원 센터와 정신건강검사 기관이 협력하여 개발되었다. 이 척도는 위험요인과 보호요인을 파악하고, 자살에 관한 설문을 하고, 위험수준과 가능한 개입을 결정하고, 치료계획을 기록하기 위해 사용된다. 임상가용 SAF-T 안내책자(pocket card)를 http://store.samhsa.gov/product/Suicide-Assessment -Five-Step-Evaluation-and-Triage-SAFE-T-Pocket-Card-for-Clini cians/SMA09-4432에서 구입할 수 있다.

케슬러 심리적 디스트레스 척도(K10)와 환자건강 설문지(PHQ-9)

이는 불치병을 가진 내담자들과 만성적인 건강 문제를 보고하는 내담자들에게 SRA를 실시할 때 도움이 되는 것으로 보고되어 온 추가적 평가들이다. 이 두 가지 도구들은 철저한 임상적 면담과 병행하여 사용되며 내담자의 정서적 및 인지적 상태에 관한 추가적인 정보를 제공할 수 있다. 검사 도구들은 이 챕터의 후반부에 등장한다.

콜롬비아 자살심각성 평가 척도
(Columbia Suicide Severity Rating Scale)

[자살사고]

1번과 2번을 질문하세요. 두 가지 모두에서 '아니다'로 답한다면, "자살성 행동" 영역으로 가세요. 2번 질문에 "그렇다"로 답했다면, 3, 4, 5번도 질문하세요. 1번과 2번 질문 중에 하나라도 "그렇다"로 답했다면, "사고의 강도" 영역을 수행하세요.	일생동안 자살 충동을 가장 크게 느낀 때	지난 1달 동안
1. 죽기를 원함 내담자는 죽거나 더 이상 살아있고 싶지 않거나, 잠에 들어 일어나고 싶지 않다는 생각을 인정한다. 죽거나 잠에 들어 일어나지 않았으면 싶었던 적이 있나요? 그렇다면, 자세히 말해주세요:	그렇다 아니다 ☐　　☐	그렇다 아니다 ☐　　☐
2. 구체적이지 않은 능동적 자살생각 평가기간 동안, 죽으려는 방법/관련된 수단, 죽으려는 의도나 계획에 대한 생각 없이, 생을 마감하거나 자살하고 싶어 하는 구체적이지 않은 생각(예: "나는 자살에 대해 생각한 적이 있어요."), 죽으려는 생각을 실제로 한 적이 있습니까? 그렇다면, 자세히 말해주세요.	그렇다 아니다 ☐　　☐	그렇다 아니다 ☐　　☐
3. 실제 행하려는 의도 없이, 자살수단(자살계획이 아님)에 관한 능동적 자살생각 내담자는 자살생각을 인정하고 검사기간 동안 최소 한 가지의 자살방법을 생각해본 적이 있다. 이는 시간, 장소, 수단의 세부사항이 마련된 구체적인 계획과는 다르다(예를 들어, 죽기 위한 방법에 대해 생각하지만 구체적인 계획은 없는 것이다). "약물을 과다복용하는 생각은 했지만, 언제, 어디서, 실제로 어떻게 할지에 대한 구체적인 계획은 세운 적이 없어요. 그리고 절대 하지 않을 거예요."라고 말하는 사람을 포함한다. **자살을 어떻게 할 수 있을지에 대해 생각해왔나요?** 그렇다면, 자세히 말해주세요.	그렇다 아니다 ☐　　☐	그렇다 아니다 ☐　　☐

4. 구체적인 계획 없이, 자살을 행하려는 의도가 있는 능동적 자살사고

내담자는 죽으려는 능동적 자살생각을 하며, 그러한 생각을 실제로 행할 약간의 의도가 있다고 말한다. 이는 "자살생각은 있지만 그것과 관련해서 절대 아무 것도 하지 않을 거예요"라는 말과 반대되는 내용이다.

당신은 이러한 생각을 하고 생각을 행동에 옮기려는 의도를 가진 적이 있나요?

그렇다면, 자세히 말해주세요.

그렇다	아니다		그렇다	아니다
☐	☐		☐	☐

5. 구체적인 계획과 의도가 있는 능동적 자살사고

내담자는 전적으로나 부분적으로 마련된 세부적인 계획으로 자살하려는 생각을 하고 이를 행하려는 의도가 있다.

어떻게 죽을지 구체적으로 계획하기 시작하거나 계획해왔나요? 이 계획을 실천할 의도가 있나요?

그렇다면, 자세히 말해주세요.

그렇다	아니다		그렇다	아니다
☐	☐		☐	☐

[사고의 강도]

위에서 나온 다섯 가지의 자살사고 중에 가장 심각한 수준의 자살사고에 대해 다음의 질문에 답해야 한다. (1번의 심각성이 가장 낮고, 5번의 심각성이 가장 높다). 자살충동이 가장 컸던 때가 언제인지 물어라.

평생 – **가장 심각한 자살사고:** ____ ____ ____
      유형# (1-5) 자살사고에 대한 설명
최근 – **가장 심각한 자살사고:** ____ ____ ____
      유형# (1-5) 자살사고에 대한 설명

가장 심각	가장 심각

빈도
얼마나 자주 이런 생각을 해왔나요?
(1) 일주일에 1회 미만 (2) 일주일에 1회 (3) 일주일에 2-5회 (4) 매일이나 거의 매일 (5) 하루에도 여러 번

———	———

기간
이러한 생각을 할 때, 얼마나 오래 지속되나요?
(1) 금방 사라짐 – 몇 초나 몇 분
(2) 1시간 미만 / 잠시 동안
(3) 1~4시간 / 많은 시간 동안
(4) 4~8시간 / 하루의 대부분
(5) 8시간 넘게 / 끊임없거나 지속적으로

———	———

통제가능성

죽으려는 생각이나 죽고 싶어 하는 마음을 스스로가 원할 때 멈출 수 있나요?

(1) 생각을 쉽게 통제할 수 있다.

(2) 생각을 통제하는 것이 조금 어렵다.

(3) 생각을 통제하는 것이 꽤 어렵다.

(4) 생각을 통제하는 것이 매우 어렵다.

(5) 생각을 통제하기는 불가능하다.

(6) 생각을 통제하려고 시도하지 않는다.

제지요소

죽고 싶은 마음이나 자살생각을 실제로 행하기를 멈추게 한 사람 또는 무엇인가가 있나요? (예를 들어, 가족, 종교, 죽음의 고통)

(1) 제지요소가 당신의 자살시도를 막은 것이 분명하다.

(2) 제지요소가 당신을 아마도 막았을 것이다.

(3) 제지요소가 당신을 막았는지 확실하지 않다.

(4) 제지요소가 당신을 막지 않았을 것 같다.

(5) 제지요소가 당신을 막지 않은 것이 분명하다.

(0) 대답하고 싶지 않다.

자살사고의 이유

자살하고 싶다거나 자살하는 것에 대해 생각하는 것이 어떠한 이유 때문이었나요? 고통을 끝내거나 당신이 느끼는 감정을 멈추기 위함이었나요? (다시 말해, 이 고통이나 감정을 가진 채 살 수가 없었나요?) 아니면 관심을 끌거나, 복수를 하거나, 다른 사람들의 반응을 얻기 위해서였나요? 둘 다였나요?

(1) 전적으로 관심을 끌거나, 복수를 하거나, 다른 사람들의 반응을 얻기 위해서였다.

(2) 대부분은 관심을 끌거나, 복수를 하거나, 다른 사람들의 반응을 얻기 위해서였다.

(3) 관심을 끌거나, 복수를 하거나, 다른 사람들의 반응을 얻기 위함과 동시에, 고통을 끝내거나 멈추기 위해서였다.

(4) 대부분은 고통을 끝내거나 멈추기 위해서였다(고통이나 감정을 가진 채 살 수가 없었다).

(5) 전적으로 고통을 끝내거나 멈추기 위해서였다(고통이나 감정을 가진 채 살 수가 없었다).

(0) 대답하고 싶지 않다.

[자살성 행동] 별개의 사건일 경우 해당되는 모든 것에 체크하라; 모든 유형에 대해 물어야 한다. 적용되는 모든 항목을 확인하고, 별개의 사건인 경우, 모든 유형에 대해 질문해야 한다. 적용되는 모든 항목을 확인하라, 전부 별개의 사건이기 때문에, 모든 유형에 대해 질문해야 한다.	일생 동안	지난 3달 동안
실제시도: 이는 죽음으로 이어지기를 바라는 마음을 조금이라도 가진 채 행한 잠재적인 자해행동이다. 어느 정도로는 자살하기 위한 수단으로써 한 행동이다. 반드시 의도가 100%이어야 할 필요는 없다. 이 행동으로써 죽으려는 의도나 바람이 조금이라도 있었다면, 실제 자살시도라 할 수 있다. **반드시 상처나 피해가 있어야 하는 것은 아니며,** 상처나 피해의 가능성이 있으면 된다. 누군가가 입 안에 총을 넣고 방아쇠를 당기는데 총이 고장 나 아무 피해가 없는 경우에도, 이것은 자살시도라 할 수 있다. 의도 추론하기: 내담자가 죽으려는 의도/바람을 부인하더라도, 행동이나 상황으로부터 이를 임상적으로 추론해볼 수 있다. 예를 들어, 분명히 우연이 아닌 매우 치명적인 행동이어서, 자살하려는 의도로밖에 추론할 수 없는 경우이다(예를 들면, 머리에 총을 쏘거나, 높은 층의 창문에서 뛰어내리는 행동). 또한, 내담자가 죽으려는 의도를 부인하지만 그가 한 행동이 치명적일 수 있음을 알고 있다면, 죽으려는 의도를 추론할 수 있다. **자살시도를 한 적이 있나요?** **스스로를 다치게 하려고 무엇인가를 한 적이 있나요?** **당신이 죽을지도 모를 위험한 무엇인가를 한 적이 있나요?** **무엇을 했나요?** **생을 마감하기 위해 무엇인가를 했나요?** **무엇인가를 했을 때 (조금이라도) 죽기를 원했나요?** **무엇인가를 했을 때 생을 마감하고자 애쓰고 있었나요?** **또는 무엇인가로 인해 죽을 수도 있다고 생각했나요?** **또는 그 행동을 조금의 자살하려는 의도 없이 순전히 다른 이유 때문에 했나요?(예를 들어, 스트레스를 풀기 위해, 기분이 나아지기 위해, 동정을 얻기 위해, 또는 다른 어떤 것을 위해)(자살하려는 의도가 없는 자해행동)** 그렇다면, 자세히 말해주세요: **내담자가 비자살적 자해행동을 한 적이 있나요?**	그렇다 아니다 ☐ ☐ 총 시도 횟수 ——— 그렇다 아니다 ☐ ☐	그렇다 아니다 ☐ ☐ 총 시도 횟수 ——— 그렇다 아니다 ☐ ☐

중단된 시도:

이는 내담자가 (다른 외부적 상황 때문에) 자해 가능성이 있는 행동을 시도하지 못한 것이다(외부적 상황이 없었더라면, 실제로 시도했을 것이다).

과다복용: 내담자가 손에 약을 쥐고 있지만 삼키지 못한다. 내담자가 약을 삼킨다면, 이는 중단된 시도가 아니라 시도한 것이 된다. 총격: 내담자가 총으로 스스로를 겨누고 있는 중에, 다른 사람이 총을 뺏거나 어떻게 해서든 방아쇠를 당기는 것을 막는다. 방아쇠를 당길 경우 실제로 총격이 가해지지 않더라도, 이는 시도한 것이 된다. 뛰어내리기: 내담자가 뛰어내리려는 자세를 취하던 중에 잡혀서 난간에서 내려오게 된다. 목매달기: 내담자가 올가미로 목을 감싸지만, 시도하지 못하게 제지당한다.

생을 마감하고자 무엇인가를 시도했지만 누군가가 또는 어떤 것이 실제로 행하지 못하도록 막았던 적이 있나요?

그렇다면, 자세히 말해주세요:

그렇다	아니다		그렇다	아니다
☐	☐		☐	☐

총 시도 횟수 ——   총 시도 횟수 ——

실패하거나 스스로 중단한 시도:

이는 자살을 시도하기 위한 행동을 시작했지만, 자기 파괴적 행동을 실제로 행하기 전에 스스로 중단한 경우이다. 다른 것 때문이 아닌 스스로가 행위를 멈춘다는 점을 제외하면, 중단된 시도의 예시들과 비슷하다.

생을 마감하기 위해 무엇인가를 시도했지만 실제로 행하기 전에 스스로 중단한 적이 있었나요?

그렇다면, 자세히 말해주세요:

그렇다	아니다		그렇다	아니다
☐	☐		☐	☐

실패 또는 스스로 중단한 총 횟수 ——   실패 또는 스스로 중단한 총 횟수 ——

준비행동:

이는 임박한 자살시도 이전에 하는 행동이나 준비이다. 이는 말이나 생각뿐만 아니라, 특정한 자살수단을 마련하거나(예를 들어, 약이나 총을 산다) 자살로 인한 스스로의 죽음을 준비하는 행동을 포함할 수 있다(예를 들어, 물건을 나눠주거나 유서를 적는다).

자살시도를 하거나 자살을 준비하기 위해, 행동을 취한 적이 있나요? (예를 들어 약을 모으거나, 총을 구하거나, 중요한 물건을 나눠주거나, 유서를 적거나)

그렇다면, 자세히 말해주세요:

그렇다	아니다		그렇다	아니다
☐	☐		☐	☐

총 준비동작 수 ——   총 준비동작 수 ——

	가장 최근의 시도 날짜:	가장 치명적인 시도 날짜:	가장 처음의 시도 날짜:
실제 치사율 / 의학적 손상: 0. 신체적으로 손상을 입지 않거나 신체적 손상이 아주 경미하다 (예를 들어, 긁힌 상처). 1. 신체적 손상이 경도의 수준이다(예를 들어, 어눌한 발화, 1도 화상, 경도의 출혈, 접지름). 2. 신체적 손상이 중등도의 수준이다; 의학적 도움이 필요하다 (예를 들어, 의식이 있지만 졸린; 반응이 적은; 2도 화상; 주요 혈관의 출혈). 3. 신체적 손상이 중등도로 심한 수준이다; 의료적 입원과 집중적인 관리가 필요할 수 있다.(예를 들어, 반사작용의 손상은 없는 혼수상태, 신체부위 20% 이하의 3도 화상, 회복 가능한 광범위한 출혈, 주요부위 골절). 4. 신체적 손상이 심각한 수준이다. 의료적 입원과 집중적인 관리가 필요하다.(예를 들어, 반사작용이 없는 혼수상태, 신체부위 20% 이상의 3도 화상, 불안정한 생명징후를 보이는 광범위한 출혈, 주요 부위에 심각한 손상). 5. 사망	코드 입력 ——	코드 입력 ——	코드 입력 ——
잠재적 치명성: 실제 치명성이 0인 경우에만 답하시오 의료적 손상이 없는 경우에 실제 자살시도의 치명성이다(다음의 예시들은 실제적인 의료적 손상은 없지만 매우 심각한 치명성을 가질 수 있다. 총을 입 안에 넣고 방아쇠를 당겼지만, 총격이 가해지지 않아 의료적 손상이 없다; 다가오는 기차 앞에서 선로에 누웠지만, 기차가 덮치기 전에 구해졌다). 0 = 손상이 가해질 가능성이 적은 행동 1 = 손상은 가하지만 죽음으로 이어지는 않을 행동 2 = 의료적 도움이 있어도 죽음으로 이어질 가능성이 높은 행동	코드 입력 ——	코드 입력 ——	코드 입력 ——

고지사항: 이 척도를 실행하는 교육을 받은 개인들만이 척도를 사용할 수 있다. 콜롬비아 자살심각성 평가 척도의 질문들은 제안사항이다. 궁극적으로 자살생각이나 자살행동의 여부는 척도를 시행하는 사람이 판단을 내려 결정한다. C-SSRS의 재출판에 대해서는 Kelly Posner, PhD, New York State Psychiatric Institute, 1051 Riverside Drive, New York, New York, 10032에 연락하고, 문의나 훈련 요건은 posnerk@nyspi.columbia.edu.에 연락하라. The Research Foundation for Mental Hygiene, Inc. 허가를 받고 재출판 됨.

케슬러 심리적 디스트레스 척도(Kessler Psychological Distress Scale (K10))

케슬러 심리적 디스트레스 척도는 내담자가 최근의 4주 동안 경험한 불안 및 우울증상에 대한 질문에 근거하여 전반적 고통을 측정하기 위한 10개 문항으로 이루어진 질문지이다.

내담자 자기보고 측정법의 사용은 임상가가 내담자의 현재 상태에 대한 정보를 수집하고 생산적인 대화를 이루도록 시도하는 바람직한 평가방법이다.

일반적인 규칙으로, "가끔 그렇다"나 "항상 그렇다" 카테고리를 가장 빈번하게 선택한 내담자들은 더 자세한 평가가 필요하다. 이 내담자들에게는 의뢰 정보를 제공해야 한다. "조금 그렇다"나 "전혀 그렇지 않다"를 가장 빈번하게 선택한 내담자들에게도 이후의 정신건강 문제를 예방할 전략과 우울 및 불안의 질환에 대한 인식을 높이도록 돕는 초기 개입과 홍보자료가 제공되어야 한다(정보의 출처는 NSW 정신건강 결과와 평가훈련(MH-OAT) 협력자 매뉴얼, NSW 건강 부서 2001이다).

다음의 질문지는 내담자가 기입해야 한다. 심리적 디스트레스를 측정한다. 내담자의 응답내용에 부여된 점수를 합하고 전체 점수가 케슬러 심리적 디스트레스 척도(K10)의 점수이다. 점수의 범위는 10에서 50이다. 주요 의료관리(primary care)를 받는 사람들의 점수별 분류는 다음과 같다.

- 20 미만의 점수는 건강하다고 본다.
- 20-24의 점수는 경도의 정신질환이 있다고 본다.
- 25-29의 점수는 중등도의 정신질환이 있다고 본다.
- 30 이상의 점수는 심각한 정신질환이 있다고 본다.

전체 성인의 13%가 20점 이상일 것이고 주요 의료 현장에서 내담자 4명 중 1명이 20점 이상일 것이다. 이는 검사도구이며 임상가들은 내담자가 치료가 필요한지를 임상적으로 판단해야 한다.

효과적인 치료를 받으면 점수는 보통 줄어든다. 치료 후에도 점수가 24점이 넘는 내담자들은 다시 검토되고 전문가 위탁이 고려되어야 한다.

케슬러(Kessler) 심리적 디스트레스 척도(K10)

아래의 문항들은 당신이 지난 30일 동안 느낀 것에 관한 내용이다. 각 문항에서 당신이 어떠했는지에 가장 잘 들어맞는 답을 선택해보자.

1. 지난 30일 동안, 그럴만한 이유 없이 얼마나 자주 피곤하다고 느꼈나요?

1 전혀 아니다	2 아주 가끔 그러했다	3 가끔 그러했다	4 대부분 그러했다	5 항상 그러했다

2. 지난 30일 동안, 얼마나 자주 불안하다고 느꼈나요?

1 전혀 아니다	2 아주 가끔 그러했다	3 가끔 그러했다	4 대부분 그러했다	5 항상 그러했다

3. 지난 30일 동안, 불안해서 어떤 것으로도 스스로를 진정시킬 수 없는 때가 얼마나 자주 있었나요?

1 전혀 아니다	2 아주 가끔 그러했다	3 가끔 그러했다	4 대부분 그러했다	5 항상 그러했다

4. 지난 30일 동안, 얼마나 자주 절망적으로 느꼈나요?

1 전혀 아니다	2 아주 가끔 그러했다	3 가끔 그러했다	4 대부분 그러했다	5 항상 그러했다

5. 지난 30일 동안, 얼마나 자주 초조하거나 안절부절 못하다고 느꼈나요?

1 전혀 아니다	2 아주 가끔 그러했다	3 가끔 그러했다	4 대부분 그러했다	5 항상 그러했다

6. 지난 30일 동안, 얼마나 자주 가만히 앉아있을 수 없을 정도로 초조하다고 느꼈나요?

1 전혀 아니다	2 아주 가끔 그러했다	3 가끔 그러했다	4 대부분 그러했다	5 항상 그러했다

7. 지난 30일 동안, 얼마나 자주 우울하다고 느꼈나요?

1 전혀 아니다	2 아주 가끔 그러했다	3 가끔 그러했다	4 대부분 그러했다	5 항상 그러했다

8. 지난 30일 동안, 얼마나 자주 모든 것이 힘이 든다고 느꼈나요?

1 전혀 아니다	2 아주 가끔 그러했다	3 가끔 그러했다	4 대부분 그러했다	5 항상 그러했다

9. 지난 30일 동안, 슬퍼서 어떤 것으로도 기분을 나아지게 할 수 없을 때가 얼마나 자주 있었나요?

1 전혀 아니다	2 아주 가끔 그러했다	3 가끔 그러했다	4 대부분 그러했다	5 항상 그러했다

10. 지난 30일 동안, 얼마나 자주 스스로가 무가치하다고 느꼈나요?

1 전혀 아니다	2 아주 가끔 그러했다	3 가끔 그러했다	4 대부분 그러했다	5 항상 그러했다

Kessler R. Professor of Health Care Policy, Harvard Medical School, Boston, USA, printed with permission.

환자용 우울증 질문지(PHQ-9: The Patient Health Questionnaire) -개관

PHQ-9는 우울증의 심각성을 검사, 진단, 관찰, 측정하는 다목적 도구이다.

PHQ-9는 DSM-5의 우울증 진단기준과 주요 우울증의 다른 대표적 증상들을 통합하여 간소화한 자기보고식 도구이다.

이 도구는 심각성의 점수를 요인으로 하는 증상의 빈도를 측정한다;

PHQ-9의 9번 문항은 자살사고의 여부와 기간을 알아낸다.

덧붙여진, PHQ-9에서 점수가 없는 문항은 우울증의 문제가 내담자의 기능에 얼마나 영향을 미쳐왔는지를 검사하고 가중치를 배정한다.

임상적 유용성

PHQ-9는 간략하여 임상 현장에서 유용하다. PHQ-9는 내담자가 몇 분 내로 완성하여 임상의가 즉각적으로 점수를 매긴다. PHQ-9는 또한 반복적으로 시행이 가능하여, 치료 이후에 우울증이 완화되는지 또는 악화되는지를 보인다.

점수화

다음 장의 PHQ-9 점수화 부분을 보아라.

심리측정학적 속성

• PHQ-9의 진단적 타당도는 8개의 1차 의료현장과 7개의 산부인과가 참여한 연구에서 검증되었다.
• 10점 이상의 PHQ 점수는 주요 우울증에 대해 88%의 민감도와 88%의 명확성을 가졌다.
• PHQ-9의 5, 10, 15, 20점은 각각 경증(mild), 중등도(moderate), 중등 중증(moderate severe), 중증(severe)로 나타난다.

내담자/환자용 건강 질문지(PHQ-9)-채점 방법

PHQ-9를 활용하여 우울증의 잠정적인 진단을 내려라;

임상의는 우울증의 신체적 원인, 정상적인 사별, 조증/경조증 삽화 이력을 배제해야 한다.

1단계: 문항1, 문항2

두 문항 중 한 문항 이상이 "2" 또는 "3"으로 답변되어야 한다(2="7일 넘게", 3="거의 매일").

2단계: 문항1에서 문항9까지

전체 증상의 계산을 위해 5개 이상의 박스가 색칠된 영역에 답변되어야 한다. (문항1에서 문항8까지는 "2" 또는 "3"으로 답변되어야 한다. 문항9는 "1", "2", "3" 중 하나로 답변되어야 한다.)

3단계: 문항10

이 문항은 "다소 어렵다" 또는 "매우 어렵다" 또는 "극도로 어렵다"로 선택되어야 한다.

PHQ-9를 활용하여 치료를 선택하고 관찰하라

1단계

치료나 치료수정을 보장받는 우울증으로 진단내리기 위해서는, 과거 2주 동안 문항1과 문항2 중에 적어도 하나가 양성으로("반나절 이상" 또는 "거의 매일") 답변되어야 한다. 또한 문항10에서, 직장에서나 집에서나 사람들과 어울릴 때의 어려움을 묻는 질문에 최소한 "다소 어렵다"로 답변되어야 한다.

2단계

세로줄의 점수를 각각 구하고 이를 합하여라.

(세로줄 1 = 1일~7일, 세로줄 2 = 7일 넘게, 세로줄 3 = 거의 매일. 3개 세로줄 각각의 점수를 모두 더하여라. 이것이 총점이다.)

총 점수 = 심각도 점수

3단계

다음의 표를 활용하여 심각도 점수를 검토하라.

PHQ-9 점수	잠정적 진단	치료 제안사항 내담자의 선호를 반영해야 한다.
5-9	최소한의 증상	도움, 악화될 경우 연락하고, 한 달 안에 재방문하도록 가르친다.
10-14	경미한 우울증** 지속성 우울장애* 주요 우울증, 경증 　(mild)	도움, 지켜보며 기다림 항우울제나 심리치료 항우울제나 심리치료
15-19	주요 우울증, 중등도 (moderately, severe)	항우울제나 심리치료
〈20	주요 우울증, 중증 (severe)	항우울제나 심리치료 (특히 단일치료로 나아지지 않는 경우)

*　증상이 2년 넘게 지속될 경우, 만성적 우울증일 가능성이 있으므로 항우울제나 심리치료가 필요하다("지난 2년 동안, 가끔은 괜찮았지만, 대부분의 날에 우울하거나 슬펐나요?"라고 질문하라).

**　증상이 1달 이상 지속되거나 심각한 기능적 손상이 있을 경우, 적극적 치료를 고려하라.

내담자/환자용 건강 질문지(PHQ-9)

이름: _____   방문날짜 _____

지난 2주 동안, 얼마나 자주 아래의 문제들로 어려움을 겪었나요?	전혀 아니다	1~2일 그러했다	4일 이상 그러했다	거의 매일 그러했다
1. 일상 활동에 흥미나 즐거움을 거의 느끼지 못한다	0	1	2	3
2. 기분이 가라앉거나, 우울하거나, 절망적이다	0	1	2	3
3. 잠에 들거나 숙면에 어려움을 겪거나, 과다수면을 한다	0	1	2	3
4. 피곤하거나 힘이 없다	0	1	2	3
5. 식욕이 없거나 과식한다	0	1	2	3
6. 죄책감을 느끼거나 스스로가 실패자거나 스스로나 가족을 실망시켰다고 느낀다	0	1	2	3
7. 신문 읽기나 텔레비전 시청과 같은 활동에 집중하기가 어렵다.	0	1	2	3
8. 다른 사람들이 알아차릴 정도로 움직임이나 말하는 속도가 느리다. 또는 반대로 너무 안절부절 못하거나 초조하여 평소보다 더 많이 움직인다	0	1	2	3
9. 죽거나 어떻게 해서든 자해를 하는 게 낫겠다는 생각을 한다	0	1	2	3

열 합: _____ + _____ + _____

총 합: _____

10. 체크한 문제가 있다면, 그 문제들로 인해 당신이 일을 하고, 집안일을 하고, 다른 사람들과 어울리기가 얼마나 어려웠나요?

전혀 어렵지 않았다   다소 어려웠다   매우 어려웠다   극도로 어려웠다
☐   ☐   ☐   ☐

입원

언제 내담자를 입원시키는가

내담자를 입원시킬지 결정하는 일은 임상의들에게 불안을 유발하는 경험일 수 있다. 때문에 능동적인 자세로 당신이 일하고 있는 도시, 주, 기관의 입원 절차를 잘 알고 있는 것이 중요하다.

당신이 공인된 임상상담자/심리학자, 공인된 사회복지사, 정신과 의사, 공인된 전문 상담사, 공인된 결혼 및 가족 치료사 중 무엇이던 간에, 특정한 상황에서는 당신이 개입해야 할 의무가 있다. 개입이란 누군가가 스스로를 해칠 임박한 위험에 처했음을 알려야 하는 것이다. 이 의무는 내담자가 자살이나 살인을 할 위험이 있는 것이 분명할 때 비밀보장 예외의 법칙에 우선한다.

"보고"가 실제로 어떻게 이루어지는가?

임상가가 내담자가 자살할 위험이 있음을 확신하게 되면, 자살위험을 알리고 긴급의료원이 내담자의 집을 찾도록 911로 연락을 해야 한다. 임상의가 활동하는 기관, 군, 시, 주에 따라 911로 연락하는 대신 모바일 위기단체에 연락할 수 있다.

다른 선택지로는 내담자의 가족, 친구, 또는 이웃에게 연락하여 내담자를 응급실로 데려가는 것이 있다. 마지막 방법은 내담자가 자발적으로 응급실로 가도록 하는 것이다. 이 방법에는 문제점이 있는데 내담자가 자살경향성이 매우 높은데 스스로 선택하도록 남겨지게 되면, 자살을 시도할 가능성이 있다.

나의 경우 운이 좋게도 대부분의 내담자들이 자발적으로 병원에 알렸고, 가끔은 그들을 보호해 줄 가족이 곁에 있었다. 이럴 경우, 나는 책임감 있는 가족 구성원이 계약서에 서명을 하도록 하고, 이 계약서는 내가 어느 병원을 제안했는지, 그들이 내담자를 보호하는 것에 동의했다는 것, 그들은 내담자가 병원에 도착하게 할 책임이 있다는 것, 그리고 그들이 내 지시를 따르지 않을 경우 자살의 위험이 있다는 것을 알고 있다는 것을 명시한다. 이 챕터의 끝부분에 이 계약서의 예시가 있다.

이러한 일들을 준비하면서 사건과 관련된 불안이 줄어든다. 다음에 입원과 관련한 몇 가지 지침을 적었다.

입원 지침

* 내담자가 계획이 있고, 치명적인 수단을 사용할 수 있고, 최근 사회적 스트레스 요소가 있고 정신건강 질환의 증상이 분명하다면, 입원이 필요할 것이다.
* 임박한 위험이 닥친 경우에는 비밀보장이 위반될 수 있다. 초기의 회기나 평가를 시작하는 시점에 비밀보장의 한계점을 내담자와 논의해야 한다. 이는 사전 동의서에 기술되어야 하고, 내담자가 이해했음을 알리는 내담자의 서명이 필요하다.
* 임상가는 진료실, 병원, 응급실에서 자살가능성이 있는 내담자를 다루기 위한 분명한 전략을 가지고 있어야 한다.

이용 가능한 자원에 대해 염두하고 있어라

마지막으로 당신이 할 것은 진료실에 자살가능성이 있는 내담자를 데리고 어떤 자원을 쓸지 고민하는 것이다. 위기에 처해있거나 자살가능성이 높은 내담자를 돕는 데에 사용할 수 있는 모든 자원을 알고 있어야 한다. 다시 말해, 모든 주, 군, 기관, 그리고 시가 다양한 자원을 갖고 있으며 쉽게 사용할 수 있는 자원의 목록을 반드시 마련해야 한다. 나는 이러한 자원에 대하여 어떤 시설들이 어른, 청소년, 아이를 수용하여 치료하는지, 어떤 시설들이 오직 민영보험만 받는지, 어떤 시설들이 보험이 없는 내담자와 어려운 처지의 내담자를 받는지에 따라 구별하기를 제안한다. 이러한 정보를 갱신하여 준비해 놓는 것은 자살경향성이 있는 내담자를 돕는 임상가의 불안을 덜어준다.

자원의 예시

* 모바일 위기
* 병원(보험/비보험)의 이용가능성과 접근성
* 위탁할 임상의 네트워크
* 법집행을 활용하는 법
* 장기 치료 시설의 종류와 위치
* 집중적 외래환자 프로그램(IOP)의 종류와 위치
* 위기 지원활동 종류

자발적 입원과 비자발적 입원

내담자는 자발적으로 또는 비자발적으로 입원될 것이다.

자발적 입원

◆ 자발적 입원은 개인이 자진해서 병원에서 치료받는 것에 동의하는 서명을 할 때 이뤄진다.
◆ 자발적으로 서명해 입원한 개인은 퇴원하기를 요청할 수 있다. 이 요청은 서면으로 이루어져야 한다.
◆ 스스로에게나 타인에게 위험하지 않은 이상, 일정 기간 내에(주 법에 따라 다르며, 보통 2일~7일) 요청한다면, 병원은 이들의 퇴원을 수락해야 한다.

비자발적 입원

◆ 비자발적 입원은 개인의 증상이 매우 심각하여 다른 사람들의 말을 따르지 않거나 도움을 거부하는 경우에 이뤄진다.
◆ 이는 다른 의사, 경찰, 변호사의 도움을 포함할 수 있다.
◆ 비자발적 입원은 최후의 선택지로만 사용된다.
◆ 비자발적 입원에 대한 법은 주별로 다르다.

법률집행을 활용하기

입원절차를 돕기 위해 법률집행을 활용하기로 선택할 때, 비밀보장의 한계를 이해하는 것이 중요하다. 내담자의 자살의도를 보고하기 위해 내담자의 이름, 생년월일, 주소 그리고 나이와 같은 특정정보가 필요하다고 하더라도 구체적인 세부사항을 알릴 의무는 없다.

예를 들어, 내담자는 그녀가 삼촌으로부터 성폭행을 당해 임신한 것을 알게 되어 자살충동을 느낀다고 말한다. 법률 집행관들이 알아야 하는 정보는 "내담자는 자신의 삶에서 고통스러운 일 때문에 자살충동을 느낀다." 뿐이다. 내담자가 미성년자이거나 다른 아동폭력법이 관련되지 않는 이상, 내담자를 입원시킬 때 임신이나 삼촌에 대해 언급하는 것은 부적절하다.

법률집행 활용에 대한 지침

♦ 임상의가 내담자의 상태를 철저하게 검사하기 전까지 내담자는 진료실을 떠날 수 없다. 내담자가 적대적이거나 떠나기를 요구한다면 법률집행이 필요하다. 그러나 내담자가 임상가나 진료실 직원에게 위험을 가하거나 공격적이라면, 내담자가 시설을 떠나는 것을 막기 위해 과감한 행동은 하지 않는 것이 좋다.

♦ 경찰에게 내담자의 차량정보와 목적지에 대한 정보를 제공하는 것이 도움이 될 수 있다.

♦ 치료와 법적 목적을 위해 내담자의 서류철에 이 사건의 세부사항을 기록하라.

♦ 정당한 사유가 있을 때 반드시 경찰 보고서 및 사건 번호를 요청해야 한다.

경고 의무와 보호 의무

과거의 선례

프로센지트 포다와 타티아나 타라소프는 UC 버클리 대학교 학생들이었다. 포다는 대학교 건강과학 상담자/심리학자에게 타티아나 타라소프로 밝혀진 익명의 여자를 죽일 것이라고 말했다. 심리치료사가 타라소프나 그녀의 가족에게 직접적으로 알리지 않았지만, 영장집행을 위해 포다와 면담한 경찰에게 알렸다. 경찰은 포다에게 타라소프로부터 떨어지라고 경고할 뿐이었다. 타라소프가 브라질에서 여름을 보낸 뒤 돌아왔을 때, 포다가 그녀를 흉기로 찔러 죽였다. 타라소프의 가족은 교내 경찰과 학교 건강시설을 부주의 죄로 고소했다.

타라소프 사건은 모든 정신건강 전문가들이 희생자를 잔혹한 행위로부터 보호하는 책임감을 지도록 했다. 첫 번째 타라소프 소송은(1974) 희생자에게 경고할 의무를 지도록 한 반면에, 두 번째 타라소프 소송은(1976) 희생자를 보호할 의무를 시사했다. 타라소프 사건이 남긴 영향에 대해서는 아직도 많은 논란이 이어지고 있으며, 특히 위험하거나 폭력적인 내담자에 관한 비밀보장의 문제들이 그러하다.

규정

치료사가 그의 직업적 기준에 따라, 내담자가 타인에게 심각한 폭력적 위험이 된다는 것을 판단해야 할 때, 그는 위험의 타깃이 되는 희생자를 보호하기 위해 합리적인 관리방법을 사용할 의무를 가진다.

이 임무를 수행하려는 치료사는 사건의 특성에 따라 한 가지 이상의 다양한 조치를 취해야 한다. 따라서 치료사가 타깃이 되는 희생자나 희생자가 누구일지 파악할 수 있는 사람들에게 경고하고, 경찰에게 알리거나, 그 상황에서 합리적으로 필요한 조치는 무엇이든 취하는 것이 요구된다.

HIPPA 법률과 다른 지침들이 임상의가 생명을 위협하는 상황에 노출되었을지 모를 내담자들에게 경고하지 못하도록 하는 실정에서, 이 규정은 다양한 문제를 만나는 정신건강 전문가들에게 난제가 된다. 이러한 영역에서는 분노와 가정폭력, HIV/AID에 대한 이야기를 치료에서 나누고, 생사의 문제가 될 수 있는 특정 정보가 드러난 병원 환경에서 일을 했음에도, 임상가들은 여전히 분노와 가정폭력의 상황에 처해진 내담자, 그리고 HIV/AIDS 바이러스를 퍼뜨리려고 하는 내담자들과 작업을 계속한다.

1976년의 타라소프 판결 이후 이러한 종류의 사건을 다루기 위해 상당히 많은 연구와 다양한 제언이 이루어져 왔지만, 이러한 많은 상황과 관련된 윤리적 딜레마들이 아직까지 많은 정신건강전문가들에게 난제로 남아있다.

이는 당신의 정신건강 규율뿐만 아니라 주(state)의 면허교부 위원회에서 발행하는, 이 주제에 관한 최신 문헌의 내용을 잘 알고 있는 것이 왜 필수적인지를 알려준다. 의무적 신고법, 보호 의무, 경고 의무에 대한 관점은 각 주마다 다르다. 이는 내담자에게 원격치료를 제공하면서 여러 관할권이 겹치게 될 때 문제가 된다. 대부분의 주에서 치료를 시행중인 임상의가 위치한 주가 아닌, 내담자가 거주하는 주의 법률을 따르기를 요구하기 때문이다.

예를 들어, 내가 거주하는 텍사스 주에서는, 보호 의무나 경고할 의무가 없다. 1999년 6월 24일에 텍사스 주 대법원은 내담자가 쉽게 신원을 파악할 수 있는 인물을 해칠 구체적인 위험을 보일 때, 내과의사가 제 3자에게 경고를 할 의무가 없다고 밝혔다.

2001년 봄에 종결된 제 77회 텍사스 입법 심의회는 제 3자를 경고하거나 보호할 타라소프 의무를 다루지 않았다. 따라서 현재 텍사스에서는 제 3자를 경고하거나 보호할 타라소프 의무가 없다. 전국적으로 많은 관할권이 타라소프 판결을 채택했지만, 텍사스 대법원은 부주의함으로 인한 행위 때문에 새로운 관습법을 제정하는 것을 꺼려왔기 때문에, 텍사스 주에서 이 판결은 정식으로 채택된 적이 없다.

현존하는 텍사스 법 하에서, 특정한 위협의 대상이 되는 제 3자에게 직접적으로 비밀정보를 누설할 경우, 나는 주 법을 위반하는 것이다. 지역의 법 집행처에 비밀 정보를 보고할 경우, 현재의 규정 하에서는 선의의 신고를 보호하지 않기 때문에 나는 그렇게 하는 것에 위험을 감수해야 한다. 이 문제에 대처하기 위해 내가 이용할 수 있는 다른 두 가지 선택지가 있다. (1) 내담자가 스스로나 타인에게 심각한 피해를 가할 상당한 위험을 보인다면, 구의 정신건강 부서나 지역의 법 집행처에 연락하여 내담자를 응급구금으로 정신건상 시설에 맡길 수 있다. 또는 (2) 특정한 권한 하에 응급입원과 응급구금 절차를 시작할 수 있다.

이는 다양한 윤리적 문제를 다루고 집행할 때 주법과 당신이 이용할 수 있는 선택지를 잘 알고 있는 것이 얼마나 중요한지를 완벽하게 설명한다.

살인에 대한 생각

- 살인충동은 자살충동이 그러한 만큼 특정한 정신의학적 질환과 뚜렷하게 연관되지 않는다.
- 정신질환이 있는 내담자가 저지르는 폭력의 희생자는 대부분 가족 구성원이거나 내담자를 돌보는 타인이다.
- 많은 경우, 잠재적 희생자나 법적 관계자들에게 내담자의 살인충동에 대해 경고하는 것이 필요하다.

> **모든 주가 타라소프 법을 따르지는 않는다.**
> **그러므로 당신이 있는 주의 법을 알아라!**

단기 치료: 위기 개입

04　단기 치료: 위기 개입

　심각한 자살성 내담자들에게는 위기 개입 기술이 필요하다. 위기란 개인이 효과적인 문제해결 및 대처 기술능력의 급작스런 상실을 인지하는 상황을 의미한다 (Ellis, 1990). 실제하거나 인지되는 생명을 위협하는 상황, 의학적 질환, 정신질환을 포함한 많은 사건과 상황을 '위기'라 말할 수 있다.

　위기는 시간 제한적이다. 위기 개입이란 정서적, 정신적, 신체적, 그리고/또는 행동적 고통이나 문제를 낳는 사건을 경험한 개인에게 즉각적이고 단기적인 도움을 제공하기 위해 활용하는 방법을 의미한다.

　위기 개입은 지지적으로 진행된다. 기간은 1회기부터 몇 주 정도까지의 범위를 가지며, 보통은 4주 동안 진행된다. 위기 개입은 내담자들이 문제에 대처하고 해결할 방법을 발전시키도록 돕는다. 또한 내담자가 위기로부터 회복하도록 돕는 것과 심각한 장기적인 문제들이 발생하지 않도록 막는 것을 목표로 한다.

위기에 대한 임상적 대응

우선 당신의 불안을 다루어라!

이는 어떠한 위기 상황에서도 가장 먼저 해야 하는 것이다. 내담자들이 위기에 처할 때, 그들은 불안하고, 짜증을 내고, 흥분하거나, 압도된 모습을 보인다. 그들은 또한 시끄럽고 이해할 수 없는 말을 하고, 혼란, 충격, 화, 또는 이러한 감정이 혼합된 모습을 보일 수도 있다. 이것이 일부의 임상의들을 불안에 빠뜨릴 수 있기 때문에 이러한 상황에서 스스로의 역전이와 반응성을 인지하고 있는 것이 중요하다. 위기에 개입하는 동안 스스로가 불안정하거나 불안해진다고 생각되면, 가능하다면 동료와 함께 스스로의 반응을 평가하는 시간을 갖고, 그러고 나서 내담자를 다시 대해야 한다. 위기 개입에서 가장 중요한 요소는 임상의가 희망을 불어넣고, 내담자가 대안을 마련하도록 돕고, 문제를 해결하고 고통을 조절할 더 나은 능력을 키우도록 돕는 능력이다.

상황을 진정시켜라

상황을 진정시키고 내담자가 더 안정되고 차분한 상태로 돌아오도록 돕기 위해 당신의 정서적인 반응성을 제어하는 것이 중요하다.

효과적으로 소통하라

위기를 관리할 때, 내담자와 분명하게 소통하고 경청하는 것이 중요하다. 나아가, 때때로 우리는 개개인의 관점, 가정, 판단, 믿음이 우리가 듣는 내용을 왜곡할 수 있다. 당신의 역할은 듣는 사람으로서, 내담자가 전달하는 바를 이해하는 것이다. 내담자가 말하는 내용을 곱씹어 생각해보고 질문을 하는 것일 수 있다.

적극적 경청은 존중과 이해를 표현하기 위해 개발된 의사소통 모델이다. 이 모델을 활용함으로써, 내담자의 관점에 대한 정보를 얻을 수 있다. 적극적 경청은 효율적인 의사소통의 핵심요소이고 다양한 기술을 포함한다.

내담자에게 세심하게 관심을 기울여라

- 내담자에게 전적인 관심을 기울이고 내담자가 전달하려는 내용을 받아들여라.
- 비언어적인 의사소통도 잘 드러난다는 것을 인지하라.
- 내담자의 눈을 똑바로 맞추며 대하라.
- 잡념을 제쳐두어라.
- 반응을 미리 준비하지 마라.
- 소음과 같은 환경적인 요인들로 산만해지지 않도록 하라.

- 내담자의 신체적 언어를 잘 살펴라(예를 들어, 팔짱 끼기, 말할 때 손 사용하기, 시선 피하기, 정신운동 초조).

경청하고 있음을 드러내라

- 주의하고 있음을 전달하기 위해 자신만의 신체적 언어와 제스처를 사용하라.
- 때때로 고개를 끄덕여라.
- 미소를 짓고 다른 표정도 활용하라.
- 자세를 신경 쓰고 자세가 열려 있고 수용적이도록 하라.
- 내담자가 "네"와 "맞아요"와 같은 작은 언어적 대답을 계속할 수 있도록 격려하라.

피드백을 제공하라

- 내담자의 말을 다른 말로 바꾸어 표현해볼 수 있다. 예를 들어, "내가 당신의 말을 듣기로는…"이나 "당신이 ~이라고 말하는 것 같군요."라고 말할 수 있다.
- 특정 내용을 분명하게 하는 질문을 하여라. "당신이 이렇게 말한 것은 무엇을 뜻했나요?"나 "이게 당신이 하려는 말인가요?"와 같은 질문이다.
- 이따금씩 내담자의 말을 요약하는 것도 도움이 된다.

판단을 미루어라

- 내담자의 말을 끊는 것은 좋지 않다. 이는 내담자를 좌절시키고 내담자가 전달하려는 바를 온전히 이해하기 힘들게만 할 뿐이다.
- 질문을 하기 전에 내담자가 하나의 내용을 다 끝마칠 수 있도록 하여라.
- 반론을 하며 내담자의 말을 막지 마라.

적절하게 반응하라

- 솔직하고, 정직하고, 열린 마음으로 반응하라.
- 당신의 관점을 정중하게 말하라.

인지치료

인지치료는 위기 상황에 대처할 때 가장 효율적인 유형의 치료이다. 인지치료는 우리가 감정을 느끼고 행동하는 것에 있어서 생각의 역할을 강조하는 종류의 치료를 의미하는 일반적인 용어이다. 가능한 빠르고 경제적으로 내담자의 증상을 줄이거나 억제하기를 목표로 한다.

대부분의 이러한 치료들은 사람, 상황, 사건과 같은 외부적 요소가 아니라 우리의 생각이 우리의 감정과 행동을 일으킨다는 가정에 근거를 두고 있다. 인지치료는 내담자들이 그들의 행동이나 정서상태를 바꾸기 위해 생각이나 인식의 왜곡을 발견하고 바꿀 수 있도록 돕는 것을 목표로 한다.

위기 개입의 네 가지 핵심요소

1. 내담자의 강점, 대처기술, 사회적 지지망을 파악한다.
2. 내담자와 함께 대처전략을 탐색한다(이전의 전략들이 향상되거나 강화될 수 있다).
3. 내담자가 문제해결 전략을 세울 수 있도록 돕는다.
4. 내담자가 이전에 배운 전략을 강화시킬 수 있도록 돕는다. 내담자가 이러한 기술을 사용하도록 격려하고, 적신호를 알아차리도록 돕고 예방 차원에서 내담자가 이후의 위기에 더 잘 대처할 수 있는 계획을 세우도록 돕는다.

위기 개입 진단

지시사항: 내담자가 현재 위기 상황에 대처하는 능력, 비슷한 위기를 다루기 위해 과거에 사용한 기술, 비판적으로 생각하는 능력과 주의를 요하는 영역을 알아차리는 능력, 그리고 내담자의 대처기술의 발전을 평가할 때 아래의 개요를 활용해보자.

삶의 어떤 다른 영역에서 더 안전하게 느끼거나 더 잘 제어할 수 있다고 느끼나요?

왜 그러한 영역에서는 안전하게 느끼나요?

어떤 재능이나 능력이 그러한 영역에서 더 안전하게 느끼도록 하나요?

그러한 영역에서 일이 잘 풀리지 않을 때, 그것을 고치거나 기분이 나아지기 위해 보통 무엇을 했나요?

스트레스를 받거나 무언가가 걱정될 때 무엇을 하나요? 걱정을 어떻게 다루나요? 가능하다면 그 과정을 하나하나 설명해주세요.

과거에 어떤 전략이 당신에게 가장 잘 맞았나요? 그러한 기술이 지금 효력을 발휘하지 못하게 하는 것이 무엇인가요?

다른 상황들과 구별되게 현재의 상황에 일어났던 일이 있나요?

압도당한 느낌(예를 들어, 두통, 흉부 압박감, 체온 상승, 어지러움)이 들기 시작하기 직전에 어떠한 신체감각을 느끼나요?(이 질문은 이후 위기의 적신호를 알아차리도록 도울 수 있다.)

문제해결과 위기관리

위기 상황에서의 문제해결은 임상의가 내담자의 문제와 내담자가 원하는 변화를 철저하게 이해하는 것을 필요로 한다. 이러한 상황에서 문제해결이 더욱 효과적으로 이루어질 수 있도록 하는 몇 가지 단계가 있다.

문제해결의 대안을 마련하라

내담자가 계획을 A, B, C, D가 검증되었다면 E까지도! 세울 수 있도록 돕는 것이 중요하다. 여러 선택지가 있는 것은 내담자가 자신감을 느낄 수 있도록 하고 계획이 항상 의도한 대로 흘러가지 않는다는 것을 이해하도록 돕는다. 대안을 마련하는 것은 새롭게 개발된 기술을 실천할 때의 불안을 잘 다스리도록 돕고 내담자들이 이러한 새로운 기술들의 활용을 시도할 가능성을 높인다.

대안 해결책의 장점과 단점을 논의하라

이러한 대안 해결책들의 장점과 단점을 논의하는 것은 내담자들이 각각 행동의 가능한 결과들을 예상하도록 돕는다. 이러한 예상은 다가올 일을 충분히 준비하도록 하고 충분히 내담자의 두려움을 덜어준다.

가장 효과적인 해결책을 선택하라

내담자가 처한 상황에서 가장 실현가능성이 높은 해결책을 고르도록 도와라. 내담자가 아무리 훌륭한 계획을 세우더라도, 불가능한 수준의 금전적 지원을 필요로 하거나 계획이 공상에 가까운 정도라면, 그러한 해결책은 다가올 어떠한 위기에도 도움을 주지 못할 것이다. 따라서 내담자가 현실적인 계획을 세울 수 있도록 돕고 그들의 현재 상황이나 비슷한 상황에서 반드시 계획이 쓸모가 있도록 하여라.

해결책을 실천할 계획을 세워라

내담자가 일어날 수 있는 상황에 대처할 해결책을 생각해낼 수 있지만, 이 계획을 어떻게 실천할지에 대해서는 실제로 생각해보지 않았을 것이다. 내담자가 해결책을 실천하기 위해 단계별로 계획을 세우도록 도와라. 악역을 맡는 것을 두려워하지마라. 그리고 문제를 일으킬 수 있거나 내담자에게 더한 고통을 줄 가능성이 있는 계획에 이의를 제기하라.

결과를 평가하라

해결책을 세우고 실천한 뒤에, 해결책의 성공 여부를 평가하기 위해 내담자를 계속 체크해야 한다. 이것에 대해 내담자와 자세히 대화를 나누고 검증된 다른 해결책들도 같은 절차로 마련해보아라.

새로운 대처기술의 수립

새로운 대처기술을 세우고 실천하는 것은 일부의 내담자들에게 겁나는 일일 수 있다. 새로운 행동을 일상에서 실천하고자 할 때 이 행동이 유용하거나 "믿을만해"지려면 반복과 성공적인 결과가 필요하다.

내담자들이 새 기술을 실천하지 않을 때는, 보통 내담자가 기술을 사용하기에 부적절하다고 느끼거나, 행동 변화에 대한 정적 강화를 받지 못하거나 새로운 기술을 적용할 기회가 없기 때문이다. 위기관리에 도움이 되는 대처기술을 세우도록 내담자들을 도울 때, 내담자들이 대처행동을 편안해하고 잘 이해하고 있는지 확인하는 것이 중요하다. 대처기술로는 다음과 같은 것이 있다.

- 휴식을 취하는 방법(예: 점진적 근육 이완법, 심호흡)
- 신체 긴장과 스트레스를 줄이는 운동
- 생각과 감정을 담아두기보다 일기를 쓰며 종이에 적기
- 사회적 지지를 받을 곳을 고려하거나 위안을 주고 보살펴주는 사람들과 시간을 보내기

위기개입의 마지막 단계

위기관리의 마지막 단계에서는, 위기 대처에 있어서 내담자의 발전과정, 증상의 개선, 위기상황 대처능력을 다시 강조하는 것이 좋다. 우리는 내담자들이 통찰과 자아성찰을 하도록 격려하고 미래의 위기상황을 방지하는 데에 적극적이도록 돕

는다. 마지막 단계는 다음과 같은 절차를 갖는다.:

- 어려운 생활사건에 대처하는 능력을 키우기 위해 내담자가 이뤄온 변화들을 검토한다.
- 새롭게 습득한 대처기술을 계속 활용하도록 격려한다.
- 미래의 위기를 대처할 계획을 세운다.
- 내담자가 미래의 위기를 방지하는 데에 더 주도적이도록 "적신호"와 불안한 감정을 유발하는 것들에 대해 이야기를 나눈다.

내담자들이 위기를 경험하면서 가끔씩 자기 스스로에 대한 기본적인 정보를 잊어버릴 때가 있다. 중요한 전화번호, 중요한 사람들, 건강을 위해 필요한 것들, 서비스 제공자 정보, 심지어 집으로 가는 길도 잊을 수가 있다! 위기 상황에서 내담자들은 기본적인 기능에 영향을 주는 감각적 과부하를 경험한다. 다음에 나올 워크시트는 내담자의 기본적인 정보를 수집할 때 사용해야 한다. 이는 더 철저한 위기 계획을 세우도록 도울 수 있으며 위기와 관련한 망각이 발생할 경우, 내담자들이 정보에 계속 접근할 수 있도록 하기 위해 제공될 수 있다.

위기에 대비해 계획 세우기: 내담자 정보

임상의 지시사항: 위기 상황에서 내담자가 망각을 할 때 도움이 되도록 이 워크시트에 내담자에 대한 정보를 기록해보자.

내담자 지시사항: 손이 닿기 쉬운 곳에(예를 들어, 침실, 자동차, 가방, 핸드백, 지갑, 침대 옆 탁자, 냉장고) 이 종이를 두고 위기가 발생할 때 사용해보자. 감정을 주체 못하는 상황에서 유용한 자원을 즉시 찾아야 할 때 이 정보가 도움이 될 것이다.

이름:

주소:

전화번호:

생년월일:

성별:

긴급연락처:

건강을 위해 필요한 것들:

집으로 가는 길:

서비스 제공자들:

애완동물:

자녀:

문화적 배경과 영성:

사례는 Maine.gov Sample Crisis Plan에서 각색되었다.

위기에 대비해 계획세우기

지시사항: 이 워크시트는 위기에 대처할 때 스스로의 반응, 감정, 행동, 그리고 대처기술을 보다 잘 이해하는 데에 도움을 줄 것이다. 이 워크시트로 위기상황에서 지지망을 잘 활용하는지 검토할 수 있다.

스스로에게 위기가 어떤 상황이고 그때 어떤 감정을 불러일으키는지 적어보자. 일상의 다른 때와 비교하여 위기상황에서는 무엇이 다른가?(예를 들어, "좋은 날"에 비하여 "나쁜 날"을 생각해보아라.)

위기상황:	평소 다른 때:

위기상황에 처했을 때, 어떠한 지지를 찾았는가? 어떤 것이(예를 들어, 사람, 장소, 서비스) 가장 도움이 되었는가? 이유는?

지지적 요소:	도움이 된 이유:

자신이 경험하는 가장 힘든 감정은 무엇인가? 가장 힘든 감정들에 동그라미를 해보세요. 또한 목록에 없는 감정을 적어도 됩니다.		이러한 감정들에 압도당할 때 어떤 일이 일어나는지 생각해 보아라. 다음의 것을 생각해 보아라: 몸 안에서 어떻게 느껴지는가? 이것이 발생할 때 무엇이 필요한가? 스스로에게 무엇을 해줄 수 있는가? 무엇이 도움이 되었는가?
행복	지루함	
기쁨	외로움	
비탄	공허함	
두려움		
화		
분노		
불안		
주체 못 하는 감정		

다른 사람에게 도움을 구할지를 어떻게 결정하는가? 당신에게 더 공감적인 태도로 대할 사람이 필요한 때를 어떻게 알아차리는가? 이곳에 적어보자.

위기를 겪을 때 당신 주변에 있는 사람들을 생각해보자. 다른 사람들에게 위기를 알릴 수 있는 행동이나 조치가 있는가? 적어보자.

이 행동들에 대해 어떻게 느끼는가? 주변 사람들이 이 행동들에 대해 무엇을 이해했으면 좋겠는가? 그들이 어떻게 반응했으면 좋겠는가? 어떤 말을 들어야 하는가? 또 무엇이 위기 상황을 악화시킬 수 있는지 생각해 보자. 사람들이 하지 않았으면 싶은 것이 무엇인가? 혼자서 해야 할 것은 무엇인가? 적어보자.

당신에게 중요한 사람들(예를 들어, 자녀, 동반자, 배우자, 친구, 친척, 성직자, 직원)이 있는가? 그들이 누구인지, 당신이 위기를 겪고 있다면 누구랑 연락하고 싶을지, 가족을 제외한 누구에게 도움을 얻을 것 같은지 생각해보자. 그들의 정보를 이곳에 기입해보자.

이름	관계	전화번호

위기상황에 있을 때 말하고 싶지 않은 것이 있거나 사용할 수도 있는 암호가 있는가?

위기 상황에 처했을 때 "다음 단계"에 대한 질문이 있을 경우 상의하고 싶은 사람이 이 리스트에 있는가? 그 사람들의 이름을 적어보자. 그들의 연락처를 위의 목록에 확실히 기입해보자.

당신이 위기에 처했을 때 사람들이 알거나 생각해줬으면 하는 추가적인 내용이 있는가? 위기에 처했을 때 스스로 떠올려야 하는 내용이 있는가?

위기관리

지시사항: 이 워크시트를 활용하여 위기에 처할 때 상황을 완화하는 방법을 익히자. 편안한 상태에서는 불안할 수 없고 위기를 겪을 때에는 좋은 선택과 결정을 할 수 없다.

멈추어라

즉각적으로 행동하지 말자. 멈춰서 기다리자.

호흡해라

천천히 코로 숨을 들이마시고 입으로 내뱉어라. 더 많은 산소를 마실수록 좋다. 이것은 당신의 투쟁－회피 반응을 완화시킨다.

관찰하라

내가 무엇에 집중하고 있는가? 내가 무엇에 반응하고 있는가? 실제하는 사건에 반응하고 있는가? 아니면 사건을 내가 어떻게 느끼는지에 반응하고 있는가? 내가 신체적으로 무엇을 느끼고 있는가? (예를 들어, 흉부의 긴장, 땀, 빨라진 심박동수)

객관화하여라

더 큰 그림을 그려보자. 상황을 실제보다 더 안 좋게 생각하고 있지는 않은가? 사실인가 허구인가? (   )라면 어떻게 말했을까? 이것이 다른 사람에게 어떻게 영향을 주는가? 이 문제가 얼마나 급한가?

나에게 효과적인 것을 하여라

다른 선택지를 생각해보자. 내가 과거에 어떻게 대처했는가? 내가 가진 자원은 무엇인가? 비슷한 상황에는 어떻게 대처했는가?

5

자살충동이 있는
내담자들을 위한
장기적인 치료

05 　　　　　　　　　　　　자살충동이 있는
　　　　　　　내담자들을 위한 장기적인 치료

인지 · 행동 치료

자살충동을 느끼는 내담자들을 관리하는 접근방법이 다양하게 연구되어 왔다. 가장 긍정적인 결과를 낳는 것으로 확인된 치료가 인지행동치료(CBT)이다.

CBT는 비슷한 특성을 가진 여러 개의 치료들을 통합하는 보편적인 개념이다. CBT의 접근방법은 다양한데, 합리적 정서행동치료, 합리적 행동치료, 합리적 생활치료, 인지치료, 변증법적 행동치료(DBT)가 있다.

CBT는 우리의 감정과 행동을 일으키는 것은 사람, 상황, 사건과 같은 외부적 요소가 아니라 우리의 생각이라는 관점에 바탕을 둔다. 이러한 사실의 이점은 상황이 변하지 않더라도 우리는 우리가 생각하고, 느끼고, 행동하는 방식을 바꾸는 힘과 능력이 있다는 것이다.

CBT는 간결하고 시간 제한적이라는 특징을 가진다. 이런 유형의 치료는 결과를 얻기까지 시간이 매우 단축된다. 문제를 다루는 데 평균적으로 16회기의 치료가 필요하다(모든 문제와 모든 CBT의 접근방법들에 해당한다). CBT가 짧은 것은 그것의 높은 교육적 측면, 그리고 다양한 개인 과제를 포함한다는 점과 연관이 있다. CBT는 첫 회기에 내담자들에게 공식적 치료가 종료되는 시점을 알려준다는 점에서 시간 제한적이다. 치료가 종료되는 시점은 치료자와 내담자가 결정한다.

CBT는 매우 체계적이고 지시적이다. CBT를 지향하는 치료사들은 안건이 항상 내담자의 특정한 목표에 바탕을 두긴 하지만, 매 회기에 특정한 안건을 준비한다. 치료사는 매 회기에 구체적인 기술과 개념을 내담자에게 가르치고, 내담자의 목표를 주도적으로 이끌어가지 않는다. 우리는 내담자들에게 그들의 목표가 "무엇이어야 하거나" 그들이 무엇을 "견뎌야만 하는지" 지시하지 않는다. 치료가 지시적이라는 말은 내담자들이 자신이 원하는 것을 얻도록 어떻게 생각하고 말해야 하는지를 내담자들에게 알려준다는 점에 있다.

과제는 CBT의 핵심적 특징이다. 당신이 가르치는 기술과 기법, 내담자들이 기술을 연습하고 적용해야 효력을 발휘한다. 내담자가 생각만 하고 이 개념을 일상에서 기능할 때 적용하지 않는다면, 목표 달성은 늦어질 것이다. 이 때문에 CBT 치료사들은 독서치료 기법을 배정하여 내담자들이 배운 기법을 연습하도록 격려한다.

인지행동치료와 자살충동이 있는 내담자

연구는 우리가 발달과정을 거쳐 스스로와, 타인과, 우리가 처한 환경과, 우리의 미래에 대한 신념을 갖는다는 것을 밝혀왔다. 아론 벡은 이러한 신념으로부터 우리가 스스로에 대한 핵심 신념을 발전시킨다는 가설을 세웠다. 이 핵심 신념은 호감, 가치감, 통제감으로부터 결정된다. 핵심 신념은 의미있는 사람과 상황과의 오랜 시간에 걸친 경험에 따라 적응적이거나 부적응적일 수 있다. 부적응적인 핵심 신념은 사랑받을 수 없고, 무가치하고, 무력하다는 관점 및 신념과 관련이 있다.

생애 초기에 부정적인 환경에서 양육된 내담자들은 부적응적인 핵심 신념을 발달시킬 가능성이 높다. 지금 발생하고 있는 사건을 과거에 발생했던 사건과 관련지음으로 인해 부적응적인 신념이 활성화될 때, 이는 우리의 객관성에 영향을 미치고 이로 인해 부정적이고 부적응적인 신념에 근거하여 사건을 해석한다. 일반적으로 이는 우리가 압박을 받거나, 위기에 처하거나, 정신질환(예를 들어, 우울장애나 불안장애)이 급성으로 발병되거나 만성적인 정신질환이 재발하는 상황에 일어난다. 이러한 신념이 표면에 떠올라 우리가 주변을 살피고 새로운 정보를 처리하는 방식에 부정적인 영향을 미친다.

벡에 따르면, 우울하고 자살충동을 느끼는 내담자들은 스스로를 결함이 있고, 불충분하고, 병들어 있고, 또는 궁핍하여, 무가치하고 달갑지 않은 존재로 본다.

다른 사람들에게 너무 많은 요구를 해놓고도, 그들이 자신을 거부하고, 그들 스스로가 문제를 해결할 내적 및 외적 자원이 있다고 믿지 않기 때문에 미래를 절망적으로 본다.

결함이 있다는 느낌은 고통스러운 문제를 해결하는 데에 더 수동적으로 접근하도록 한다. 그들은 문제 해결에 대한 시도를 회피할 수 있고, 알아서 해결되길 바랄 수도 있다. 그들은 그들의 상황에 대해 무력함을 느끼고 다른 사람들은 자신을 신경 쓰지 않는다고 느끼기 때문에 종종 포기해버리곤 한다.

자살충동이 있는 내담자들은 매우 엄격하고 이분법적인 사고를 발달시킨다. 문제가 있는 상황에서 그들은 다른 선택지나 대안적 행동을 보지 못하며, 문제가 어떠한 결과를 낳을지 기대하지 않는 경향이 있다. 이분법적 사고란 "흑백", "전부 아니면 전무", "좋거나 나쁘거나", "사랑하거나 싫어하거나"와 같은 사고다. 이러한 인지적 처리과정은 문제해결능력에 부정적인 영향을 미치고, 시야를 좁힐 수 있다(tunnel vision). 시야가 좁아진 상태에서 내담자는 문제에 압도당하고 고차원적인 문제의 처리나 해결중심적인 기술을 사용할 수 없다. 따라서 현재 상황을 바라보는 관점을 확장할 수 없게 된다.

우울하고 자살충동이 있는 내담자를 대할 때 CBT의 중점은 다음과 같다.
1. 해결할 수 없다고 생각하는 문제를 알아내라.
2. 내담자의 자기, 타인, 미래에 대한 관점에서 인지 왜곡과 논리적 오류를 줄여라.
3. 문제해결 기술을 향상시켜라.
4. 문제를 해결해야 하는 동기를 키워라.
5. 지각된 정서적 고통을 줄여라.
6. 정서적 고통을 일상의 한 부분으로 받아들이도록 격려하라.

자살충동이 있는 내담자의 CBT의 치료목표

♦ 구체적인 인지적 편향과 인지적 왜곡의 내용을 다룬다.
♦ (문제해결)을 위한 행동기술을 발달시킨다.
♦ 정서적 고통을 받아들이고 견디도록 한다.
♦ 의사소통기술(사회적 기술, 자기주장 훈련, 갈등해결 기술)을 향상시킨다.
♦ 환경에서 오는 스트레스를 줄인다.
♦ 지지해준다.

절망감

자살충동을 느끼는 내담자의 생각과 감정을 치료할 때, 절망감은 치료의 시작부터 다루어져야 한다. 절망감을 다루는 것과 관련된 치료의 가까운 목표는 내담자가 처한 상황이 나아질 수 없다는 신념에 도전하는 것이다. 신념에 반대되는 증거를 제시함으로써 내담자의 왜곡된 신념을 흔들리게 하는 것이 중요하다. 치료목표를 달성할 다른 방법으로는 문제해결기술들을 통합하고, 이용가능한 가족 및 지역사회 자원을 파악하여 내담자의 문제를 해결하는 데 사용될 수 있는 내적 및 외적 자원을 제공하는 것이 있다. 결국 내담자의 자기효능감을 향상시키는 것이다.

인지적 경직성

경직된 사고를 다룰 때, 일단은 신념을 고정된 규칙이 아닌 검증해볼 수 있는 것으로 정의내리는 것이 필수적이다. 대안적 설명을 만들어보고 이를 행동으로 검증해보는 것도 중요하다. 이러한 작업은 내담자가 치료에 적극적으로 임하도록 할 수 있다. 이때 역할 놀이나 시각적 상상이 효과적인 전략인 것으로 보고된다. 또한 이러한 기법은 문제해결기술을 발달시키고 향상시키도록 돕는다.

역할 놀이

이 훈련은 내담자의 경직된 "흑백" 사고를 다룰 때 해볼 수 있다. 이 훈련은 대안적 설명을 인식하고 이러한 설명을 검증하는 내담자의 인지적 유연성을 향상시키는 데에 도움이 될 것이다.

지시사항: 내담자가 비판적인 생각을 하는 역할을 하도록 하라. 그리고 이 비판적인 내용에 당신은 대안적 설명을 제안하면서 합리적으로 응답하라. 그리고 역할을 바꿔 당신이 내담자 역할을 하고, 내담자는 비판적인 내용에 응답하라. 내담자로부터 비판적인 목소리가 말하고 들리는 내용에 자세하게 반응을 하도록 하고, 이러한 비판적 목소리에 반응하는 것에 대해 어떻게 느끼는지를 자세히 말하도록 하는 것을 잊지 말라. 역할이 바뀐 내용을 기록하라. 그리고 주제, 내담자의 대답, 훈련에 대한 내담자의 반응을 강조하여 표기하는 것을 기억하라.

시각적 상상 연습

시각적 상상은 내담자가 해결책과 가능한 결과를 다양하게 상상해보는 기회를 제공한다.

지시사항: 내담자가 상당한 압박을 경험하도록 하는 현재 상황에 대한 다양한 해결책과 가능한 결과들을 이야기 나누고 기록하라. 이 훈련을 할 때 자세하게 설명하고 내담자가 대안을 생각해내도록 도와야 한다는 것을 기억하라.

고통을 받아들이기

자살충동이 있는 내담자들을 치료할 때, 필수적인 목표 중 하나는 그들의 정서적 고통과 별개로 삶을 살아가고 즐길 수 있도록 돕는 것이다. 내담자들이 자살충동을 느낄 때, 그들은 고통스러우면 삶을 살아갈 이유가 없다는 믿음을 따른다. 이 때문에 내담자는 고통을 피하고 저항하는 것에 모든 주의를 기울이고, "어떻게 나에게 이런 일이 일어날 수가 있지?"와 같은 생각을 하고, 미래의 고통을 생각한다. 내담자가 이러한 내용에 지나치게 집중하고 있는 경우, 내담자는 목적의식과 의미가 있는 삶을 살아갈 수 있는 시간적 여유도, 공간적 여유도 없다. 대부분의 경우에 내담자를 고통스럽게 하는 문제들을 금방 해결할 방법은 없다. 따라서 내담자는 발생할 고통을 어떻게 받아들여야 하는지와 그럼에도 매일 해야 하는 일을 해나갈 수 있고, 고통을 유발하는 문제를 해결하기 위해 노력할 수 있다는 것을 치료에서 배워야 한다.

이는 내담자의 부정적인 생각과 감정이 적응적인 행동을 매번 막지 않는다는 것을 알게 되는 것으로 이를 '**재맥락화**(recontextualization)'라고 부른다. 내담자들은 두 가지가 동시에 일어날 수 있다는 것을 배운다. 포괄적 거리두기(comprehensive distancing)란 자살충동이 있는 내담자가 자살충동이 있는 사고와 정서적 고통으로부터 거리를 두는 의지와 기술에 관한 기법을 말한다.

자살이 더 나은 선택이라는 믿음에 도전하기

대부분의 자살을 생각하는 내담자들은 자살이 그들의 관계나 처한 상황에서 원하는 변화의 촉매가 될 것이라고 믿는다. 특징적인 동기로는 복수를 하거나 가족과 친구들을 안심시키기 위해서가 있다(부담이 되는 감정). CBT는 이 신념에 이의를 제기하도록 함으로써 내담자가 더 현실적인 관점을 갖도록 한다. 이는 또한 내담자에게 자살을 시도하고 완수할 때 일어날 단기적·장기적 결과를 곰곰이 생각해보는 기회를 제공한다.

이 문제를 탐구하면서, 당신은 내담자의 자살에 대한 믿음과 관련한 긍정적 및 부정적 강화물에 대한 좋은 정보를 얻는다. 긍정적인 강화물을 찾아내는 것은 내담자의 자살 욕구를 줄이기 위해, 자살문제에 대한 대안을 알아내도록 치료의 방향을 이끌어 준다. 또한 이것은 내담자가 자살하는 것의 이점에 대해 가지고 있는 인지적 왜곡을 고칠 수 있는 기회를 준다. 부적 강화물에 대해 알게 됨으로써 내담자가 자살하지 않을 동기에 대한 정보를 제공한다. 두 가지 모두가 치료에 정보를 제공하고 내담자가 자살의 가능성에 대해 반추하는 것에서 벗어나도록 하는 방법을 제공한다.

왜 자살하는가?

지침: 이 워크시트를 활용하여 자살이 목적을 달성하는 데에 도움이 된다는 내담자의 생각에 이의를 제기해보자. 이는 자살의 정적 및 부적 강화물을 알아내도록 내담자에게 도움을 줄 것이다.

장점	단점

왜 사는가?

지침: 이 워크시트를 활용하여 자살이 목적을 달성하는 데에 도움이 된다는 내담자의 생각에 이의를 제기해보자. 이는 자살의 정적 및 부적 강화물을 알아내도록 내담자에게 도움을 줄 것이다.

장점	단점

인지행동치료에 영향을 미치는 다른 요인

자살충동이 있는 내담자를 대상으로 하는 인지행동치료는 여러 단계, 협력적 노력, 그리고 보다 통합적인 접근을 포함한다. 내담자와 인지행동치료에 참여하는 것은 단지 인지행동치료의 기본적인 지식과 전제를 이해하는 것 이상을 필요로 한다. 인지행동치료는 내담자의 필요를 충족시키기 위해 다양한 접근을 병행하고 통합시키는 능력을 요구한다. 자살충동이 있는 내담자를 위한 치료 계획은 최소 6달에 한 번은 갱신되어야 한다. 만성적인 자살성 내담자들에게는, 자살경향성을 계속해서 평가하는 것이 필요하다.

이어지는 내용은 자살충동이 있는 내담자들에게 인지행동치료를 활용할 때 그 결과에 영향을 줄 추가적인 요인에 대한 것이다.

치료적 동맹을 확고히 하라

- 동맹은 자살충동이 있는 내담자와 작업을 할 때 훌륭한 보호요인이 된다. 당신이 내담자에게 진심으로 관심을 기울이고 있고 진실하고 협력적이라고 내담자가 믿어야 한다. 이러한 작업적 관계는 이러한 문제를 계속 효과적으로 다루는 데에 주축이 된다.
- 내담자가 자신의 이야기를 말할 수 있도록 하라.
- 동맹은 관련 있는 다른 사람들을 활용하고 그들과 소통하는 것 또한 포함하며, 그러한 사람들로는 가족 구성원, 가족, 내담자의 사회적 지지 네트워크에 있는 사람들이 있다.
- 내담자와 작업할 때, 정서적 안전과 지지적인 작업환경을 보장하는 것이 필수적이다.
- 이러한 치료적 동맹을 확고히 하는 동안 내담자가 자살의 위험과 적신호를 정의내리도록 도울 수 있다.
- 내담자와 작업할 때, "우리"라는 말을 포함시킴으로써 협력적인 접근을 전달하라.
- 이러한 관계를 확고히 하는 것은 내담자가 일시적인 위기에 성공적으로 대처하는 능력을 지속할 수 있음을 전달하는 데에 도움을 준다.
- 임상의들은 희망에 찬 모습을 보이는 것을 목표로 해야 하며, 이것은 치료적 동맹이 굳건할 때 이뤄질 수 있다.

심리교육

* 내담자 및 내담자와 관련된 사람들에게 내담자의 자살위험성뿐만 아니라 내담자를 자살충동으로부터 분리시킬 보호요인에 대해서 더 잘 이해시킬 수 있도록 도와라.
* 내담자에게 그들의 정신건강 진단 결과(공식적으로 결과가 나왔다면), 정신건강 진단의 과정, 인지삼제(생각, 감정, 행동), 자살사고의 역할, 치료계획의 중요성에 대해 교육하라.
* 내담자가 자살로 이어지는 경고신호와 촉진요인의 역할을 인식하도록 도와라.
* 안전계획을 세우도록 도와라.
* 치료를 목적으로 하는 특정한 글을 읽는 표현적 치료인 독서치료를 활용하라. 이 치료는 내담자가 책, 시, 다른 치료용 글과 맺는 관계를 활용한다. 이 유형의 치료는 일기쓰기와 종종 병행된다.

희망을 불어 넣어라

* 목표를 설정할 때 내담자와 함께 하라. 내담자가 스스로의 치료계획에 참여하는 것은 내담자가 치료에 응하고 몰두하도록 촉진시킨다.
* 진행상황을 인식하라. 임상가는 치료 동안 내담자의 크고 작은 성취에 대한 피드백을 항상 제공해야 한다. 긍정적인 행동의 변화는 어떤 것이든 강조해야 하고 부정적이거나 자기파괴적 행동의 감소는 어떤 것이든 칭찬해야 한다.
* 내담자에게 대처기술을 가르치는 것은 그들이 치료를 이어가는 동안 어려운 상황을 다루는 자기효능감에 도움이 될 것이다.
* 보증된 관련 있고 중요한 사람들을 참여시켜라.
* 내담자의 자산과 강점을 발판으로 삼아라.
* 내담자가 사회적 지지 체계(예를 들어, 단체, 온라인 블로그, 포럼)를 찾도록 격려하라.

대처기술을 가르쳐라

* 내담자가 내적 및 외적 보상 전략을 세우도록 도와라.
* 충동성 문제를 다루어라. 충동적 행동이란 행동으로 인해 일어날 수 있는 결과에 대한 통제, 계획, 고려사항 없이 재빨리 일어나는 행동이다. 충동적 행동은

즉각적인 긍정적 결과(예: 정서적 고통의 완화)와 연결된 경향이 있다.

- 내담자의 문제해결과 효과적인 대인관계를 위한 의사소통 훈련, 즉 교류분석을 도와라. 교류분석이란 에릭 번이 세운 정신분석적 이론으로 행동과 의사소통을 이해하는 근원이 되는 내담자의 자아상태(부모님 같은, 아이 같은, 어른 같은)를 확인하기 위해 사회적 교류를 분석하는 치료방법이다.
- 내담자가 그들의 사회적 지지 체계에 적응할 수 있는 기회를 늘릴 수 있도록 도와라.
- 기술 훈련을 제공하라(예를 들어, 스트레스 면역 훈련).
- 마음챙김 기술과 받아들임 기술을 포함하라.
- 다른 치료방법들과의 병행을 늘려라(예를 들어, 약물치료, 집단치료, 가족치료).

공존 질환을 다루어라

- 다른 정신건강 질환을 다루는 통합적인 치료를 제공하라(예를 들어, 물질사용 장애, 불안장애, 섭식장애).
- 자살사고가 관련 장애 증상(예를 들어, 우울증상)으로 어떻게 드러나는지 이야기 나누어라.
- 가장 우세한 질환을 가장 잘 치료할 수 있는 개입을 활용하라.

예방절차로 돌아가라

- 내담자가 미래의 문제, 재발, 경과, 감정기복, 좌절을 어떻게 다루어야 할지 교육하라.
- 인지적인 구속과 경직성을 줄여라. 내담자가 그들의 관점을 넓히고 더 유연한 문제해결능력을 갖도록 도와라.
- 성취한 점과 내담자의 능력을 인식하게 하라.
- 내담자가 살아야 할 이유들을 만들도록 도와라.
- 내담자가 장애물을 상상하고 해결방법을 마련하도록 도와라.
- 가족을 참여시켜라. 이는 의사소통 및 문제해결 기술을 향상시키도록 돕는다.
- 내담자와의 치료를 점차 줄여가라.

다른 개입방법

안전계획(Safety Plan)

안전계획 개입은 내담자에게 내담자가 자살행동의 위험을 줄이기 위해 사용할 분명한 전략과 환경을 제공한다.

안전계획은 위기상황에 실천할 수 있는 대처기술을 포함할 수 있다. 위기상황에서 연락을 위해 중요한 사람이나 기관의 리스트를 제시할 수 있다. 안전계획은 치료 제공자와 내담자 사이의 협력적 노력이라 설명할 수 있다. 제한된 시간의 틀이 있으며 보통 25-30분 내에 완료된다.

안전계획의 기본적 단계는 다음과 같다.
+ 임박한 자살충동이 있는 위기의 경고신호를 알아채라.
+ 당신만의 대처전략을 활용하라.
+ 자살 생각에서 벗어나기 위해 다른 사람에게 연락하라.
+ 이 문제를 해결하는 데에 도움 줄 수 있는 가족이나 친구에게 연락하라.
+ 정신건강 전문가나 단체에 연락하라.
+ 자살을 완료할 만한 수단의 접근가능성을 줄여라.

안전계획

지침: 이 양식을 당신이 자살행동이나 비자살적 행동을 생각할 때 사용하라. 이 계획은 임상의의 도움을 얻어 세워져야 하고, 단계별 형태로 계획을 따라가야 한다. 이 계획은 당신이 부정적인 감정을 다룰 수 없을 때, 자살적 사고 혹은 비자살적 자해를 하고 싶은 충동을 경험할 때 사용될 수 있다.

- 계획서를 가까운 곳에 두고, 스마트폰으로 계획서를 사진 찍거나 가능하다면 업로드해도 좋다.
- 내가 현재의 감정에 따라 행동할 위험을 줄이기 위해 무엇이 필요한가?
- 과거에 나를 도왔던 것은 무엇이 있는가? 문제에 대처하기 위해 이전에 내가 이용한 것이 무엇인가?
- 나의 경고신호와 자극요인은 무엇인가?
- 내가 상황에 압도되면 보통 무엇을 하는가? 어떤 대처방법이 나에게 효과가 있는가?

(자해할 때 사용하는 무기와 같은 물건이 없는) 안전한 장소는 다음과 같다.

- 내 삶에 일어나고 있는 긍정적인 일은 무엇이 있는가? 나를 웃게 하는 긍정적인 생각들로는 무엇이 있는가?
- 내가 가장 좋아하는 친구/배우자/중요한 타인/가까운 친구가 이렇게 느끼고 있다면 나는 그들에게 뭐라고 말할 것인가?
- 내 주변에 있는 다른 사람들로부터 무엇을 받는 것이 나에게 도움이 되는가?
- 계속해서 압도당한 느낌을 갖거나 충동을 경험한다면 무엇을 할 것인가?
- 내가 사용해야 할 스마트폰 앱으로는 무엇이 있는가? 또는 내가 위안을 얻기 위해 사용한 웹사이트로 무엇이 있는가?(치료 회기에서 사용된 회복 사이트나 웹사이트를 포함시켜야 한다)
- 내 치료사가 곁에 없을 때 위기상황에서 이야기 나누고자 믿고 연락할 사람이 누구인가?
  친구 / 배우자 / 친척 / 위기상담전화 번호 / 이 외의 사람

안전계획 카드

지침: 이 카드를 코팅하거나, 업로드하거나, 스마트폰에 저장해두어도 좋으며, 항상 당신 곁에 두어야 한다. 당신이 전체 안전계획서를 옆에 두지 못할 때 이것은 시각적으로 기억하게 해줄 것이다.

나에게 이렇게 말할 것이다. 여기에 전화할 것이다. 여기에서 위안을 찾을 것이다. 이것을 비롯한 대처기술을 사용할 것이다.	나에게 이렇게 말할 것이다. 여기에 전화할 것이다. 여기에서 위안을 찾을 것이다. 이것을 비롯한 대처기술을 사용할 것이다.
나에게 이렇게 말할 것이다. 여기에 전화할 것이다. 여기에서 위안을 찾을 것이다. 이것을 비롯한 대처기술을 사용할 것이다.	나에게 이렇게 말할 것이다. 여기에 전화할 것이다. 여기에서 위안을 찾을 것이다. 이것을 비롯한 대처기술을 사용할 것이다.

자살방지 키트/희망상자

희망상자를 만들고 나면, 임상가로서 당신이 이 개입방법에 내담자와 함께 참여하는 것이 중요하다. 내담자는 상자에 넣는 물건 하나하나의 의미를 공유해야 한다. 당신은 내담자가 희망상자에 위험한 물건이나 부정적 생각이나 감정을 유발하는 물건을 넣지 않도록 확실히 해야 한다. 이 개입방법은 입원환자, 외래환자, 집단치료, 개인치료, 감옥, 학교를 비롯한 여러 세팅에서 사용될 수 있다.

어떤 상자라도 희망상자로 사용할 수 있다. 크리넥스 상자, 카드보드 상자, 또는 상자를 만들어도 좋다. 이 상자는 내담자가 꾸미고 내담자맞춤형으로 만들 수 있다. 이 상자는 회기가 진행되는 동안 탐색적 개입방법으로 사용될 수 있고, 치료실 밖에서는 내담자가 자살적 및 비자살적 자해의 충동을 경험할 때, 그들의 삶에서 긍정적인 것들을 떠올리게 해주는 구체적인 물건을 제공하기 위해 사용될 수 있다. 상자는 다음과 같은 물건을 담을 수 있다.

- 내담자에게 살아야 하는 이유를 떠올리게 해줄 물건
- 그림
- 편지
- 위안 대상
- 개인적 물건
- 시
- 어떤 것이든 회복력, 강점, 능력을 키우는 물건

내담자의 충동성을 다루어라

내담자는 회복 초기에는 보통 충동이 강렬해질 수 있지만 이를 기다리고 재발예방에 대한 계획을 마련하면 충동이 점차 가라앉는다는 것을 배울 수 있다. 시간이 지나면 욕구와 충동의 강도와 빈도가 가라앉을 것이다. 충동은 보통 10-15분 지속되고, 이보다 더 이어진다면, 환경적으로 충동을 유발하는 것이 반드시 있을 것이다.

내담자에게 그러한 것을 유발시키는 자극을 찾고, 그들의 환경에서 제거하도록 가르쳐라. 비자살적 자해행동이나 이전에 자살시도를 할 때 사용된 어떤 물건이라도 해당된다.

또한 내담자는 자해를 하려는 충동을 지연시키는 것을 배울 수 있다. 이는 정서 조절 기술을 가르치고, 희망상자를 사용하고, 또는 내담자에게 전해진 다른 개입 방법의 참여를 통해 내담자가 배울 수 있다.

지연 기술을 연습하라. 내담자와 활용할 수 있는 많은 지연 기술이 있다. 대부분의 기술은 수용하기, 지연시키기, 주의 분산시키기라는 기본적인 단계로 이루어진다.

수용하기

우리가 충동을 통제하지는 못하더라도 충동에 어떻게 반응하는지는 전적으로 통제할 수 있다. 이러한 충동을 통제하려고 시도하기보다, 충동이 있다는 것을 받아들이고 충동이 끝나도록 놔두는 것이 더 효과적이다. 충동은 단지 감정일 뿐이고 이것은 위험하지 않고 저항될 필요가 없다는 것을 내담자에게 상기시켜라. 충동이 떠올랐다 다시 떨어지도록 하라. 수용하기는 "부드러워지는" 것처럼 느껴지거나 이러한 감정을 느끼는 것이 괜찮은 것처럼 느껴져야 한다. 내담자의 수용하기를 강화하도록 도울 말들로는 "지금 불안하게 느껴도 괜찮다."와 "나는 이러한 충동을 다룰 수 있다."이다.

지연시키기

내담자가 한 번에 10분만 충동에 저항해보도록 해라. 이렇게 함으로써, 내담자들은 그들의 목표를 현실적으로 유지할 수 있고 그들이 장기적으로 임무를 완수하는 데 있어 실패할 것이라고 예언하거나 예측하지 않을 수 있다. 이는 그들이 이 작업을 성공적으로 해낼 가능성을 높인다. 10분이 지나도 내담자가 여전히 충동을 경험한다면 그건 괜찮고, 정상적이고, 예상된 일이라고 내담자에게 알려라. 내담자가 시계나 폰으로 시간을 기록하고, 충동에 응할 것인지 아닌지를 결정내리기 전에 10분을 온전히 기다리기를 시도하도록 격려하라.

주의 분산시키기

내담자가 자극요인으로부터 벗어나도록 하는 신체적 움직임이나 활동을 비롯한 다양한 활동에 참여하도록 가르치는 것이 포함될 수 있다. 이러한 활동으로는 가벼운 조깅, 목욕, 친구에게 말하기, 온라인지지 포럼을 활용하기, 가장 좋아하는 음악 듣기가 있다.

정신작용성의 약물관리

우리가 정신약리학의 정식 교육을 받지는 않았지만, 초기 치료의 내과 의사나 정신과 의사가 처방할 정신작용성의 약물에 대해 알고 배우는 것이 필수적이다.

증상 관리에 도움을 얻기 위해 환자가 1개 이상의 약물을 처방받을 수도 있다. 우울증의 증상을 다룰 때, 약물처방이 없는 것보다 항우울제가 더 효과적이다. 선택적 세로토닌 재흡수 억제(예를 들어, 시탈로프람과 플루옥세틴)는 증상에 즉각적인 효과를 보이고, 연구에 따르면 삼환계약제(예를 들어, 독세핀과 아미트리프틸린)는 과다복용과 남용의 가능성 때문에 피하는 것이 좋다고 한다.

환자와 가족들은 증상완화를 통해 어떤 것을 기대할 수 있는지 교육받아야 한다. 그들은 또한 환자가 초기에 에너지 수준은 개선되지만 절망감과 우울한 기분은 남아있어 자살할 위험이 높아질 수 있다는 것을 알고 있어야 한다. 환자는 초기의 약물 투입 때부터 지속적인 감독 하에 있어야 한다.

특별한 대상

- 노인
- 군인
- 성소수자
- 청소년
- 대학생

06   특별한 대상

문화적 차이의 인식의 중요성

민족이란 개인의 인종적 친족을 의미한다. 이는 출생지나 개인의 선조가 태어났던 장소와 관련된다(예: 국적, 종교적 신앙이나 부족). 인종은 자기동일시와 외적으로 결정된 신체적 특성을 포함한다. 과학적 사회는 인종이 유효한 생물학적 분류라고 생각하지 않는다(예: 피부색). 문화는 비생물학적이고 공통의 유산이나 신념, 규범, 가치의 집합으로 정의된다. 한 문화 내에서의 사람들은 소속감과 정체감을 부여하는 공통의 관례와 가치를 배우고 나눈다. 이러한 관례와 관습은 세대를 거쳐 전달된다.

민족성과 인종은 문화에 대한 정보를 제공하고, 내담자와 작업하는 동안 가설을 설정하거나 치료전략을 세울 때 반드시 문화를 고려해야 한다. 문화는 문제나 정신질환 증상의 발현이나 묘사에 영향을 미친다. 고통, 불안, 또는 우울의 발현은 문화마다 다를 수 있다. 예를 들어, "밀레니얼" 세대(17-35세)가 정신 문제에 대해 이야기하고 접근하는 방식과 "베이비부머" 세대(53-71세)의 방식에는 세대차이가 있으며, 이는 이러한 문제들을 더 잘 이해할 수 있게 해주는 정보라고 할 수 있다. 심지어 "정신건강 문제"의 의미에 대해서도 문화마다 다르다. 정신건강문제의 의미가 다르다는 것은 정신건강 증상의 근본원인, 낙인이라는 인식, 정신건강

장애의 원인과 장애가 누구에게 영향을 끼치는지에 대한 태도와 믿음이 문화에 따라 다름을 의미한다. 또한 문화와 사회적 요인이 정신건강 증상의 인과에 한몫을 할 수 있다. 예를 들어, 가난, 인종주의, 차별, 폭력에 만성적으로 노출되면 외상 후 스트레스 장애나 기분장애가 발병할 수 있다.

문화적으로 깨어있는 임상의들로서, 우리는 집단 내 차이와 개인적 차이가 존재하며 내담자와 작업할 때 이를 고려해야 한다는 것을 인식하고 이해하도록 해야 한다. 관찰한 특성에 근거하여 개인을 특정 문화적 집단과 동일시하는 것은 절대 추천하지 않으며, 자신의 정체성과 문화에 대한 내담자의 인식을 면밀히 탐색해야 한다.

노인 내담자와 자살

65세 이상의 개인은 고연령, 또는 노인인구를 구성한다. 미국에서 이 집단은 전체 인구의 약 12.6%를 이루며, 자살로 사망한 인구의 15.7%를 차지한다. 연구에 따르면 97분에 한 번 노인자살이 이루어지며, 총 하루에 14.9개의 자살로 인한 사망이 발생한다고 한다. 노인은 전체 인구에서 빠른 속도로 늘어나는 집단이기에 이러한 통계는 눈에 띄고 걱정스럽다. 일반인 인구와 비슷하게 남성은 여성보다 더 빈번하게 자살하며, 남성이 더 치명적인 방법(총기)을 사용하기 때문에, 남성은 자살의 84.4%를 차지한다. 또한 일반인 인구와 비슷하게, 코카시안 남성은 매년 인구 10만 명당 31.2건의 자살을 하며, 자살을 할 위험이 가장 높은 것으로 보고된다.

정신건강 전문가들과 도움을 주는 사람들이 이 집단에 접근하면서 직면하는 주요한 장애물은 노인 집단이 보통 정신건강 문제에 대한 도움을 찾지 않는다는 것이다. 정신건강 문제와 관련된 부정적인 낙인이 있기 때문에, 이 집단에서 정신건강 문제를 이야기하는 것은 보통 금기시된다. 또 다른 문제로는, 많은 노인이 정신건강 문제의 증상에 대해 알지 못하고 불안, 우울, 정신병, 또는 다른 장애의 증상을 알아차리지 못한다는 것이다. 진단되지 않은 우울증은 노인의 높아진 자살률과 관련되어 왔다. 이 집단은 건강문제가 있는 경우가 많다는 것도 정신건강 문제를 진단내리지 못하는 데에 영향을 미치는 문제인데, 이는 많은 신체적 건강 질환이 정신건강 질환의 증상처럼 보이고, 그 반대의 경우도 성립하기 때문이다. 이는 노인집단에서 "배제/제외사항"에 대한 개념을 필요로 하는 이유이다.

이 집단을 정신질환의 높은 위험에 처하게 하는 다른 요인들로는 최근 배우자, 가족, 또는 가까운 친구의 사망, 오래 지속되는 병에 대한 두려움, 주요한 삶의 변화(예를 들어, 은퇴, 급격한 건강 쇠퇴), 사회적 고립이다. 몇몇의 개인들은 심지어 집을 나오지 않아 의료서비스를 받지 못할 수도 있다.

〈그림 6-1〉 자살률(인구 10만 명당)

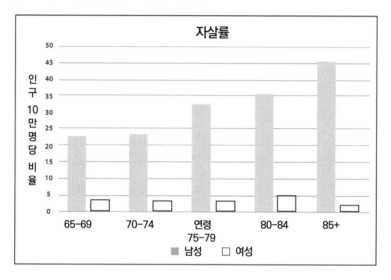

연구에 따르면, 남성의 나이가 많을수록 자살률이 높아진다. 반대로 여성은 자살률이 낮아진다(<그림 6-1>). 이 중요한 차이는 다양한 원인에서 비롯된다.

남성	여성
만성적 건강문제의 악화 제한된 사회적 지지 정신건강문제를 잘 보고하지 않음 가족 내에서 정체성과 역할의 상실 더 치명적인 수단에의 접근성	더 온전한 사회적 지지 네트워크 재택간호 시설에 거주할 가능성 만성적 질환의 더 나은 관리 정신건강 및 신체건강에 대해 더 표현적임

노인 가면우울증의 발현

이 집단에서는 우울증의 증상이 여러 이유로 종종 진단되지 않는다. 정신건강 증상처럼 보이는 다른 의학적 질환 때문에 잘못된 진단이 종종 발생한다. 연령주의 또한 정신건강문제를 잘못 진단하는 주요한 요인인데, 많은 사람들이 우울증의 증상을 나이의 탓으로 돌리며 전형적인 증상들이 나이와 관련되어 있기 때문이다 (예: 쉽게 불안해지고, 짜증을 잘 내고, 좌절한다, 타인과 관계를 맺고 유지하려는 욕구가 부족하다, 피로감, 일상의 활동에 관심이 없다). 정신건강 문제를 이해하고 이에 노출되는 것이 아주 적기 때문에, 몇몇의 사람들은 우울증의 증상을 전달하는 능력이 부족하고 정신건강 문제와 관련된 세대적 이념과 낙인이 있다.

보험의 부족과 집 밖으로 나갈 수 없는 신체적 건강상태로 인해 의료관리에 접근하는 것이 제한될 수도 있을 것이다. 또한 개인은 시골에 살고 있을 수도 있고, 도움이 되는 건강관리를 못 구할 수도 있다.

위에서 언급한 문제들 때문에 우울증과 다른 정신건강 문제의 발현은 신체적 불편함처럼 보이거나 아래와 같은 보다 관찰 가능한 행동에서 두드러진다.

- 몸무게 감소
- 설명할 수 없는 신체적 불편함
- 허약함
- 절망감
- 불안, 걱정, 반추
- 즐거운 감정의 상실(무쾌감증)
- 과민성
- 여러 신체적 불편함에 초점
- 감정과 관련된 증상을 최소화하거나 부인함
- 무기력감
- 감정을 감당하지 못함
- 인지적 손상의 객관적인 징후가 있거나 없는 기억 문제
- 느린 움직임
- 개인적 관리에 대한 관심의 부족

만성적 질환을 배제하기

정신건강 질환처럼 보이는 여러 의료적 질병이 있기 때문에 정신건강 질환을 치료시에 의학적으로 배제될 게 있는지 확인하는 것은 항상 중요하다. 내담자를 관리할 때 충분한 관리를 제공하고 전체적인 치료 선택지를 통합하기 위해, 이 집단을 치료할 시 의학적 질환을 제외하는 것이 의무적이다.

이 집단에서 더 흔하게 진단되는 몇 가지 의학적 질환이 이 영역에서 강조될 것이고, 이는 동시에 다른 병을 앓고 있을 가능성에 대한 검토, 그리고 이러한 질병들 중 비슷한 증상이 존재하는지에 대한 정보를 제공하기 위함이다.

갑상선 질환

갑상선 기능 항진증은 지나치게 활동적인 갑상선과 높은 티록신 수준 때문에 발생한다. 이는 때때로 그레이브스병으로 잘못 진단되며 증상은 다음과 같다.

- 과도한 신진대사
- 심박동수 증가
- 과도하게 땀이 남
- 변덕스러움과 불안한 감정
- 몸 떨림
- 간헐적 불면증

갑상선 기능 저하증은 활동성이 적은 갑상선과 따라서 티록신의 낮은 수준 때문에 발생한다. 이 질환의 증상은 다음과 같다.

- 피로감
- 활동성이 적은 신진대사
- 몇몇 사례에서는 우울증의 증상
- 집중력 저하
- 모호한 통증과 고통

당뇨병

당뇨병은 신체가 인슐린 호르몬을 생산하거나 이에 반응하는 능력이 손상되어, 탄수화물의 흡수가 비정상적이고 피와 소변의 포도당 수준이 높아지는 질병이다. 1형 당뇨병은 주로 아이, 청소년, 성년 초기에 영향을 주며 이전에는 청소년 당뇨병으로 알려졌다.

2형 당뇨병은 가장 흔한 형태의 당뇨병이다. 2형 당뇨병이 있으면, 신체는 인슐린을 적절하게 사용하지 못한다. 이것이 인슐린 저항성이라 불린다. 2형 당뇨병은 생활양식의 변화, 경구투약(알약), 그리고 인슐린으로 치료될 수 있다. 이 질환은 사람이 약물을 대사하는 방식에 영향을 미치며, 이는 정신작용성 약물을 비롯한 특정 약물의 효력에 영향을 준다. 이 질환의 장기적 영향은 다음과 같다.

- 심장 및 혈관 질환
- 신경증
- 신장 손상
- 시각 손상
- 골다공증
- 알츠하이머병 위험의 증가

혈당 수준의 극치는 상당한 감정기복을 일으킬 수 있다. 우울증은 오랫동안 당뇨병과 연관되어 왔고, 특히 2형 당뇨병이 그러하다. 그러나 우울증이 당뇨병을 유발하는지 아니면 당뇨병을 가진 것이 사람을 우울하게 하는지는 아직 분명하지 않다. 또한 혈당이 낮은 사람은 갑자기 짜증을 잘 내고, 심지어 전투적이고, 말을 불분명하게 하며 취한 것처럼 행동할 수 있다.

파킨슨병

이는 움직임에 영향을 주는 신경계의 진행성이고 만성적인 질환이다. 흑색질이라 불리는 뇌 영역에서 뉴런 또는 신경세포는 죽거나 손상되고 뇌 안의 뉴런은 적은 도파민과 노르에피네프린을 만들어낸다. 파킨슨병의 초기 단계에서 얼굴 표정은 경미하거나 없고, 또 걸을 때 팔이 흔들리지 않을 수 있다. 말은 부드러워지거나 불분명해진다. 이 병을 겪는 것은 기분장애 증상으로 나타나거나(낮아진 도파민 수준 때문에) 치매 그리고 기타 신경인지적 문제처럼 보이는 인지적 결함으로 나타날 수 있다.

증상은 다음과 같다.

- 떨림
- 운동 완만증
- 근육 경직
- 자세나 균형의 손상
- 정좌 불능
- 불분명한 말
- 도파민 수준의 감소, 이는 우울증 증상을 키울 수 있음
- 치매(환자의 50~80%)
- 집중력, 기억, 판단의 저하
- 시각적 정보 해석의 어려움
- 시각적 환각
- 망상(피해망상적 사고)
- 과민성
- 수면 장해

다발성 경화증

이는 뇌와 척수에 영향을 주는 진행성 질환이다. 다발성 경화증의 초기 증상으로는 허약함, 따끔따끔함, 무감각증, 흐릿한 시야가 있다. 다른 가능한 경고 징후로는 근육 경직, 사고의 어려움, 소변의 문제가 있다. 이 병의 진단을 받으면 기억 문제와 더불어 성격의 변화(감정기복)가 일어날 수 있다. 또한 만성적인 통증은 종종 우울 증세와 관련이 있기 때문에, 만성적인 통증은 이 질환을 복잡하게 만든다. 이 질환을 보이는 내담자들과 작업할 때 아편제를 사용하는 것도 생각해봐야 할 문제이다.

뇌졸중 이후

뇌졸중은 뇌 영역에서 혈액공급이 막히거나 심각하게 줄어들어, 뇌 조직에서 산소가 부족할 때 발생한다. 뇌졸중 이후 몇 분 안에 뇌세포가 죽기 시작한다. 뇌졸중 이후 약 2/3가 재활을 필요로 한다.

뇌졸중은 다음의 증상을 유발할 수 있다.

* 마비가 있거나 움직임을 통제하기 어려움
* 고통을 포함한 감각의 장해
* 언어의 사용과 이해가 어려움
* 사고나 기억의 문제
* 정서장애
* 영향을 받은 뇌 영역에 따른 장애
* 신체적 및 정신적 손상에 대한 두려움, 불안, 좌절, 화, 슬픔, 비통해함
* 뇌 손상의 신체적 영향으로 유발되는 몇몇의 정서장애와 성격 변화
* 뇌졸중 생존자가 가장 흔히 겪는 것이 임상 우울증인 것으로 보임

종양

종양은 성격 및 행동의 변화를 일으킬 수 있다. 정신적, 정서적, 그리고 신체적 장애는 종양의 위치와 크기에 따라 다르다. 종양은 충동조절 문제를 일으킬 수 있고, 억제의 변화도 일어날 수 있다. 억제는 더 심해지거나(예: 보수적임, 피해망상적임, 불쾌한 감정을 두려워함) 더 이완된다(예: 충동통제의 부족, 문제해결 기술이 좋지 못함, 예의범절의 감소).

바이러스성 및 박테리아의 감염

바이러스성 및 박테리아의 감염으로는 대상포진, 인플루엔자, RS바이러스, 결핵, 그리고 요로 감염증(UTI)이 있다. 이러한 질환은 면역계를 약하게 만들기 때문에 내담자를 다른 질환과 환경적 요인에 더 영향 받기 쉽게 만든다. 이러한 질환은 혈류를 감염시킬 수 있고 혼란을 일으키고 불안과 짜증을 늘게 할 수 있다.

UTI가 일시적으로 기분과 치매의 증상에 영향을 미친다는 것이 연구를 통해 증명되었다. 사람이 증가된 혼란, 불안, 또는 위축과 같이 갑작스럽고 설명할 수 없

는 행동의 변화를 보인다면, 이는 아마 UTI 때문이다. 이러한 감염은 섬망을 일으킬 수 있고, 이는 정신상태의 변화로 보통 하루이틀간 발생한다. 섬망의 종류는 다양하며, 증상으로는 불안, 초조함, 집중의 어려움, 환각이나 망상, 몹시 피곤해하거나 위축되는 것이 있다. 섬망 증상의 심각도 수준은 하루 동안에도 많은 변동을 보인다.

이 질환만으로도 이 집단의 내담자와 작업할 때 의학적 질환을 이해하고 제외시킬 것을 제외하는 것이 중요함을 알 수 있다. 내담자가 UTI가 있다는 것을 모를 때, 위에서 언급한 증상들은 정신증적 삽화, 정신증적 특징을 보이는 기분장애, 심지어는 신경인지적 장애처럼 보일 수 있다.

치매 관련 질환

치매의 종류가 다양할 뿐만 아니라, 치매를 일으키는 질환의 종류도 다양하다. 보다 흔한 질환으로는 다음과 같다.

혈관성 치매는 두 번째로 흔한 치매의 원인이다. 혈관 막힘으로 발생하며 판단력 저하 또는 계획 및 기타 집행 기능을 실행하지 못하는 결과를 초래한다.

알츠하이머병은 이 집단에서 가장 흔한 인지적 질환이다(80%). 이는 진행성 질환이고 뇌 안에서 일어나는 플라크와 얽힘으로써 발생하며, 신경세포가 손상되거나 뇌 속에 조직이 죽도록 한다. 이 질환과 관련 있는 몇몇 합병증으로는 이름이나 최근 사건을 기억하는 것에 대한 어려움과 우울증의 증상이 있다.

전측두엽 치매는 1차 진행성 실어증이다. 픽 병은 이 치매의 한 형태이다. 언어표현, 수용의 어려움과 함께 성격과 행동의 변화가 발생한다.

헌팅턴병은 우성 유전자에 의해 발생하며 진행성 질환이다. 내담자는 비정상적 작업능력, 사고와 추리의 심각한 손상, 그리고/또한 과민성, 우울, 그리고 다른 기분변화를 경험할 것이다.

자살예방과 노인 내담자

이 집단의 자살예방책으로는 대중, 내담자, 가족, 그리고 다른 서비스 제공자를 교육하는 것이 있다. 우울증, 우울증의 증상, 자살위험성, 의학적 질환 배제의 중요성에 대한 정보가 제공되어야 한다. 내담자 교육의 내용은 다음과 같다.

- 주변 환경에서 상황적 유발요인을 인식하기
- 이러한 유발요인을 알았을 경우의 대처 전략
- 약물 상호작용과 부작용
- 의학적 질환과 정신건강 질환의 상호작용
- 필요할 경우 작업치료

우울의 증상을 검사하는 것도 도움이 된다. 벡 우울척도와 환자 건강 설문지 (PHQ-9)를 비롯하여 우울증의 증상을 빠르게 검사하기 위해 쓸 수 있는 여러 도구들이 있다. PHQ-9는 우울증의 심각성을 검사하고, 감독하고, 평가하는 데에 도움이 되는 다목적 도구이며 간단한 자기보고식 도구이다. 반복적으로 사용할 수 있고 치료에 반응하여 증상이 개선되었는지 또는 악화되었는지 결정하기 위해 사용할 수 있다(3장을 참고하라).

노인 내담자에게 활동을 제공하는 것도 다양한 기분장애 관리를 돕는 데에 중요하다. 활동은 다음과 같은 것이 있다.

- 친구와 가족과 함께 방문하기
- 집 밖에서 매주 걷거나 다른 신체적 활동하기
- 연령에 따른 운동법
- 사회적 활동
- 인지적 활동 및 기억 향상 활동
- 영성적 및 종교적 활동

증상을 줄이고 삶의 질을 높이기 위해 이 집단에게 통합적인 접근을 활용하는 것이 효과적이다. 적절한 치료의 내용으로는 자아정체성 되찾기, 의미와 목적의식 가지기, 신체적 및 인지적 손상에의 적응을 돕기가 있다.

이 내담자들로부터 상세한 정보를 모으기 위해서는 철저한 임상적 면담을 실시하는 것이 좋다. 임상적 면담은 당신이 내담자와 라포를 형성하고 치료 계획을 세울 때 도움이 되는 충분한 정보를 모으도록 해준다. 또한 인터뷰는 내담자와의 대화를 가능케 하고, 이 영역에서 다뤘던 우울증의 "숨겨진" 증상을 평가할 기회를 제공한다.

노인내담자 임상면담

의뢰

누가 의뢰했나요? _____

평가되고 있는 문제는 무엇인가요(무엇 때문에 의뢰되었나요)? _____
_____

평가

스크리닝 도구 및 기타 사용된 평가방법은 무엇인가요? _____
_____

사례 이력 정보

자료 확인: _____

입실 또는 치료 사유 그리고 서비스에 대해 내담자가 기대하는 바: _____

현재의 고민 _____

사례 이력 개요

가족력: _____

건강문제: _____

교육 및 훈련: _____

근무경력: _____

취미와 흥미: _____

결혼 및 가족사항: _____

자기소개: _____

미래계획: _____

추가정보: _____

정신상태검사

(포함되는 영역: 외모, 행동, 움직임, 자살행동, 언어 및 표현, 분위기, 정서, 사고, 지각, 인지/지능, 기억, 그리고 성향)

내담자에 대한 전반적인 설명: _____

현재 심신 건강 상태에 대한 내담자의 (주관적) 경험: _____
_____

외모
단정함에 대한 자세한 서술: _____
옷차림/옷에 대한 자세한 서술: _____
　　　　특이한 모습(이 그룹에서 흔하지 않은): _____
　　　　특이한 옷인가? 단정한 옷인가? _____
개인위생에 소홀한 점이 있는가?(만약 그렇다면 치매 때문인가? 정신적 지체가 존재하는가?)
_____

행동
행동에 대한 환자의 집중력: _____
명백한 불안, 과민성, 걱정이 있는가? _____
활동성이 감소되었는가? _____
반복적인 움직임이 있는가? _____

움직임
동작모방증(다른 사람의 움직임을 모방함-예: 다리를 꼬거나 얼굴을 만지는 등)이 존재하는가?
_____
피로하거나, 진정제 투여, 약물치료, 중독증세가 있는가? _____
마약중독의 증거가 있는가? _____
긴장증 증상이 있는가? _____

자살행동
스스로 베고 긋거나 다른 NSSI 증세가 있는가? _____
다른 자살행동이나 신호가 있는가? _____

언어 및 표현
구음장애나 중얼거림이 있는가? _____
말소리의 크기는 어떠한가? _____
말의 속도는 어떠한가(빠른가, 느린가)? _____
말압박(알아듣기 힘들 정도로 빠르고 광적으로 이야기함)은 어떠한가? _____
높낮이는 어떠한가(높은가 지속적으로 낮은가)? _____
기타 언어적 결함이 있는가? _____

기분

내담자/환자의 기분이:

고양되어 있는가? 특이사항: _____

과장되어 있는가? 특이사항: _____

우울한가? 특이사항: _____

냉담한가? 특이사항: _____

평소의 상태인가? 특이사항: _____

정서(전체 검사 중에 평가된)

부조화(예: 정서와 기분): _____

내적 감정 상태: _____

정서의 관찰: _____

이러한 관찰 가능한 감정에 미묘한 변화가 있는가? _____

정서의 결핍이 있는가? _____

적절한 정서 대 부적절한 정서: _____

제한된 정서 대 심각하게 둔화된 정서: _____

사고(환자의 말에서 관찰할 수 있고 행동에 반영된다)

환자의 사고 과정의 기준선은 무엇인가?(이는 환자가 솔직하게 이야기 할 수 있도록 하고 구조화된 생각이 방해받는 기간이 있는지 여부를 확인함으로써 평가할 수 있다)

_____

환자의 사고 형태(아이디어와 사고의 배열; 아이디어들 간의 합리적인 연결에서 보여지는 어려움)는 어떠한가? _____

형식적 사고장애(formal thought disorder)가 있는가?(환자의 삶에서 예시나 인용을 기록할 것)

_____

사고 내용: 선입견, 강박 혹은 망상이 있는가? _____

환자의 추상적으로 생각하는 능력은 어떠한가?(팁: 추상적인 질문을 하거나 속담 사용-예: 자신의 집이 유리로 되어 있다면 다른 사람의 집에 돌을 던져서는 안된다(자신과 비슷한 결점을 가지고 있는 남을 비난하지 말라라는 뜻). 너는 이 말이 어떤 의미라고 생각해?)

환자가 침묵을 어떻게 사용하는가? _____

환자가 핵심이 없고 지엽적인가?(목표지향적으로 생각을 연결시켜 제시할 수 있는 능력)은 무엇인가?

_____

환자가 제시하는 것이? _____

사고의 비약? _____

일치되지 않은 모순? _____

비논리성(잘못된 결론 혹은 사고의 내적 모순)? _____

건강염려증? _____

고착(특정 단어나 구절을 반복적으로 표현함) 혹은 반향적 표현(단어나 구절을 병적으로 반복함)?

_____

신조어(화자가 만든 말이거나 왜곡된 말)? _____

망상(반대되는 증거가 있음에도 지속되는 잘못된 믿음이며, 종종 신체적이고, 피해 망상적이며 죄책감을 수반한다)이 존재하는가? _____

자살생각이 있는가? _____

살인생각이 있는가? _____

지각(신체적 자극을 심리적 정보로 전달)

이인장애 그리고/혹은 현실감 상실이 있는가? _____

망상적 기분? _____

환각의 존재? _____

고양된 지각? _____

지각의 변화? _____

인지/지능

내담자가 이성적이고 논리적으로 생각하고 행동할 수 있는 능력:

지적기능: _____

통찰력과 판단력: _____

알고 인식하게 되는 정신적 과정과 사고: _____

주의와 집중: _____

의식의 상태: _____

언어의 명료성: _____

신경장애의 증거? _____

만성적 정신병의 증거? _____

기억

환자가 자신의 삶에 대해 오래 전 과거부터 가까운 과거까지 간결하게 설명할 수 있는가?

환자의 즉각적인, 최근/단기, 그리고 오래 전 기억은 어떠한가? _____

기억 상실은 없는가? 만약 있다면 특정 원인은: _____

(1) 신체의 문제? (2) 치매? (3) 머리부상? (4) 기억장애? _____

지남력(orientation)

환자는 현재의 시간(오늘이 몇 년도 몇 월 며칠이고 무슨 요일인지), 그들이 말하는 대상(검사자의 이름, 익숙한 사람들을 구분할 수 있는 능력), 현재의 장소(~시, ~주, 평가장소 그리고 상황(그들이 평가 중이거나 면담 중임을 인지할 수 있는 능력))을 인식하고 있는가?

_____

노인 자살위험성

지침: 환자가 이 체크리스트에 대해 3개 이상의 우려 사항에 대해 그렇다고 답변할 경우 자살 조사 (현재의 생각, 의도 또는 계획의 존재하는지) 및 자살위험 평가를 권고한다.

_____ 우울증(진단 혹은 진단되지 않은), 적응장애, 불안감 혹은 기타 다른 정신건강 진단의 이력이 있었는가?

_____ 다른 정신건강장애로 추정되는 의학적인 문제(예: 갑상선 기능 저하증, 갑상선 기능 항진증, 헌팅턴 무도병)가 있는가?

_____ 환자가 최근 혹은 이전에 어떠한 이유로 인해(신체건강 혹은 정신건강) 간호시설에 입원한 적이 있는가?

_____ 환자에게 강력한 사회적 지지 구조(아이, 가족, 친구들, 삶의 동반자, 배우자)의 결핍이 있는가?

_____ 환자가 그들의 시설, 집, 혹은 치료 커뮤니티(사회 활동에 참여하는 것)에 소극적인가?

_____ 환자는 현재 어떠한 질병에 대해 치료를 받고 있는가? 그렇다면, 이러한 증상들은 어떻게 관리되고 있는가(처방약, 대체약, 처방전 없이 살 수 있는 약)?

_____ 과거에 자살시도나 NSSI 행동의 이력이 있는가?

_____ 약물 또는 알코올 남용 이력이 있는가? 현재 약물 또는 알코올을 사용하는가?

_____ 현재 삶의 큰 사건(수입의 상실, 집의 상실, 정체성 혼란)이 있는가?

_____ 고객이 의료관리(보험, 서비스 제공자, 핸드폰 서비스 제공자)에 접근할 수 있는가?

노인 우울증상 평가

지침: 아래 가이드를 사용하여 환자의 우울증 증상에 대해 질문하라. 만약 이 증상들 중 10개 이상이 존재한다면, 당신의 환자는 심각한 우울증에 걸릴 위험이 있다.

모든 사람들이 때때로 이러한 증상들 중 일부를 보일 수 있고, 그것이 반드시 그 사람의 우울증을 의미하는 것이 아니라는 것을 알아야 한다. 마찬가지로 우울증을 겪고 있는 모든 사람들이 이 모든 증상들을 가지는 것은 아니다. 이러한 응답에 대한 추가적인 정보는 항상 수집되어야 한다.

행동

☐ 밖에 나가지 않음
☐ 직장/학교에서 일을 처리하지 못함
☐ 가까운 가족과 친구들을 만나지 않음
☐ 알코올과 진정제에 의존함
☐ 평소 즐기던 활동을 하지 않음
☐ 집중할 수 없음

사고

☐ "난 실패했다"
☐ "그건 내 잘못이다"
☐ "나한테 좋은 일이 일어날 리 없다"
☐ "난 무가치하다"
☐ "삶은 살 가치가 없다"
☐ "내가 없으면 사람들이 더 편할 것이다"

정서

☐ 멍함
☐ 죄책감
☐ 짜증남
☐ 좌절감
☐ 자신감 부족
☐ 불행함
☐ 막연함
☐ 실망감
☐ 비참함
☐ 슬픔

신체적

☐ 항상 피곤함
☐ 병들고 지침
☐ 두통과 근육통
☐ 소화불량
☐ 수면문제
☐ 식욕의 상실 또는 변화
☐ 두드러진 체중의 감소 또는 증가

퇴역군인 및 군인 그리고 자살

지난 10년 동안 군인들의 자살률이 증가했고, 그것은 참전 용사들뿐만 아니라 현역 군인들에게도 매우 심각한 문제가 되었다. 역사적으로 군 내 자살률은 일반인보다 낮았다. 그러나 이라크와 아프가니스탄에서 전쟁이 벌어지면서 군 자살률은 증가하였고 일반/시민의 자살률을 넘어서고 있다. 연구에 따르면 미국에서는 퇴역군인들의 자살로 인한 사망자가 20%를 차지한다. 이라크 해방 작전, 항구적 자유 작전, New Dawn 작전을 마치고 귀환하는 퇴역군인들이 이전 퇴역군인 집단보다 높은 비율로 자살을 보이고 있다.

2014년에 국방부는 현역군인의 259건의 자살 및 1034건의 자살시도를 보고했다. 259건의 자살 중 87건은 예비군 군인이었으며, 133명은 육군주방위군 군인이었다. 2009년에서 2013년까지 육군 주방위군 내 연간 자살이 증가하면서 48건의 자살이 133건으로 증가하였다.

일반인들의 경우와 마찬가지로 소형화기는 완료된 자살에 사용된 가장 흔한 방법(접근성과 이용가능성 때문에)으로 보고되었으며 두 번째로 많이 사용된 방법은 목을 매는 것이었다. 자살시도와 관련하여 보고된 가장 흔한 방법은 마약 그리고 술이었다.

좀 더 최근의 연구에 따르면 여성들은 현재 미국 퇴역군인들 중에서 가장 빠르게 성장하는 하위 그룹이며, 그들의 숫자는 2020년대 후반까지 증가할 것으로 예상된다. 이로 인해 항구적 자유 작전과 이라크 해방 작전의 여성 퇴역군인들의 퇴역군인 행정 의료센터(VAMC) 건강관리 신청이 크게 늘어났다. 우울증은 외상 후 스트레스 장애(PTSD), 기타 불안관련 장애와 함께 퇴역군인 부서(VA)에서 정신건강 서비스를 받고 있는 여성에게 가장 흔한 세 가지 정신건강진단 중 하나로 나타났다.

연구에 따르면, 남성 퇴역군인의 자살률은 일반 인구의 남성 자살률보다 1.4배 더 높은 것으로 나타났다. 또한 최근의 연구는 여성 군인들의 자살이 일반 인구의 거의 6배인 것으로 나타났다. 이같은 비율은 남자 퇴역 군인들과 거의 맞먹는 수준이다. 최근 재향군인청에서 발표한 뉴스기사와 통계에 따르면 지난 11년간 군 복무한 여성 2500명이 자살했다. 18~29세 여성 퇴역군인들은 민간인 자살률의 12배에 가까운 자살률을 보이고, 18~34세 여성 퇴역군인들은 민간인에 비해 자살률이 3배가 높다. VA가 2010년에 실시한 조사에 의하면, 여성 퇴역군인의 40%가

총기를 사용하여 자살을 한 반면, 일반 인구의 여성(민간인)은 34%가 총기를 사용하여 자살했다고 한다.

퇴역군인과 군인의 자살위험 요인

자살을 시도한 퇴역군인들은 배치, 군사환경, 전투강도와 관련된 급성 또는 만성적인 스트레스 요인을 보고한다. 그들은 실패 그리고 나약함의 인식과 관련된 수치심 혹은 죄책감을 보고할 수 있다. 이러한 스트레스 요인은 그들이 정신질환, 불안장애, PTSD, 그리고 물질 관련 질환을 포함한 정신건강 상태를 발전시킬 수 있는 위험을 증가시킨다.

앞서 통계에서 언급한 1034명의 자살시도를 한 군인과의 인터뷰에서 그들의 자살 노력과 관련된 특정한 요인들이 있는 것으로 파악되었다. 이 요인들은 중요도 순으로 서술되어 있다.

관계 문제

관계 문제는 동료 군인들과의 상호작용의 문제, 물질적인 문제, 이혼, 배우자 혹은 동반자의 상실, 불륜, 제한된 사회적 지지 네트워크를 포함한다.

법적 문제: 군법 제 15조 그리고 군법재판

군법 제 15조에 의한 징계절차는 임금손실, 계급손실, 직위손실, 이동성 상실, 승진불능을 포함한 다양한 결과를 초래할 수 있다. 군인들은 또한 군법재판에 직면할 수도 있다.

업무관련 및 재정적인 압박

여기에는 전투지역에서 발생하거나 군사기지에 주둔하는 동안 발생하는 스트레스 요인이 포함된다. 업무 스트레스 요인에는 실패에 대한 두려움, 승진 능력의 결여, 신체적 및 정신적 능력의 저하, 대인관계의 어려움, 업무 수행에 대한 우려 및 평가에 대한 스트레스가 포함될 수 있다. 재정적인 스트레스는 징계를 받을 경우 급여나 계급의 상실이나, 도박문제, 부실 자금 관리로 인한 채무의 발생과 관련이 있을 수 있다.

사회적 지지의 상실

이 상실은 사회적 지지의 결핍, 전우들의 상실, 가족 지지의 상실, 전투지역에 있지 않은 사랑하는 사람의 죽음, 제대 후 동료애의 상실, 그리고 비자발적 제대와 관련된 상실을 포함할 수 있다.

오명과 도움 추구 행동

많은 군인들이 승진의 상실에 대한 공포, 각종 직위 해제, 보안승인의 상실, "낙인이 찍히는 것" 혹은 심지어 원치 않는 제대 등을 우려해 정신건강 증세를 과소보고한다. 정신건강 서비스 제공은 되지만, 널리 이용되지 않을 수 있다. 결과적으로, 많은 정신건강장애들이 치료되지 않고 더욱 만성적이게 되며 심신을 약화시킨다.

정신질환의 지각

많은 군인들은 다양한 정신건강 상태와 관련된 증상들에 대해 인식하지 못한다. 많은 사람들이 이러한 지각과 관련하여 고정관념을 보고하고 그들의 증세를 최소화하거나 다른 문제에 잘못 적용한다.

E1-E4계급(하급 대원들)

이 계급에 위치한 대다수의 사람들은 18~24세의 나이이다. 그들은 제한된 대처 능력, 제한된 세계관, 그리고 제한된 문제 해결 능력을 가지고 있을 수 있다. 연구결과에 따르면 많은 군인들은 승진에 대한 압박감을 느끼고, 성과 불안을 경험하며 전투, 관계 그리고 군 생활방식에 적응하는 스트레스 요인들의 관리로 인해 그들의 인격 형성기 동안 고통을 경험한다.

정신건강진단

자살을 시도한 군 병력 1034명을 대상으로 검사하는 과정에서 상당수는 정신질환, 불안장애, PTSD, 물질관련 장애를 포함하는 정신건강 진단을 받았다. 이러한 장애들 중 많은 것들이 이전에 진단되지 않았고 치료되지 않았다.

자살 그리고 여성 퇴역군인들

여성 퇴역군인들의 자살률 증가와 관련된 몇 가지 요인이 있다. 이 영향요인들 중 하나는 군대 그리고 가족 정체성과 관련되어 있다. 연구에 따르면 일반적으로,

군대에 입대하는 남성과 여성은 정서적, 성적 학대를 포함한 힘든 어린 시절을 견뎌냈을 가능성이 높다. 이러한 학대의 경험은, 이러한 상처들이 군 환경의 조건에 따라 유발되거나 악화된다는 가설이 있어 왔던 것처럼, 일부 군인을 군 복무 중 특정 변수에 취약하게 만든다.

특히 군내에서의 결혼같은 경우 배우자로서의 관계, 그리고 같은 군인으로서의 관계와 같은 이중적인 관계가 생기고 이와 같은 대인관계는 건강하지 않을 수 있다. 이런 상황은 만약 그들이 모두 전투지역으로 배치되어 비전투지역으로 다시 배치받기가 어렵거나, 두 사람이 아직 알려지거나 치료를 받지 못한 PTSD 혹은 다른 정신건강 문제 증세를 겪고 있거나, 둘 다 업무관련 스트레스를 받고 있을 때 해당된다. 만약 아이들이 관련되어 있다면, 이것은 훨씬 관계를 복잡하게 만들 수 있다. 군대에서의 여성의 이혼율은 일반 여성들보다 높다.

여성 퇴역군인들에 대한 또 다른 중요한 관심사에는 동지애, 소속감, 그리고 목적의식이 포함된다. 역사적으로 이러한 관계는 군대에서 남성들에게 길러지고 권장되었지, 여성들에게는 아니었다. 일부 여성들은 군복무 중에 차별을 경험하며 그들의 남성 동료에게 동등하게 대우 받지 못한다고 보고한다. 그들은 이러한 목적의식이나 "형제애"를 얻지 못할 수 있고 그것은 무력감, 고립감 그리고 다른 심각한 정신건강 문제로 이어질 수 있다.

가족의 재건이라는 주제가 자살시도를 했던 여성들에게 보고된 하나의 뚜렷한 특징이었다. 이러한 참전군인들은 그들이 "일반시민들의 세상"에 적응하려 할 때 혹은 장기간의 배치에서 복귀할 때 큰 어려움을 겪는다고 보고했다. 그들은 친구나 친척들의 이해, 사회적 지지의 부족을 경험했으며, 때때로 그들의 걱정을 이야기 할 때면 오해를 받거나 별거 아닌 것으로 여겨졌다고 보고했다. 이것은 PTSD 증상 혹은 우울증과 같은 염려를 공유하기 주저하는 것으로 이어지고, 이러한 문제들이 치료되지 않은 채로 남아 계속 악화됨을 의미한다. 가족의 기능과 적응은 퇴역군인이 부모 혹은 배우자 일 때 특히 더 힘든 것으로 나타난다. 군인이 어딘가로 근무를 배치받게 되면, 1~2년 동안 그들의 배우자와 남은 가족들은 어떻게든 가정을 이끌어나가야 한다. 오랜 기간 동안 그 퇴역군인이 없는 상황에서도, 그 집의 기능이 유지되어야 하기 때문에 그 집에서는 새로운 역할들이 새롭게 만들어지게 된다. 퇴역군인들은 집으로 돌아와 어떤 일들을 "하게 될지" 혹은 "해야 할지"를 기대하겠지만, 그들은 가족 내에서 그들이 자신의 역할을 모르고 있다는 것을 발견하게 될 것이다. 그들이 없을 때 살아남고 잘 살아가는 법을 익힌 그 가족 제도에 들어가는 것은 어려울 수 있다. 이것은 또한 고독감, 포기, 회피의 감정으로 이어질 수 있고, 초라하고 잊혀진 것처럼 느낄 수 있다. 퇴역군인들은 가족과 거리감을 느낄 수 있고 가족 내에서 다른 의사소통, 대인관계 문제를 일으킬 수도 있다. 퇴역군인은 또한 다양한 가족 구성원들과 관련해 다양한 역할을 할 수 있어서 마치 그들이 "한번에 50개의 방향에서 끌어 당긴다."고 느낄 수 있다. 이것은 그들을 어쩔 줄 모르게 하거나, 압도적이어서 이전의 근무나 업무 스트레스 때문에 대처 방법이 손상되었다면, 호흡곤란이 발생할 가능성이 높다.

가정폭력은 여성 퇴역군인과 자살시도와의 상관관계가 높은 또 다른 요인이다. 연구에 따르면 여성 퇴역군인과 군인들이 비−퇴역군인보다 가정폭력을 경험할 가능성이 세 배나 높은 것으로 나타났다. 여성 퇴역군인의 39%와 현역 여성의 30~44%가 부부관계에서 가정폭력을 경험했다고 보고하고 있으며, 현역 복무 중인 기혼 군인과 일반인 남성은 매년 2500건 이상의 신고를 접수해 하루 평균 7건의 민원이 발생한 것으로 나타났다.

군대 내 성폭행으로 인한 외상(MST) 또한 여성 퇴역군인들의 자살률을 높이는 것과 연관되어 있다. MST는 VA가 퇴역군인이 군대에 있는 동안 발생하는 성폭력이나 거듭된 협박성 성희롱을 지칭할 때 사용하는 용어다. 이것은 "VA 정신건강 전문부서에서 판단한 퇴역군인의 복무, 혹은 예비군 훈련 중 발생한 성적인 신체적 폭력, 성적 충동에 의한 구타, 성희롱으로 인한 정신적 외상"으로 정의된다. MST는 부대 안 그리고 밖에서, 군인의 근무 중 혹은 근무중이 아닐 때 발생할 수 있다. 가해자는 남자나 여자, 군인이나 일반인, 혹은 지휘계통의 상급자나 하급자가 될 수 있다. MST는 남녀 모두에게 일어날 수 있지만 여성에게 보고되는 MST가 남성에 비해 잦고, 이러한 문제를 다루는 VA 안의 대부분의 입원환자 치료시설은 여성만을 위한 것이다.

- 군대의 성적 외상의 예시
- 협조 거부에 대한 협박
- 성 접대를 통한 승진
- 동의 없는 성행위
- 성폭행
- 원치 않는 성적인 접근
- 성적인 강요
- 언어적 희롱

문제는 MST가 발생한 후 몇 달 또는 몇 년이 지난 후에도 드러나지 않을 수 있고, 때로는 퇴역군인이 제대한 이후에도 드러나지 않을 수 있다. MST의 일부 증상은 정서반응, 무감각, 수면문제(간헐적인 불면증 혹은 수면과다, 초기 불면증), 집중력 및 주의력 부족, 알코올 및 약물남용, 과다한 불안과 편집증, 관계 장애 그리고 신체적 건강 문제를 포함한다.

이러한 증상들은 MST와 관련된 특유의 요인들 때문에 악화될 수 있으며, 일반적으로 PTSD의 발병으로 이어진다. 이러한 요인들 중에는 가해자와 계속 함께 살거나 일하는 것, 그리고 심지어는 그들에게 음식, 건강관리, 안전과 같은 필수적인 것들에 의지하는 것도 포함된다. 퇴역군인들은 가해자가 같은 집단에 있다면 부대 내 응집력의 손상에 대한 우려, 그리고 약해보이는 것이나 취약해 보이는 것에 대한 우려를 품을 수 있으며, 다른 사람들에 대한 존경을 유지하는 것에 대해 고민할 수 있다. 피해자는 이 사건이 드러나는 것이 그들의 경력이나 승진 가능성에 부정적으로 영향을 미칠 수 있다는 두려움을 가지고 있을 수 있다.

여성 퇴역군인들 그리고 자살과 관련된 또 다른 심리사회적 요인으로는 노숙, 빈곤, 실업 등이 있다. 가난한 퇴역군인들은 노숙자가 되기 쉽고, 여성 퇴역군인들이 일반적으로 남자 퇴역군인들에 비해 더 많은 교육을 받았다고 할지라도, 여성 퇴역군인들은 일반적으로 남성 퇴역군인들에 비해 돈을 더 적게 벌고 때때로 그들이 군대에서 받던 것보다도 적은 봉급을 받는다. 연구에 따르면 2010년과 2014년 사이에 노숙자 여성퇴역군인의 수가 50% 증가했다고 한다(2010에 3328명에서 2014년에 4993명). 여성퇴역군인들은 또한 비−퇴역군인 여성들에 비해 노숙 위험이 3~4배 더 큰 것으로 나타났다. 높은 수의 노숙자 여성 퇴역군인들은 또한 MST나 PTSD, 우울증, 걱정, 그리고 물질남용과 같은 다른 치료되지 않은 정신건강문제의 이력이 있다.

정신건강장애 그리고 군인

군인의 자살이나 정신건강장애의 위험성은 일반인과 비슷하다. 주요 우울증, 기분저하증, 조울증의 정신건강 진단 중 어느 하나라도 진단받은 경우 자살위험이 증가한다. 적응 장애는 일반적으로 자살위험과 관련이 없지만, 이 진단은 군인과 퇴역군인들에게 진단될 때보다 중요해진다. 적응 어려움은 위에서 확인한 위험 요인을 포함하여 다양한 스트레스 요인들과 관련될 수 있으므로, 이 진단은 면밀히 관찰되어야 하며 자살충동이 있는 이념, 의도 및 계획을 평가해야 한다.

연구에 따르면 PTSD는 이라크 해방 작전, 항구적 자유 작전, New Dawn 작전에 근무했던 귀환 퇴역군인의 5%~25%에서 진단되었다. PTSD와 자살 간에는 유의한 관계가 있다. PTSD 증상의 심각도는 자살의 중요한 예측변수이다. PTSD의 DSM-5 기준 B(재경험, 회상, 악몽)는 자살충동, 의도, 계획, 자살시도와 밀접한 관련이 있다는 연구결과도 나왔다. 현역 시절 신체부상을 당한 여성은 PTSD 증상을 보고할 가능성이 더 높다.

또한 이라크와 아프가니스탄에 참전한 군인들 중 많은 수가 정신건강문제와 약물남용, 두 가지 질환을 동시에 앓고 있는 것으로 나타났으며 남자의 경우 여성에 비해 두 배의 약물사용장애를 보고했다. 대부분의 퇴역군인들은 그들의 PTSD 증상과 다른 정신건강 증상의 관리를 시도하기 위한 결과로 약물남용을 보고했다. 그들은 "꿈을 그만 꾸기" 또는 "생각들을 사라지게 하기" 또는 잠을 자기 위해 자가치료를 실행했다. 그들은 또한 약물을 사용하는 것이 PTSD 재경험 증상을 조절하는 데 도움을 주었다고 보고했다. 약물남용은 다른 정신건강증세를 악화시키고 의사결정과 충동조절에 큰 영향을 미친다.

이 사람들의 자살시도가 증가하게 된 또 다른 요인은 정신건강 서비스를 찾는 것을 꺼리기 때문이다. 이러한 저항은 일반적으로 VA와 정신건강관리 제공자에 대한 불신과 관련되며 정신건강 문제와 관련된 오명의 결과이다. MST의 여성 피해자들은 대부분 "남성 중심" VAMC 클리닉을 기피하고 있다고 보고했다. 여성 퇴역군인들은 또한 그들이 경험했던 외상의 결과로 군복무 기간과 거리를 두는 것을 선택할 수 있기 때문에 그들 자신을 퇴역군인으로 생각할 가능성이 적다.

외상성 뇌 손상 및 자살위험

외상성 뇌손상(TBI)은 일반인과 군인들의 자살사고, 시도, 자살위험의 증가와 관련 있는 것으로 나타났다. TBI를 진단받은 일반인과 군인은 진단을 받지 않은 사람들과 비교했을 때 자살을 할 가능성이 3~4배 높은 것으로 나타났다. 군 관련 TBI의 약 80%가 경미한 심각성으로 간주되고 있으며, 이런 유형의 TBI 증상은 PTSD의 증상과 구별하기 어렵다. 연구에 따르면 이라크 해방 작전, 항구적 자유 작전에서 돌아온 퇴역군인들의 15%~23%가 경미한 TBI를 앓고 있다고 한다.

퇴역군인과 군인의 자살예방

Clay Hunt 자살 예방법

이 법은 한 퇴역군인 자살 때문에 전해졌는데, 만약 그가 VA 혜택과 정신건강 치료를 더 적시에 받을 수 있었다면 예방할 수 있었을 것이다. 그는 외상 후 스트레스 장애진단을 받았지만 필요한 혜택과 치료를 받지 못했다. 그 후 그는 2011년에 자살했다.

클레이 헌트법은 2015년 2월에 통과됐다. 그것은 PTSD, 불안장애, 기분장애, 그리고 약물사용장애와 같은 정신건강 문제로 고통 받는 퇴역 군인들을 돕기 위한 것이다. 그것은 VA의 정신건강관리 프로그램과 자살 예방 프로그램을 발전시키기 위해 개발되었다. 이 법은 다음과 같은 방법으로 VA의 자살 예방 프로그램을 확대할 것이다.

- 현역군인들을 돕기 위한 동료지원 프로그램 그리고 지역사회 봉사활동 실험 프로그램 개발을 통한 정신건강 서비스에 대한 접근용이성
- 접근이 쉬운 자원에 대한 종합, 공동 웹 사이트를 만듦
- 대출채무를 상환하기 위한 시범 프로그램을 실시함으로써 정신건강의학과 직원의 채용을 향상시켜 정신건강 치료의 수요를 충족시킴
- VA와 다른 비영리 정신건강 단체들 사이의 자살 예방 노력에 대한 협력을 의무화하는 것
- VA 정신건강 및 자살예방 프로그램에 대한 연간 평가가 필요하게 함으로써 정신건강관리의 책임성을 강화하는 것

교육

이 교육은 돌아온 퇴역군인, 현역군인, 가족, 고용주 그리고 일반대중에게 퇴역군인 문제와 정신건강 문제에 대해 교육하는 것이 포함된다. 고용주는 이러한 개인들을 더 잘 관리하고, 그들이 보일 수 있는 다양한 버릇과 행동을 알아보기 위해 반드시 PTSD, 우울증, 불안 등 다양한 진단에 대해 교육받고 이해해야 한다. 가족들은 종종 사랑하는 사람들에게 나타나는 변화를 인식하지 못하고 왜 가족들 사이에 거리감이 생기고 냉담한지 모를 수 있으며, 특정한 정신건강 장애나 증상들과 관련된 자살위험을 이해하지 못할 수 있다.

미묘한 징후의 인지 및 인식

PTSD의 어떤 증상은 다른 증상만큼 노골적이지 않을 수 있으며 많은 퇴역군인들은 그들의 증상의 심각성을 최소화한다. 이런 증상을 더 잘 평가하기 위해서는 퇴역군인과의 철저한 임상면담을 실시하고 공감대를 구축하는 것이 중요하다. PTSD의 하위 증상들은 이 장의 끝에 제공된 체크리스트에서 찾을 수 있다.

서비스의 이용가능성/접근성

접근성은 이 사람들에게 서비스를 제공하기 위한 핵심 요소이다. 때때로 퇴역군인들은 의료 서비스의 부족, 서비스 연결의 부족, 제대한 상태 그리고 가족 지지의 결핍 등 다양한 이유로 서비스 접근이 어렵다. 원격의료는 병원과 다른 정신건강 치료 기관들이 지방에 위치한 퇴역군인 또는 신체적인 이유로 직접 만날 수 없는 사람들에게 제공될 수 있게 함으로써 성공적으로 시행되었다.

전체적인 관리 시도

이 사람들에게 전체적인 관리를 제공하는 것을 목표로 두면 고용 요구, 재정적 요구 그리고 정신적·육체적 그리고 영적 건강 요구와 같은 많은 요구를 감안해야 한다. 이것은 당신의 지역사회에 이러한 서비스를 제공하는 다양한 기관과 협의하는 방법으로 치료에 포함될 수 있다. 당신의 지역에 어떤 자원이 있는지에 대한 인식은 이러한 사람들과 일할 때 반드시 필요하다.

PTSD 증상 체크리스트

지침: 당신의 마음 상태를 가장 잘 표현하는 문장을 고르세요.

———— 일어난 일을 떠올리게 하는 것들로 인해 기분이 언짢다.

———— 사건이 또 다시 일어나는듯한 기분을 느끼게 하는 악몽, 회상, 생생한 기억이 있다.

———— 정서적으로 다른 사람과 단절된 것을 느낀다.

———— 신경 쓰곤 했던 것들에 대해 무덤덤하고 흥미를 잃었다.

———— 우울해진다.

———— 항상 위험에 처해있다고 생각한다.

———— 걱정, 초조함 또는 짜증이 난다.

———— 뭔가 나쁜 일이 곧 일어날 것이라는 공포감을 경험한다.

———— 잠에 들기 어렵다.

———— 한 곳에 집중하기 어렵다.

———— 배우자, 가족 또는 친구와 잘 지내는 것이 힘들다.

———— 무슨 일이 있었는지 회상하게 하는 장소와 물건을 자주 피한다..

———— 기분을 무뎌지게 하기 위해 지속적인 음주와 약을 사용한다.

———— 자신 또는 다른 사람에게 해를 끼치는 것을 고려한다.

———— 항상 마음을 다잡으려 노력한다.

———— 다른 사람들에게 멀어지고 고립된다.

감지하기 힘든 PTSD 증상

지침: 초기 인터뷰에 당신의 환자가 PTSD의 직접적인 증상을 보고하지 않을 수 있음을 기억하라. 아래의 목록들은 PTSD가 '아마' 존재할 것이라는 보다 미묘한 지표들을 포함한다. 잠재적 PTSD 진단에 대한 정보를 수집할 때 아래 목록을 사용하여 임상 인터뷰를 안내하라.

———— 가족과 친구들로부터 멀어짐

———— 사건에 대한 대답회피/사건 반응에 대한 논의 회피

———— 정서적으로 무뎌짐

———— 공감의 결핍

———— 주의, 집중의 어려움

———— 쉽게 주의가 산만해짐

———— 집 또는 직장에서의 갈등 회피

———— 성욕의 감소 또는 증가

———— 감정의 분리

———— 어떤 문제든 부인하는 것

———— 다른 사람과의 관계 형성 또는 유지의 어려움

———— 대인관계의 어려움

퇴역군인 자살위험성 체크리스트

만약 당신의 환자가 이 체크리스트에 3개 이상에 동의한다면(사회적 지지 질문을 제외하고), 자살 조사(현재 생각, 의도 또는 계획이 있는지) 그리고 가능한 자살위험성 평가를 권고한다.

_____ PTSD, 우울증, 불안감 또는 다른 정신건강 상태에 대한 사전 진단이 있었는가? 이 증상들은 현재 활성화 되어 있는가?

_____ 퇴역군인이 증세가 나타날 때 회상, 악몽, 거슬리는 생각을 주로 보고하는가?

_____ 퇴역군인은 최근에 전역했는가? 전역은 명예로웠는가? 명예로운 것 외에는 어떠했는가? 전역은 자발적이었나, 비자발적이었나? 퇴역군인은 퇴역군인 부서(VA)와 연결되어 있거나 정신건강 서비스를 받고 있는가?

_____ 퇴역군인은 강한 사회적 지지 네트워크를 가지고 있는가? 결혼 여부는? 아이는? 다른 가족은?

_____ 퇴역군인은 외상적 신체 부상을 경험한 적이 있는가? 림프손실? 뇌손상(TBI)?

_____ 퇴역군인은 현재 고용되어 있는가? 적극적으로 구직하고 있는가? 현재 교육적인 욕구가 있는가?

_____ MST의 이력은? 치료는? 이 문제가 보고되었는가?

_____ 과거 자살시도 또는 NSSI 행동 이력이 있는가?

_____ 마약/약물, 알코올 남용 이력이 있는가? 현재 마약이나 알코올을 복용하는가?

_____ 퇴역군인이 현재 법적 문제 또는 다른 심리사회적 문제를 겪고 있는가?(예: 노숙자)

성소수자와 자살

자살예방을 논의할 때 성소수자 커뮤니티에 대한 구체적인 우려가 있다. 수용과 관용은 지난 수십 년 동안 향상되었지만, 차별은 여전히 존재하며, 자살 감정의 주요 원인인 고립과 절망의 감정을 유발할 수 있다. 최근의 연구는 성소수자 커뮤니티 내에서 자살과 자살시도 비율이 높다는 것을 보여주었고, 성소수자 개인들이 겪은 억압과 차별의 역사와 관련이 있다는 가설을 세웠다.

연구에 따르면 성소수자들에게 자살을 통한 '죽음'에 대한 정보나 지식이 부족하고 그것에 비해 자살 '시도'에 대한 더 많은 자료가 접근 가능한 것으로 나타났다. 성소수자 청소년과 젊은 성인들의 자살률이 높기 때문에 자살시도와 성소수자들에 대한 대부분의 정보와 연구는 15~24세의 개인들을 설명한다.

통계에 따르면 동성애자 및 양성애자 청소년과 성인 남성의 자살시도율은 이성애자 남성보다 4배 높다. 자살시도는 레즈비언과 양성애자 청소년과 성인 여성들에게 이성애자 여성들보다 2배 더 자주 일어난다. 트랜스젠더들은 레즈비언, 동성애자, 양성애자, 퀘스처닝, 간성 집단과 비교했을 때 자살시도율이 현저히 높다고 보고한다.

성소수자들의 자살위험요소들

성소수자가 되는 것이 자동적으로 당신의 자살위험을 증가시키는 것은 아니다. 자살에 영향을 미치는 성적 성향과 관련된 몇 가지 요인들이 있다. 오명 편견과 차별은 자살시도, 자살위험을 높이는 것과 관련이 있으며, 거부, 괴롭힘, 차별인 자살과 매우 관련이 깊다. 높은 자살시도율은 극심한 가족의 거부, 동료의 거부 그리고 괴롭힘과 정적 상관을 보이는데, 7명 중 1명이 신체적 폭행과 괴롭힘을 당했다고 보고했고, 자살을 시도한 3/4이 언어폭력을 경험했다고 보고했다.

학대

괴롭힘은 언어적, 신체적 또는 심지어 성적 학대의 한 형태다. 학대가 있을 때, 그것은 항상 자살충동이 있는 생각을 일으킬 수 있는 우울, 무력, 죄책감, 수치심과 절망감을 불러일으킨다. 커밍아웃 혹은 "커밍아웃 되는 것"은 "게이를 대상으로 하는 폭력", 신체적 성적 폭력, 혐오범죄의 표적이 되는 것에 대한 실질적 공포를 만들 수 있다.

괴롭힘

연구에 따르면 성소수자 청소년들이 이성애자 청소년들보다 반성소수자 괴롭힘, 따돌림의 비율이 높다고 한다. 그러나 반 성소수자 괴롭힘의 대상이 되는 모든 사람이 성소수자인 것은 아니다. 이러한 괴롭힘을 당하는 10대초반과 10대들 중 많은 수가 그들의 인지된 성적 성향 때문에 또는 그들이 누군가의 성에 대한 기대에 부합하지 않기 때문에 표적이 된다.

괴롭힘과 자살의 관계는 매우 복잡하다. 지속되는 괴롭힘이 자살에 영향을 미칠 수 있는 우울증과 불안증상은 물론 고립감, 절망감, 거부감, 제외되는 감정을 유발하거나 강화시킨다는 결과를 보여주었다. 그러나 우리는 괴롭힘을 당하는 대부분의 사람들이 자살충동으로 이어지지 않는다는 것을 알아야 한다.

괴롭힘을 당하는 사람들이 자살을 시도한다는 이 생각은 자살이 괴롭힘에 대한 자연스러운 반응임을 시사한다. 이러한 오해는 연쇄 위험을 증가시킬 수 있는 세부 사항들을 대중매체가 강조하게 만들 수 있다. 만약 위험에 처한 개인이 자신이 겪는 괴롭힘, 고립 또는 따돌림을 죽은 사람들의 이야기에 반영한다면 그들은 현재 자신의 문제의 해결책으로써 자살을 생각할 가능성이 높다.

커밍아웃에 대한 걱정

많은 청소년 그리고 심지어 성인까지도 그들의 진짜 성적 지향이나 성 정체성을 밝히는 데 두려움을 느끼는데, 이는 주로 가족, 친구들 그리고 종교적 커뮤니티가 어떻게 반응할지에 대한 두려움과 우려 때문이다. 이러한 진짜 감정과 정체성을 숨기고, 피하거나 무시하는 것은 고립감, 무력감, 슬픔, 죄책감, 수치심과 절망의 감정을 유발할 수 있다.

심지어 대부분 "공개"한 사람들에게도, 직장 또는 특정친구나 가족과 같은 그들의 삶의 한 측면에서는 계속해서 숨긴 상태를 유지해야 할 필요를 느낀다. 특히 가족이 집단적 문화나 동성 간의 관계가 잘 받아들여지지 않는 문화에서는 가족의 지지를 잃는 것에 대한 두려움이 존재한다. 특히, 10대들은 그들의 성적 정체성을 탐구하고 표현하는 것에 있어 더 어려움을 느낀다. 많은 성소수자 청소년들은 여전히 그들의 성적 취향에 대해 알고 있는 다른 사람들에 대해 걱정하고 있다. 그들은 또한 이것이 직접 일어나든 소셜 미디어 플랫폼을 사용하든 상관없이, 동료들에 의해 조롱, 위협, 그리고 괴롭힘을 당하는 것에 대해 걱정할지도 모른다.

거부에 대한 두려움

이 커뮤니티의 일부 구성원들은 그들이 친구나 사랑하는 사람들에게 커밍아웃을 할 때 갑작스런 거절을 경험할 수 있다. 친구들과 가족들은 처음에 그들을 거절할 수도 있고, 어떤 사람들은 심지어 사회적 지지 네트워크를 완전히 상실하기도 한다. 이 경험은 일부에게 지속적이고 강한 심리적·정서적 부상을 유발할 수 있고 트라우마적인 경험으로 묘사된다.

가정폭력

연구에 따르면 동성 간의 가정 폭력은 사법 제도와 의료 제공자들에 의해 대부분 무시되는 경우가 많다. 역사적으로 이 문제는 최소화 되었다. 성소수자 가정폭력의 생존자들은 충분한 자원과 교육이 없이 침묵 속에서 감정적, 정신적, 성적, 육체적 학대를 계속 견디는 고립된 생활을 계속하고 있다. 피해자가 '성소수자임을 밝히지 않은 상태'라면 이 문제는 더 복잡할 수 있다. 이 문제는 슬픔, 무기력, 절망, 수치심, 죄책감, 무가치함을 느끼는 것 그리고 자신의 상황에 대한 학습된 무력함을 발전시키는 것으로 이어질 수 있다. 만약 그 사람이 이런 상황에 갇혀있다고 느낀다면, 자살은 실행 가능한 선택으로 보일지도 모른다.

정신건강

성소수자 개인들은 또한 우울증, 불안감, 약물사용장애를 포함한 정신건강장애의 발병률이 더 높다고 보고한다. 이러한 장애는 이 집단에서 1.5배 더 흔하다고 보고되었다. 우울증과 불안증상은 게이와 양성애자 남성들에게 더 만연하고 있으며, 자살률은 동성애자, 양성애자, 트랜스젠더, 퀘스처닝, 성간 집단의 남성들에게 가장 높은 것으로 보고되고 있다. 약물남용 증상은 레즈비언과 양성애자 여성들에게 더 자주 보고되었다.

성소수자 집단에서의 자살예방

체계적 접근법

체계적인 접근은 이 공동체와 함께 일할 때 필수적이다. 왜냐하면 대부분의 스트레스 요인이 외부적이며 가족, 친구 그리고 사랑하는 사람들과의 상호작용을 포함하기 때문이다. 정체성 발달 연구에 따르면 이 집단에서 24세 이후 자살률이 현저하게 떨어지고 청소년기가 가장 위험하다. 가족 구조 이론은 환자를 잘 돕기 위해서는 그들이 기능하는 구조도 반드시 다루고 논의해야 한다고 설명한다.

문화역량교육

문화역량은 어떤 단체와 함께 일할 때도 윤리적으로나 임상적으로나 보증된다. 그러나 당신이 이 단체의 문화에 대해 잘 알지 못한다면, 당신에게 어떻게 "그들"이 이 문화를 찾아가는지에 대해 교육하는 데 있어서 스스로를 교육하고 당신의 환자에게 도움을 요청하는 것이 중요하다. 당신은 특정 그룹에 대한 일반적인 정보를 근거로 환자의 개인적인 요구에 대해 전반적인 추측을 할 수 없다. 당신의 의뢰인을 이해하려고 할 때 그리고 치료 계획을 개발할 때, 개인의 차이, 세계관, 삶의 경험 그리고 현재 삶의 요소들을 포함하는 몇 가지 요소들을 고려해야 한다.

포괄성을 높이기 위한 프로그램 추천

집단 치료는 이 집단과 함께 이용하기 위한 매우 효과적인 치료 방식이다. 이 그룹에 참여하는 개인은 비슷한 시련을 경험한 사람들을 관찰하고 상호작용할 수 있으며 혼자라는 느낌을 덜 받을 수 있다. 누군가가 유사한 문제에 성공적으로 대처하는 것을 관찰함으로써, 그 그룹의 다른 멤버들은 희망이 있다는 것을 알 수 있다. 각각의 사람들이 치료에서의 성장을 거두고, 상황이 개선됨에 따라 그들은 다른 사람들을 위한 역할 모델이나 지원 인물로서 역할을 할 수 있으며, 이것은 성공과 성취의 감정을 증진시키는데 도움을 줄 수 있다. 그룹 설정은 또한 구성원들이 그룹의 안전과 보안 내에서 자신을 자유롭게 표현하고 더 건강하고 알맞은 행동을 할 수 있도록 해준다.

지원 그룹은 직접적인 것뿐만 아니라 온라인에서도 찾을 수 있다. 만약 당신이 좀 더 지방의 지역에 살고 있다면, 온라인 지원 단체는 당신의 환자들이 치료를 진행하도록 도울 수 있는 좋은 방법이 될 것이다. 어떤 환자에게 그룹 형식을 추천하기 전에, 정신건강 전문가는 그룹에 대해 잘 알거나 가입할 적절한 그룹을 찾을 때, 그들의 환자를 도와야 한다.

훈련 그리고 교육

훈련과 교육은 더 박식하고 능숙한 임상의사가 되기 위한 중요한 요소들이다. 교육은 치료실을 포함한 다양한 장소에서 이루어질 수 있다. 환자들은 당신이 무언가를 "얻으려고" 가장하는 대신 질문을 하는 것에 대해 고마워하며, 그들은 스스로 누구인지 그리고 그들의 세계관에 대해 더 이해하려는 진정한 관심에 대해 고마워한다. 당신은 또한 특정 의뢰인을 치료할 때 따라야 할 특정한 관리 기준을 알고 있어야 한다. 예를 들어, Harry Benjamin Standards of Care는 성불편감 장애의 치료에 대한 유연한 지침을 제공한다. 이 같은 기준에 대한 자세한 내용은 세계트랜스젠더건강협회(http://www.wpath.org/)에서 확인할 수 있다.

성소수자(LGBTQI) 자살위험 체크리스트

지침: 만약 당신의 내담자가 이 체크리스트의 3개 이상의 문제에 예라고 답하면(마약, 알코올 사용문제 제외), 자살 조사(현재 생각, 의도 또는 계획이 있는지) 그리고 가능한 자살위험 평가를 권고한다.

_____ 우울증, 불안감 또는 다른 정신건강 상태에 대한 사전 진단이 있었는가? 이 증상들은 현재 활성화 되어 있는가? 이 증상들은 현재 약물치료나 치료로 호전되고 있는가?

_____ 내담자가 현재 괴롭힘을 보고하였거나 다른 사람에게 따돌림을 당하였는가? 가족의 거부? 또래의 거부?

_____ 내담자가 그들의 성적 취향을 친구나 가족에게 밝혔는가? 그들의 반응은 어땠는가? 지지적이었나? 비지지적이었나?

_____ 종교적인 관습과 관련된 어떤 죄책감이나 수치심을 경험하는가?

_____ 과거 자살시도 혹은 비자살성자해(NSSI) 행동 이력이 있는가?

_____ 마약, 알코올 사용 이력이 있는가?

_____ 내담자가 강력한 사회적 지지 네트워크를 가지고 있는가?

대학교 학생 집단과 자살

자살은 대학생들의 사망원인 중 두 번째이다. 자살시도와 자살의 주된 원인은 치료되지 않고 진단되지 않은 우울증이다. 대학은 많은 학생들에게 어려운 과도기가 될 수 있다. 연구에 따르면 5명 중 1명의 학생이 그들의 우울증 단계가 증가했다고 믿지만 단지 6%만이 도움을 청한다. 남자 학생들(18~24세)은 자살로 죽음에 이르는 경우가 2배 이상 높다. 대학생의 18%가 때때로 자살생각을 한다고 보고 했고 6%는 지난 1년 동안 자살생각을 해왔음을 보고했다. 미국 대학생 12명 중 1명은 자살계획을 세웠다. 국립대학보건 위험행동 연구는 11.4%의 대학생이 진지하게 자살시도를 고려했다는 것을 발견했다. 약 12명의 15~24세의 청소년이 오늘 자살을 저지르고, 25세 미만 한사람이 2시간 30분마다 자살을 저지른다. Non-traditional(25세 이상)은 자살위험이 더 높다. 이 통계는 재정압박, 기존에 존재했던 정신건강장애, 가족지원 부족, 적응 어려움 등과 같은 스트레스 요인들이 포함된 것으로 분석되었다.

대학생들의 자살위험 요인

대학생들의 자살위험을 높이는 몇 가지 변수가 있고, 이러한 요인들이 있을 때는 자살예방의 사전대책을 위하여 자살위험 평가를 권고한다. 이러한 위험요소들에는 과거 자살시도와 비자살적 자해(NSSI) 행동이 포함된다. 위험은 또한 정신건강 진단이력이나 현재의 정신건강 진단이 있을 때 올라간다. 대학생에게 가장 흔한 정신건강 진단은 우울증과 불안이다. 충동성 또한 위험 요인이다. 충동성은 의사결정과 판단에 영향을 미칠 수 있으며 술과 약물을 사용할 때 더욱 악화된다. 폭음은 대학 캠퍼스에서 자살시도와 밀접한 상관관계가 있다고 보고되었다. 혼자 폭음하는 학생들은 이전에 자살시도를 했을 가능성이 4배 이상 높다. 이 개인들은 현재 자신의 상황을 평가할 때 좁은 시야를 만드는 제한된 세계관과 문제해결 능력을 가지고 있으며, 이것은 자살의 위험을 증가시킨다.

우울증

대학은 대부분의 젊은이들에게 스트레스를 주는 환경이다. 따라서 만약 학생이 우울증을 앓고 있다고 의심된다면, 부모, 친구, 교직원, 상담사들이 참여하는 것이 특히 중요하다. 학생 스스로는 종종 우울증과 관련한 사회적 오명 때문에 도움을 요청하기를 주저하고 자신이 우울증을 겪고 있는지 인식하지 못하고 있을 수도 있다. 그들은 이러한 증상들을 "향수병" 또는 새로운 환경에 적응하기 힘든 것으로 치부할 수 있다. 치료계획이 만들어지기 전에 위험이 있는 학생을 평가하기 위해 학생의 발달, 가족력, 학교 성적, 그리고 자해행동들을 아우르는 정신건강 평가가 행해져야 한다.

연구에 따르면 우울증을 앓고 있는 대학생들에게 가장 좋은 치료법은 보통 항우울제와 인지행동치료, 대인심리치료와 같은 대화치료의 조합이라고 한다. 또한 우울증을 앓고 있는 학생들은 다른 많은 그룹들보다 운동, 건강한 식단 섭취, 충분한 휴식에서 이점을 얻을 가능성이 더 높다.

다른 위험요인들

스트레스적인 삶의 사건들은 이 집단에서 자살위험을 증가시킬 수 있다. 이 사건에는 낙제점을 받는 것, 중요한 다른 사람과 결별, 사랑하는 사람의 사망, 데이트 강간, 여대생, 남대생들의 동아리 서약 혹은 재정적인 문제가 포함될 수 있다. 일부 연구는, 일부 대학생들이 수업과 업무량 관리를 시도하면서 노숙 문제를 겪고 있다는 것을 보여주었다.

자연재해는 또 다른 유형의 스트레스 유발 사건이다. 내가 테네시주 녹스빌에 있는 대학원에 다녔을 때, 허리케인 카트리나 대피소에 있던 한 젊은 여성의 치료사가 되는 기회를 가질 수 있었다. 그녀는 뉴올리언즈에 있는 공립대학에 다니고 있었고, 그녀의 학교가 다시 문을 열 수 있을 때까지 학업을 유지하기 위해 다른 공립대학에 다닐 기회를 제공받았다. 그녀가 힘들어하는 점은 적응의 어려움과 학업적 고민이었다. 그녀는 그 지역에 혼자 살고 있었고 그녀의 다른 가족들은 여러 주에 걸쳐 흩어져 있었다. 그녀는 문화에 적응하는 것(애팔래치아 산맥의 문화 대 뉴올리언스의 문화), 집에서 멀리 떨어졌다는 것, 관계 문제, 그리고 다양한 다른 문제들에 대해 어려움을 보고하고 있었다. 갑작스러운 이 재난은 그녀의 인생 전체를 변화시켰고, 그녀는 이러한 조건 하에서 적응, 조정해 나가고 학업적으로 잘 수행하도록 "강요" 받았다.

대학생들의 자살예방

자원

당신의 지역 공동체 자원을 아는 것은 이 집단을 치료할 때 유익하다. 일부 대학생들은 대학 캠퍼스 내에서 정신건강 서비스를 찾지 않고, 캠퍼스 밖의 정신건강 전문가를 찾는 것을 선호할 수도 있다. 대학생들은 또한 재정, 가족, 건강, 정신적인 걱정, 성적 걱정을 포함한 다양한 필요와 걱정을 가지고 있다. 보증될 경우 이러한 다양한 분야에 도움을 줄 수 있는 자원을 아는 것이 중요하다.

대학상담센터

전문대학 또는 대학 상담센터는 전문대학 또는 대학 환경에서 정신건강 및 기타 서비스를 제공한다. 이러한 서비스의 필요성은 현재 대학 캠퍼스의 풍토에 비추어 볼 때 매우 중요하다. 연구결과에 따르면, 상담 센터장과 다른 학생 담당자들이 대학생들의 정신건강적인 요구가 증가하고 있다고 보고한다. 이는 이런 환경에서 섭식 장애, 술과 약물남용/의존, 우울증/불안, 자살, 성폭행 등의 문제가 더 많이 발생하기 때문이라고 한다.

대학 상담센터는 일반적으로 개인 및 단체 상담, 정신교육 평가, 알코올 및 기타 약물 상담/평가, 위기 지원, 캠퍼스 외부 봉사 프로그램, 상담 서비스, 대학원생 연수 등의 다양한 서비스를 제공한다. 서비스는 일반적으로 정신건강 문제(예: 섭식 장애, 조정, 불안, 우울증)를 대상으로 하지만, 학생들은 또한 관계, 직업/직업 선택, 학업 및 신체활동 수행, 심리적 강점(긍정심리)을 탐구와 같은 다른 영역의 삶의 질을 높이기 위해 이러한 서비스를 사용한다.

캠퍼스 봉사 프로그램을 통합하면서, 정신건강 서비스는 상담센터 직원이 그들의 영역과 그들이 편안해하는 지역에서 학생들과 어울려 지내도록 함으로써 정신건강 서비스의 오명을 벗길 수 있다. 예를 들어, 내가 휴스턴 대학 상담 심리학 서비스 센터에서 인턴 생활을 했을 때, 우리는 "국제 불안감의 날"을 기념했다. 교통량이 많은 시간(오후 2시 전후)에 대학센터 '쿼드 지역(quad area)' 코트에 부스를 설치하고, 피자(대학생들은 공짜 음식을 좋아한다)와 우리 서비스를 광고하는 모든 종류의 무료 장비(스트레스 볼, 컵, 펜, 포스트잇, 연필)를 제공했다. 우리는 또한 학생들을 초청하여 벡 불안 검사를 작성하도록 했고, 우리 센터에서 그들이 결과를 얻을 수 있도록 격려했다. 이 행사는 우리에게 불안에 대한 정보와 그것이 학업 성적, 관계, 우정, 그리고 매일의 기능에 미치는 영향에 대한 정보를 공유할 수 있게 해주었고 학생들에게 이러한 문제들 중 일부를 정상화할 수 있는 기회를 주었다. 학생들은 매우 잘 받아들였고, 실제로 더 많은 학생들이 상담 센터를 알게 되어 그 서비스를 이용하는 데 기여했다.

교육

이 집단의 자살의 가장 큰 원인은 **진단 받지 않은**(Undiagnosed) 우울증이다. 이것은 주로 우울증과 다른 정신건강 문제에 대한 지식과 교육의 부족과 같은 몇 가지 요인들 때문이다. 우울증의 증세는 적응기간에 일어날 수 있으며 그것은 향수병 또는 "그냥 기분이 좋지 않음"으로 나타날 수 있다. 대부분의 사람들은 이러한 증상들이 "정상적이고 익숙해지면 지나갈 것"이라고 믿는다. 이러한 유형의 증상을 경험할 때 고려해야 하는 매우 중요한 요소는 심각성(severity)과 만성적 특성(chronicity)이라는 것을 그들이 알지 못하고 있다는 점이다. 이런 식의 이해는 대학생들에게 이러한 주제의 교육을 하는 것으로 이루어질 수 있다. 이 정보는 교육 팸플릿, 기숙사 내 타운 홀 만남, 봉사프로그램 또는 교육으로 전해질 수 있으며 기숙사 사감(혹은 직원)에게 자살을 표시하는 "붉은 깃발"과 다른 정신건강 증세에 대해 교육하고 격려할 수 있다.

QPR(Question, Persuade, Refer)(질문, 설득, 연계 참조) 프로그램은 몇 년 동안 대학 캠퍼스에서 효과적으로 시행되고 있다. 이 프로그램은 정신건강 전문가뿐 아니라 일반인들도 활용할 수 있도록 개발되었다. 이 프로그램은 1995년 폴 퀸넷이 만든 자살충동을 위한 긴급 정신건강 개입 프로그램이며, 그 목적은 위기를 파악하고 중단하도록 그 사람을 적절한 치료로 인도하는 것이다. 이 훈련은 개인, 단체 정신건강 전문가들에게 사용가능하다.

대학생 자살위험 체크리스트

지침: 만약 당신의 환자가 세 개 이상의 문제에 예라고 답하면(사회적 지지 질문 제외), 자살 조사 (현재의 생각, 의도 계획의 존재) 그리고 가능한 자살위험 평가를 권고한다.

_____ 우울증, 불안감 또는 다른 정신건강 상태에 대한 사전 진단이 있었는가? 이 증상들은 현재 활성화 되어 있는가? 이 증상들은 현재 약물치료나 치료 중인가?

_____ 내담자가 갑작스러운 사건(최근의 이별, 낙제, 경제적 걱정, 사랑하는 사람의 상실)을 보고했는가?

_____ 이 사건에 대한 그들의 정서적 반응은 무엇인가? 그들은 대처하고 있는가? 정서는 부적합한가? 기분부 전증인가?

_____ 행동(자신을 격리함, 내성적, 행동을 드러냄, 약물이나 알코올 섭취의 증가)에 큰 변화가 있었는가?

_____ 과거 자살시도나 비자살성자해(NSSI) 행동의 이력이 있는가?

_____ 약물, 알코올 남용의 이력이 있는가? 현재 약물 혹은 마약을 사용하는가?

_____ 내담자에게 강한 사회적 지지 네트워크가 있는가?

_____ 내담자가 가족의 압력을 보고했는가?

_____ 내담자가 적응하는 데 어려움을 보고했는가?

_____ 내담자가 데이트 강간 또는 캠퍼스의 다양한 단체에서의 신고식 관행과 관련된 현재 또는 과거의 사건을 보고하였는가? 이 문제들은 해당 관계자에게 보고되었는가?

청소년 집단과 자살

미국에서 청소년 자살은 여전히 주요 관심사가 되고 있다. 매년 수천 명의 10대들이 자살하며, 15세에서 24세 사이의 세 번째 사망 원인이 자살이다. 한 번의 청소년 자살에 최소 25번의 자살시도가 있으며 미국에서의 청소년 자살은 거의 60%가 총으로 이루어지고, 약물남용으로 이어진다. 여자아이들의 경우 남자아이들보다 자살이념과 자살을 시도한 경험이 약 2배 높다. 여성: 일반적으로 과다복용이나 절개를 통해 자살한다. 남성: 일반적으로 총기, 목을 매닮 또는 높은 곳에서 뛰어내리는 방법으로 자살한다.

일부 10대들은 자라면서 압박, 오해, 불확실성, 성공에 대한 압박, 재정적 불확실성 그리고 다른 두려움에 대한 격렬한 감정을 경험한다. 일부 10대들은 이혼, 의붓 부모와 의붓 형제자매와의 새로운 가족 형성, 새로운 사회로의 이사로 인해 매우 불안할 수 있고, 이러한 자기 의심을 증폭시킬 수 있다. 이러한 많은 스트레스 요인들은 대개 통제할 수 없기 때문에 그들은 슬픔, 절망, 무력함, 무가치함, 죄책감, 수치심과 다른 우울증과 불안의 증상들을 경험할 수 있다. 그들의 현재 상황에서 이러한 무력감과 절망이 주어지면, 자살이 그들의 문제와 스트레스의 해결책으로 보일 수 있다.

청소년의 자살위험 요인

청소년에게 특정한 몇 가지 위험 요인이 있다. 이러한 위험요소는 치료기간 동안 관찰되어야 한다. 이러한 위험 요소들 중에는 정신질환의 존재, 특히 우울증, 조울증, 알코올 사용뿐만 아니라 불법적이고 처방된 약물남용도 포함된다. 이전의 자살시도들은 자살위험의 증가와 관련이 있다. 일부 청소년들은 성욕이나 성 정체성에 대한 우려를 나타낼 수 있는데, 이것은 위험 요소로 보고된다. 신체적, 감정적, 성적, 정신적 학대의 이력이 존재할 수 있으며 사회/가족적 지원 네트워크의 적절성과 함께 평가되어야 한다. 환자는 학교와 가정에서 징계관련 문제를 겪고 있을 수 있다. 그리고 괴롭힘의 피해자나 가해자로서의 광범위한 이력이 있을 수 있다.

자살계획을 가진 청소년들은 또한:

- 나쁜 사람이 되는 것, 내적으로 공포, 끔찍함을 느끼는 것에 대해 불평할 수 있다.
- "나는 너나 다른 사람에게 더 이상 문제가 되지 않을 거야", "아무것도 중요하지 않아. 난 쓸모없어", "더 이상 나를 상대하는 것에 대해 걱정하지 않아도 돼"와 같은 진술로 구두 단서를 제공한다.
- 그들은 좋아하는 물건들을 주고, 방을 청소하고, 중요한 물건들 등을 버릴 수도 있다.
- 우울증 이후 갑자기 의기양양해지고 행복해한다.

괴롭힘

괴롭힘은 다른 사람에게 불편함을 느끼게 하거나 다른 사람을 경시하는데 초점을 맞추는 행동을 보이는 것으로 정의된다. 연구에 따르면 매년 320만 명 이상의 학생들이 괴롭힘의 희생자라고 한다. 약 16만 명의 10대들이 괴롭힘 때문에 매일 학교를 가지 않으며, 7%의 미국 학생들이 학기동안 한 달에 2~3번 이상 괴롭힘을 당한다고 보고했다. 괴롭힘에는 반복되는 괴롭힘, 신체적 피해, 반복되는 비하적인 언사와 타인을 배척하려는 노력이 포함될 수 있다. 괴롭힘은 직접적이며 다른 사람을 굴복시킬 목적으로 행해진다. 다양한 종류의 괴롭힘이 있다는 것을 깨닫는 것이 중요하다.

신체적 괴롭힘

이것은 가장 분명한 형태의 괴롭힘이다. 이러한 유형의 괴롭힘은 시작하는 사람이 다른 사람을 물리적으로 통제하려는 시도가 포함된다. 이것은 괴롭힘을 당한 사람에게 테러를 가하거나, 그 또는 그녀에게 무언가를 하도록 압력을 가하기 위해 발차기, 주먹질, 그리고 다른 신체적인 학대 행위를 하는 것으로 나타난다. 신체적 괴롭힘은 초등학교에서 증가하고, 중학교에서 최고조에 달하며, 고등학교에서는 감소한다. 반면 언어폭력의 경우 일정하게 유지된다.

정서적 괴롭힘

이것은 매우 미묘한 형태의 괴롭힘이다. 이러한 방법들은 다른 사람이 고립되고 혼자라고 느끼게 하는 것을 목적으로 하고, 심지어 우울증을 유발시킬 수도 있다. 이런 종류의 괴롭힘은 다른 사람들이 괴롭힘을 당하는 사람을 따돌리도록 하기 위한 것이다. 이러한 형태의 괴롭힘은 일반적으로 여성을 포함하며 여성들 간의 관계적 공격성으로 개념화 된다.

작가인 Rachel Simmons는 그녀의 책 *Odd Girl Out* 에서 여성의 관계적 공격성(은밀한 공격 또는 은밀한 괴롭힘으로 알려진)을 탐구한다. 이것은 해를 끼치는 공격의 한 형태로, 타인의 관계 또는 사회적 지위에 손상을 유발한다. 그것은 관계, 자부심, 자존감, 그리고 다른 사람들과의 건전한 관계로 향하는 능력에 지속적인 영향을 미친다.

이러한 유형의 괴롭힘의 최고조는 신뢰, 유대, 자아상을 포함한 친밀하고 긴밀한 관계가 형성되는 민감한 시기에 발생한다.

관계적 공격성의 잠재적 요소들

- "친구집단"에서 예상치 못하게 쫓겨남
- 친구들의 집단에서 무시당함
- 모두가 참석하는 파티에 초대받지 못함
- 본인에 대한 소문이 퍼짐
- 누군가가 당신의 모욕적인 이미지를 온라인에 게시함
- 인스타그램에 올린 당신의 사진에 아무도 좋아요를 누르지 않음
- 누군가가 소셜 미디어에 당신에 대해 부정적이거나 비하적인 언급을 게시함

정보화 시대는 이러한 유형의 공격에 대한 공간을 제공했고, 우리의 환자들은 매일 자신에 대한 부정적인 언급, 이미지 또는 거짓말로 공격받을 수 있다.

예를 들어, '친구 그룹'에서 따돌림을 당한 이후 10대 환자는 인스타그램에 중독됐다. 그녀는 "내가 그것을 보는 것이 좋지 않다는 것을 알지만, 어쩔 수 없다. 나는 적어도 그들이 무엇을 하고 있는지 알 수 있고, 그들이 재미있는지 아닌지는 알 수 있다. 나는 다른 사람들이 그들의 사진을 "좋아하지 않는 것"을 확인하고자 한다. 사람들이 그들의 사진을 좋아하지 않는다면, 나는 기분이 나아질 것이다. 그리고 그것이 내가 원하는 전부다. 그들이 나에게 한 일에 대해 더 나은 느낌을 받기 위해서다."라고 이야기했다.

또 다른 환자는 그녀의 자부심이 그녀의 페이스북에 "좋아요"와 관련이 있다는 것을 나에게 가르쳐 주었다. 그녀는 그녀의 기분이 이러한 "좋아요"에 달려 있고, 게시물에 좋아요가 없으면 자신의 사진이나 코멘트를 바꿀 것이라고 보고했다.

이런 유형의 공격은 은밀하기 때문에, 다른 사람들은 그것이 일어나고 있다는

것을 인식하지 못할 수도 있다. 어떤 어린이들은 심지어는 당황스러움, 가해자와의 우정을 지키고자 하는 욕망, 혹은 보복에 대한 두려움 때문에 괴롭힘 당하는 것을 부인할 수도 있다.

이러한 유형의 위험한 행동들을 조장하는 다양한 웹 사이트가 있으며 치료하는 임상의로서 우리는 이러한 웹 사이트들과 이 사이트들이 우리의 환자의 행복에 미치는 영향을 알아야 한다. 소셜 미디어는 용감하거나 겁이 많은 모두에게 다른 사람들을 폄하하고, 따돌릴 수 있는 매체를 가질 수 있게 했다. 보다 인기 있는 웹사이트들의 목록이 아래에 제시되었다. 이 목록이 바뀔 수 있다는 것을 명심하고, 이 정보를 최신 상태로 유지하기 위해서 우리는 내담자들과 토론에 열중해야 하며, 이 통신 매체에 대해 우리 자신을 계속 교육해야 한다.

잠재적으로 괴롭힘의 장으로 이용되는 소셜 웹 사이트

- Yik Yak
- Whisper
- Secrets
- Ask.Fm.com(인스타그램과 연계할 수 있음)
- ChatRoulette.com
- KIK(스마트폰 어플)
- KEEK(스마트폰 어플)
- Chat for Omegle(스마트폰용)

언어적 괴롭힘

언어적 괴롭힘은 다른 사람의 자아상을 파괴하기 위해 비하적인 언어를 사용하는 것을 포함한다. 언어 기술을 사용하는 가해자들은 다른 사람들을 이유 없이 놀리고, 그 사람을 모욕하기 위해 감정을 상하게 하거나 다른 사람들 앞에서 비난하며 많은 조롱을 한다.

사이버상의 괴롭힘

소셜 미디어 매체를 이용한 사이버상의 괴롭힘은 청소년들에게 매우 현실적이고 고질적인 문제가 되고 있다. 이런 유형의 괴롭힘은 다른 사람들을 당황하게 하고 수치스럽게 하기 위해 메신저, 문자 메시지, 온라인 소셜 네트워크를 사용한다.

이런 종류의 괴롭힘은 학습된 무력감으로 이어질 수 있는데, 이는 사람들이 학교나 온라인에서 안전하지 않다고 느끼기 때문이다!

자살예방과 청소년: 단계적 접근

청소년들과의 작업은 가족 시스템 내에서 작업할 것을 요구한다. 때때로 우리의 많은 청소년 내담자는 그들의 가족에서 "희생양" 역할을 부여받았다. 그들의 증세가 호전되면서 집에서의 역동이 변화하여 가족 시스템을 붕괴시킬 수 있다. 변화가 일정하게 유지되고 지속적으로 개선되도록 하기 위해서는 가능한 한 많은 가족 구성원을 환자 치료에 참여시키는 것이 중요하다. 가족 및 사회적 지지는 매우 중요한 변수로 환자와의 작업에 포함되어야 하며, 가능한 경우 협업해야한다. 자살 그리고 다른 자기파괴적 행동은 부모, 보호자, 사랑하는 사람들에게 관리하기 두려운 상황일 수 있다. 우리 일의 일부는 이러한 행동을 다루고자 할 때 가족 구성원들에게 희망과 지침을 제공하고 그들을 적절히 지도하는 것이다.

교육과 정신건강 자원의 접근성

청소년과 접촉할 수 있는 모든 사람들을 교육하는 것은 자살 방지의 또 다른 중요한 요소이다. 우리는 청소년이 누구와 만나는지 결코 알지 못한다. 교사들은 이 청소년들과 반복적으로 함께 하고 있으며, '붉은 깃발'을 식별할 수 있는 능력과 자살충동을 더 잘 평가할 수 있는 방법과 적절한 자원을 언급하는 방법을 이해할 필요가 있다. 이러한 유형의 교육/훈련을 할 수 있는 몇 가지 형식이 있다.

학교 문지기 훈련은 학교 직원(예: 교사, 상담사, 감독)이 자살위험이 있는 학생을 파악하고 참고할 수 있도록 고안된 프로그램의 일종이다. 이 프로그램들은 또한 학교 직원들에게 자살이나 학교 내의 다른 위기상황에 어떻게 대응할 것인가에 대한 기술을 준다.

교육과 청소년을 위한 정신건강 자원

- 커뮤니티 문지기 훈련은 청소년 및 정신건강관리 제공자와 자주 접촉하는 개인들이 이 연령대의 자살위험에 처한 사람을 알아보고 주목할 수 있게 훈련하는 프로그램이다.
- 일반적인 자살 교육은 학생들이 자살, 경고 신호, 그리고 그들 자신이나 다른 사람들에게 어떻게 도움을 구하는지에 대해 배우는 것을 포함한다. 이러한 프

로그램들은 종종 자존감과 사회적 역량을 증진시키는 일련의 활동들을 통합한다.

- 선별 프로그램은 또한 설문지로 통합될 수 있으며 고위험 청소년을 식별하고 추가평가와 치료를 제공하기 위해 다른 식별도구들을 적용할 수 있다. 평가의 반복은 시간이 지남에 따라 태도나 행동의 변화를 측정하고, 예방 전략을 확정 또는 폐기하거나, 지속적인 자살행동을 관찰하는 데 도움을 준다.
- 또래지지 프로그램은 학교 안팎에서 발생할 수 있으며 고위험 청소년들 사이에서 또래 관계와 사회 기술 노하우를 구축하기 위한 것이다.
- 위기관리센터와 핫라인은 자살충동, 의도 또는 계획을 말하는 사람들에게 모바일 상담과 기타 서비스를 제공하는 자격을 갖춘 자원봉사자와 유급 직원을 포함한다. 이러한 프로그램들은 또한 일종의 현장실습 위기 센터와 정신건강 서비스에 대한 참고자료를 제공할 수도 있다.
- 자살 생존자 그룹은 자살한 개인의 친구나 친척에 초점을 맞춘 프로그램으로 구성된다. 이러한 유형의 프로그램은 양면성을 가지고 있다. 이 프로그램들은 사건에서 오는 연쇄적 자살을 방지하고 억누르는 것, 그리고 친구의 갑작스러운 죽음이나 자살 이후에 발생하는 상실감을 효율적으로 관리하는 것을 돕기 위해 만들어졌다.

지지와 개방성

지지와 수용은 이 집단과 함께 작업할 때 고려해야 할 중요한 요소들이다. 지지는 가족 지지, 또래 지지, 상담사, 교사 및 치료사의 지지를 포함한 다양한 것으로 나타난다.

우리는 우리 삶의 모든 면에서 기술이 사용되는 시대에 살고 있다. 기술과 인터넷 사용을 환자의 치료 계획에 포함시키는 것은 당신이 가장 최신의 자원을 사용할 수 있게 할 뿐만 아니라, 당신이 당신의 환자가 기능하고 있는 곳에서 만나고 가장 관련이 있는 통신 방식을 이용할 수 있다는 이점을 가지게 해준다. 10대들과 청소년을 위한 몇 개의 온라인 자살 지원 단체들이 있다. 이들 사이트는 일반적으로 사이트의 내용을 모니터링하고 새로 개설된 포럼과 토론 게시판을 승인하는 사이트 관리자가 관리한다. 토론 게시판과 포럼은 일반적으로 그룹 구성원에 의해 운영된다. 이러한 유형의 지원 웹 사이트는 이용률이 높은 경향이 있으며, 이 집단에서서의 자살 예방에 효과가 있는 것으로 판명되었다. 더 인기 있는 사이트 중

하나는 "To Write Love on Here Arms" https://twloha.com/이다.

당신의 환자와 온라인상의 자원을 활용할 때 당신이 추천하는 사이트, 소셜 미디어 포럼 또는 집단에 익숙해지는 것이 필수적이다. 그리고 당신은 그 집단이 당신의 환자에게 유익하고 환자에게 현재 필요한 것을 채워주기를 바란다. 심지어 치료에 대한 그들의 참여를 구축하기 위해 세션 동안 환자들과 함께 이러한 유형의 웹 사이트를 연구하고 발견하는 것을 고려할 수도 있다. 이러한 종류의 협동 작업은 환자에게 직접적인 치료를 가능하게 하여 전반적인 순응과 치료 결과를 개선한다.

도움의 필요성 수용

부모에게 자녀에게 영향을 미치는 현재의 문제에 대해 교육하는 것은 일반적으로 자살을 예방하는 데 도움이 된다. 부모는 종종 자살충동을 가진 아이를 어떻게 다루어야 할지 모르며, 제정신을 차리지 못하고, 어쩔 줄 몰라 한다. 그들이 선택하는 방법은 종종 역효과를 일으키며 때때로 부모들과 자식들 사이의 의사소통을 악화시킬 수 있다. 자녀에게 영향을 미치는 우울증, 자살 또는 다른 질병에 대해 부모가 교육을 받을 때, 그들은 능력을 갖게 되고 치료에 더 관여할 수 있다.

이런 유형의 민감한 정보를 제공할 때 당신은 부모의 직감, 두려움, 혼란을 명심해야 한다. 자살충동을 가진 환자의 부모와 함께 작업할 때 공감은 아주 중요한 요소이다. 부모는 치료의 안팎에서 치료 준수의 중요성과 관리의 측면에서 가정에서의 그들의 역할을 인식해야 한다. 이 때 부모들에게 다양한 장애에 대해 교육하고, DBT와 CBT 기반의 기술을 어떻게 그들의 아이들에게 사용할 수 있는지 가르치는 것이 포함된다. 그들은 특정상황에서 그들의 행동이 어떻게 부정적으로 강화되는지 그리고 어떻게 더 잘 대응하여 사건으로부터 자발적 학습을 막을 수 있는지(예: 어머니는 부적절한 행동을 하거나 자해행동을 하는 것(행동)에 대해 그녀의 아들 또는 딸에게 과도한 관심과 시간을 쏟는다(강화 자극))를 반드시 알아야 한다. 부모들은 가정에서 치명적인 수단을 제거하여 자살 가능성을 줄이는 방법에 대해서도 교육받을 수 있다.

청소년 자살위험 체크리스트

지침: 만약 당신의 내담자가 이 체크리스트의 세 개 이상의 문제에 예라고 답한다면(사회적 지지 질문 제외) 자살조사(현재의 자살생각, 의도, 계획의 존재) 그리고 가능한 자살위험 평가를 권고한다

_____ 우울증, 불안감 또는 다른 정신건강 상태에 대한 사전 진단이 있었는가? 이 증상들은 현재 활성화 되어 있는가? 이 증상들은 현재 약물치료나 치료 중인가?

————— 내담자가 괴롭힘(신체적, 언어적, 사이버상의 괴롭힘)의 피해자인가?

————— 환자가 성 정체성 또는 성적 지향에 대한 문제를 경험했는가?

————— 행동에 큰 변화가 있는가(스스로 고립됨, 집단에서의 탈퇴, 행동화, 알코올, 약물의 사용 증가)?

————— 과거 자살시도 또는 비자살성자해(NSSI) 행동 이력이 있는가?

————— 약물, 알코올의 남용이력이 있는가? 현재 약물 또는 알코올을 사용하는가?

————— 내담자는 강한 사회적 지지 네트워크가 있는가?

————— 내담자가 가족의 압력을 보고하는가?

————— 내담자가 자주 징계 문제나 낮은 학업성취도 대해 보고하는가?

————— 내담자에게 신체적, 정신적, 감정적 또는 성적 학대의 이력이 있는가?

부모 알림 지침

지침: 부모나 보호자와 자살충동을 가진 아이에 대해 논의할 때 이 워크시트를 개요로 사용하라.

1. 부모에게 당신이 그들의 청소년이 자살위험에 처해있다고 생각하며, 왜 그런 평가를 했는지 알려주어라.

2. 부모/보호자가 집에서 자살에 사용될 만한 도구들(칼, 처방약, 날카로운 물건, 올가미 모양이 될 수 있는 물건, 면도날, 청소도구 등)을 없애고 자살위험을 줄일 수 있도록 제안해라.

3. 부모들에게 총기 처분의 다른 방법, 또는 총기 접근의 최소한의 제한(집에서 총기의 처분/제거에 대해 법의 강제성 사용)에 대해 교육하라.

4. 행동의 큰 변화(스스로 고립됨, 집단에서 탈퇴, 행동화, 약물이나 알코올 사용의 증가 또는 보통 슬픈 경우에 흥분하고, 활력이 넘침)에 주목해라.

5. 아동/청소년 대상 관찰 강화(저녁 내내 주기적인 감시, 가족/사회적 활동에 참여하도록 유도, 가족이 함께 보내는 시간을 늘림, 문을 잠그지 않도록 함, 화장실에서 오랜 시간 있는 것에 주의함)를 제안해라.

6. 안전에 대비한 계획의 개발 및 계획 집행의 중요성에 대해 논의해라(적정한 경우).

7. 부모/보호자에게 청소년/어린이들을 입원, 치료하는 지역사회 자원(어린이/청소년들을 입원시키는 병원, 집중 외래환자 치료 센터, 약품 및 알코올 입원환자/부분 입원 프로그램)을 제공해라.

8. 부모에게 현재의 진단 또는 또다른 두 번째 진단에 대해 설명을 하고 이러한 증상들이 어린이/청소년의 현재 자살충동 행동에 어떤 역할을 하는지 설명해라.

9. 부모/보호자에게 그들을 지원해줄 수 있는 집단/자원에 대한 정보를 제공하라(정신질환 전국연합, 기타 온라인 커뮤니티 자원).

7

비자살성 자해
(Non-Suicidal Self-Injury[NSSI])

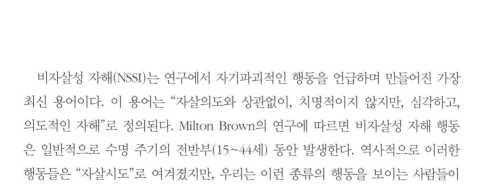

07

비자살성 자해
(Non-Suicidal Self-Injury: NSSI)

비자살성 자해(NSSI)는 연구에서 자기파괴적인 행동을 언급하며 만들어진 가장 최신 용어이다. 이 용어는 "자살의도와 상관없이, 치명적이지 않지만, 심각하고, 의도적인 자해"로 정의된다. Milton Brown의 연구에 따르면 비자살성 자해 행동은 일반적으로 수명 주기의 전반부(15~44세) 동안 발생한다. 역사적으로 이러한 행동들은 "자살시도"로 여겨졌지만, 우리는 이런 종류의 행동을 보이는 사람들이 반드시 죽기를 바라는 것은 아니라는 점을 알게 되었다. 그들은 자기 처벌, 정서적/인지적 조화 확립, 자기규제와 같은 동기들 때문에 이런 행동을 보였고, 심지어 중독의 결과로 이런 행동이 나타나기도 했다.

연구에 따르면 이러한 유형의 행동을 하는 사람들은 일반적으로 비자살성 자해를 수행할 때 불안감에서 벗어나 안도한다고 보고하며, 고통스런 감각은 보통 부상 후 수 분, 수 시간 또는 며칠 후에 다시 나타난다고 한다. 이것은 왜 이 사람들이 이 활동을 중단하는 데 어려움을 겪는지에 대한 한 가지 이유이다. 또한 이들은 피를 보는 것이 긴장 완화에 효과적이라고 말한다.

이런 행동을 보이는 사람들은 종종 그것을 대처전략으로 본다. 그리고 그 자해자들은 비자살성 자해를 대처전략으로 사용하지 않은 사람들과 비교했을 때 더 높은 분노와 공격성을 가진 것으로 나타난다.

비자살성 자해 행동은 칼로 긋는 것 뿐만 아니라 다음과 같은 많은 동작을 포함하며 이에 한정되지 않는다.

- 물건을 먹음(배터리, 펜, 면도날)
- 피부 속에 물건을 넣음(손가락, 발가락, 성기)
- 뜨거운 물건을 사용(불, 헤어 스트레이터, 다리미 등)
- 벽 또는 다른 물체에 충격을 가함(아스팔트, 바위, 콘크리트, 나무 등)
- 스스로에게 충격을 가함(타격, 철썩 때림, 주먹질)
- 피부에 글자나, 상징을 새김
- 날카로운 물체(유리)를 피부에 문지름
- 피부를 찢고 쥐어뜯음
- 긁고 꼬집음
- 손가락을 무거운 물체로 가격함(망치, 바위, 기타 다른 무거운 물체들)
- 상처회복을 방해함(상처의 딱지를 떼어냄, 상처에 소금을 뿌림, 상처를 감염된 채로 유지)
- 스스로 구토를 유발함(식이 장애의 어떠한 증상도 없이)
- 계단에서 떨어지거나 다양한 높이에서 몸을 던짐
- 동물을 포함한 다른 사람들이 육체적 고통을 주는 것을 용납함

비자살성 자해와 관련하여 몇 가지 모델과 이론이 있다. 이 장에서 우리는 이런 다양한 가설들을 알아볼 것이다. 우리는 비자살성 자해의 의학적 모델을 탐구하는 것으로 시작해, 그 다음으로는 자가 검증 이론, 생물사회론, 중독 모델, 경험적 회피 모델, 그리고 최근에 개발된 비자살성 자해의 단계 모델을 탐구해본다.

의학적 모델(Medical Model)

의학적 모델은 "비자살성 자해 분류에서 서술적이고, 현상학적인 모델"로 기술되며, "비이론적", 서술적 관찰에 중점을 둔다. 개념들과 전문용어로 이루어진 이 모델은 정신의학 분야와 관련되어 있으며, 합병증 정신건강장애를 가진 환자/고객을 고려한다. 이 분류에서 Nock과 Favazza(2009)는 비자살성 자해를 "이것이

정신질환 진단기준에 부합하지 않는 사람(예: 고등학교에서의 모방으로 인한 베기/긋기)에게서도 나타날 수 있지만, 특정한 정신건강장애의 하나의 증상 또는 일련의 특성이다"라고 이야기한다.

주요 비자살성 장애(Major NSSI)

주요 비자살성 장애(NSSI)는 간헐적으로 안구제거 및 신체부위제거 등과 같이 상당한 신체조직을 파괴하는 행동을 보인다. 이 행동들은 갑작스럽고, 잔학한 행위다. 이런 유형의 비자살성 자해의 75%는 정신병 증세, 주로 조현병에서 발생한다. 약 절반 정도가 첫 정신병 증세에서 발생한다. 환자들이 일반적으로 그러한 행동들을 보고하는 이유는 논리적이지 않다. 예를 들어 더 행복하기 위해 죄를 범한 눈이나 손을 잘라내라고 말하는 성경에 대한 문자 그대로의 해석과 같이 종교에 대한 초점, 또는 그러한 초점이 과도한 성욕에 대한 통제나 동성애적 충동에 빠질 수 있다는 두려움과 같이 성과 관련될 수 있다(Nock and Favazza, 2009).

관련 진단: 알코올/약물 중독, 조현병 및 기타 정신질환

치료: 주요 비자살성 장애(NSSI) 관리 시 예방이 필수적이다. 비자살성 자해를 관리하는 데 있어서 특정 정신질환 약물을 알려주는 연구는 없지만, 문헌들은 특정 정신질환자들에게 비정형 항정신적 약물사용의 가능성을 제안하는데 그 정신질환자들은 아래와 같다. 종교, 성경, 성적인 것과 관련해 망상, 환각을 경험하는 사람들, 그리고 머리를 자른다던지, 극단적으로 신체를 변형시키거나 엽기적인 옷을 입음으로써 급격하고 갑작스럽게 그들의 외모를 바꾸는 사람들이 해당한다. 연구들에 따르면 이러한 사람들은 정신질환 증상과 관련된 초조함 때문에 재발할 가능성이 있으므로, 이를 다룰 때에는 초조함을 관리해야 하며 입원 가이드라인을 따를 것을 권고한다.

전형적 비자살성 자해(Stereotypic NSSI)

전형적 비자살성 자해(NSSI)는 발달장애(예: 자폐증) 외에도 매우 심각한 정신지체와 아주 빈번하게 관련성이 높다. 이러한 행동에는 반복적인 헤드뱅잉, 눈을 뽑는 행위, 입술, 혀, 볼 또는 손가락을 물어뜯는 행위, 얼굴 또는 머리 때리기 등이 포함될 수 있다. 이러한 행동들은 단조로우면서 반복적일 수도 있고 리듬감 있

는 패턴을 가질 수도 있다. 이런 행동을 하는 사람들은 이러한 행동들이 스스로를 달래준다고 믿기 때문이다. 이러한 행동은 자주 다른 사람들 앞에서 후회, 수치심, 죄책감 없이 행해지며, 자아동조적으로 묘사된다.

관련 진단: 자폐 스펙트럼장애, 투렛 증후군, 심각한 지적장애

치료: 일반적으로 이런 유형의 비자살성 자해(NSSI)를 겪는 환자들은 무엇이 그들을 괴롭게 하는지 설명하지 못한다. 행동의 구체적인 내용(시작, 기간, 강도)에 대해 간호인을 통해 정보를 얻는 것이 바람직하며, 초기에 환자가 어떤 종류의 고통을 겪는지, 중이염 같은 의학적 장애가 있는지 확인하는 것이 바람직하다. 행동치료는 이러한 행동들을 다룰 때 유용한 주요 치료방법이다. 항정신성 약물 관리 및 제안에서는 이러한 행동들을 관리하는데 약물과 병행하는 것이 단일 요법에 비해 더 효과적이라고 권고한다.

강박적 비자살성 자해(Compulsive NSSI)
강박적 비자살성 자해(NSSI)는 심한 피부 긁기와 손톱 물어뜯기, 머리카락 뽑기(발모벽(拔毛癖)), 피부 파기(망상적 기생충증)와 같은 반복적인 행동들을 포함한다.

관련 진단: 충동장애

치료: 많은 강박적 비자살성 자해(NSSI) 환자/고객들이 처음엔 피부과 의사나 가정의에게 도움을 구하고, 특정 피부 상태의 문제가 아닌 정신건강 문제라고 생각될 때 정신과 의사, 상담자/심리학자 또는 정신건강 전문가에게 도움을 구한다는 연구결과가 나왔다. 이 유형의 비자살성 자해(NSSI)는 치료에 대한 연구는 한정되어 있지만, 심리치료에 긍정적 반응을 보이며, 항정신성 약물이 효과가 있을 수 있다고 권고한다.

충동적 비자살성 자해(NSSI)
충동적 비자살성 자해(NSSI)는 피부를 칼로 긋고 불로 태우고 새기는 행동 그리고 핀이나 다른 물건들을 피부 밑, 가슴, 복부에 꽂는 행동, 상처 치유를 방해하는 행동, 손, 발 뼈를 때리는 행동들을 포함한다. 이러한 행동들은 보통 가끔씩

발생하며 여성의 경우에는 더 자주 발생한다. 환자들이 평균적으로 처음 충동적 비자살성 자해(NSSI)를 경험하는 나이는 12~14세지만, 이는 삶 전반에 걸쳐 발생한다.

관련진단: 불안장애, B군 성격장애, 신체형장애, 꾀병, 해리성 정체감장애, 비인격장애, 섭식장애, 기분장애, 정신질환

치료: 단발성 충동적 비자살성 자해(NSSI)를 겪는 환자들은 변증적 행동요법(DBT), 인지 행동요법(CBT), 대인관계 치료법 등 다양한 정신요법에 긍정적으로 반응한다(이러한 치료법들은 본 워크북의 후속 섹션에서 자세히 살펴볼 것이다). 또한 일반적인 불안장애, 외상 후 스트레스 장애, 우울증 등 근본적인 정신질환을 치료할 때 심리치료와 약물 관리를 병행하는 것이 어느 한쪽만 사용하는 것보다 훨씬 효과적일 수 있다고 권고한다.

자기검증이론(Self-Verification Theory)

자기검증이론은 사람들이 자신이 굳게 가지고 있는 자기 견해를 재확인하고 이를 안정시키고자 하는 강한 욕구를 가지고 있다는 이론이다. 자기관은 다른 사람들이 자신을 어떻게 대하는지 관찰함으로써 자기관이 형성된다고 오래 전부터 가정되어 왔다. 사람들은 그들의 자기관을 지지하는 더 많은 근거를 얻을수록, 점점 그들의 자기관에 더 확신을 가지게 된다. 확고한 자기관은 사람들로 하여금 그들의 세상을 예측하고 행동을 안내하며 연속성, 공간, 일관성의 감각을 유지할 수 있게 한다. 자기검증이론에 따르면 사람들은, 자신의 자기관이 부정적이더라도 자주 자기확신을 검증하길 원한다고 주장한다. 예를 들어, 스스로를 사랑스럽지 못하고, 환영받지 못하며, "나쁜" 사람으로 보는 사람들은 다른 사람들도 그들을 그렇게 본다는 증거를 선호한다는 것이다.

자신을 싫어하는 사람은 누군가가 자신이 싫은 사람에게 해를 끼치고자 하는 방법과 동일하게 스스로에게 해를 입히고자 할 것이다. 비자살성 자해(NSSI) 행동을 하는 사람들은 자기처벌행동을 할 수 있으며, 스스로에게 부상을 입히는 것을 마땅하다고 여긴다.

생물사회이론(Biosocial Theory)

Marsha Linehan은 자해행동의 원인론과 유지요인을 이해하기 위해서 생물사회 이론을 제안한다. 그녀는 만성적인 부정적 감정들과 자기부정(self-invalidation) 이 경계선 성격 장애(BPD)를 가진 사람들로 하여금 자해와 자살시도를 하게 만드 는 주요 요인이라고 가정한다. "정서조절곤란"이라는 용어는 감정 자극에 대한 높 은 민감성/반응성을 가지고 있으면서도 적절하게 감정을 조절하지 못하는 능력 (예: 주의를 분산시키지 못하는 능력, 스스로를 진정시키는 능력, 좌절감을 참아내 지 못하는 능력)이 합쳐진 것이라고 할 수 있다.

경계선 성격장애로 진단받은 사람들은 종종 강렬하고 부정적인 감정에 반응하 여 충동적이고 부적응적인 행동들(비자살성 자해 포함)을 한다. 이런 부적응적인 행동들은 감정에 따른 자동적이고 기분의존적인 반응 혹은 부정적인 감정들을 누 그러뜨리거나 대처하려는 시도들이다. 또한 이러한 개인들은 극단적인 감정 경험 (분노, 좌절, 슬픔)과 감정적 억제(부정적 영향 억제) 사이를 왔다갔다 거듭한다.

Linehan(1993)은 "자기부정은 자신이 한 행동과 개인적 의사소통 경험을 부정 하는 분위기에서 학습된다. 이러한 행동의 예를 들자면 타인에게 처벌받거나 의미 축소가 되거나 무시당하거나, 병리화되거나 비판받았을 때이다. 자신의 상황에 대 한 설명은 받아들여지지 않고, 권태, 속임수, 부정적인 태도, 편집증과 같은 부정 적인 속성들의 탓으로 간주된다. 자기부정은 사람들이 그들을 대하는 방식과 동일 하게 사람들이 자기 자신과 자신의 감정을 무시하고, 처벌하고, 부정하는 법을 알 면서 시작된다. 다시 말해, 그들은 스스로에 대한 바람직하지 않은 메시지와 관점 들을 내면화 하는 것이다. 결론적으로, 그들은 스스로의 행동과 감정에 자제를 못 하게 되면 이를 엄격하게 판단하고 비판하며, 자신들의 일상의 반응을 받아들일 수 없는 것으로 간주한다. 이러한 환경에서 흔히 발생하는 다른 형태의 학대도 그 들의 높은 감정적 반응을 설명할 수 있다. 타고난 생물학적 예민함 때문에, 이는 트라우마 경험이 드러나는 자극에 강하게 반응하고 초기 트라우마 경험에 조건화 되어 다양한 원인들에 민감하게 반응한다.

Linehan의 생물사회이론에 따르면, 부정적인 감정들은 경계선 성격장애를 진단 받은 개인들에게 세 가지 방향으로 만성적 비자살성 자해(NSSI) 행동을 유발한다.

1. 비자살성 자해로 인한 감정적 자극의 감소는 행동을 부정적으로 강화한다.
2. 분노, 경멸, 수치심은 판단, 의사결정, 문제해결능력, 감정적 처리를 방해한다.
3. 수치심과 관련된 감정들은 직접적으로 자기처벌과 같은 결과로 나타나는데, 이는 도망가거나 숨거나 사라져버리고 싶은 강한 욕망(예: 의식을 잃거나 사망함)과 같다.

이 정서조절곤란 모델은 비자살성 자해를 부정적인 감정들을 통제하기 위한 시도로 설명하고 있으며, 긴장 완화 모델로도 불린다. 이 이론은 이러한 개인들이 증가하는 부정적 감정들을 완화시키지만, 이 완화는 불행히도 자해행동을 강화하며 이러한 행동들이 순차적이고 정형화 되기 시작함을 암시한다. 만약 우리가 이 과정의 모델을 개발한다면, 그것은 아래와 비슷해 보일 것이다.

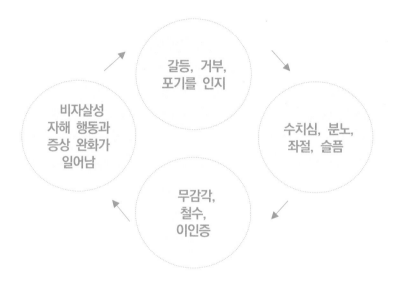

중독모델

중독가설은 비자살성 자해 행동이 내분비 오피오이드 시스템(Endogenous Opioid System: EOS)과 관련이 있을 수 있음을 시사한다. 내분비 오피오이드(엔돌핀)는 몸에서 자연적으로 생성되어 도파민과 함께 "신경 회로"를 흘러 뇌의 보상체계를 자극한다. 도파민은 추론, 동기, 움직임, 감정, 즐거움의 감정을 담당하는 뇌의 영역에 위치한 신경전달물질이다. 우리의 일상적이고 자연스러운 행동에 반응하는 이 체계의 자극은 약물을 남용하거나 자해 행위를 하는 사람들이 추구하는 행복감을 만들어내고, 결과적으로 그들이 그 행동을 반복하게 만든다. EOS 는 본래 부상 때문에 생기는 고통을 인식하는 부분과 엔돌핀의 수치를 조절한다. 반복적인 자해로 인한 EOS의 과잉자극은 자해가 중단되면 금단현상으로 이어질 수 있으며, 이는 엔돌핀의 방출을 증가시키기 위한 더 많은 자기파괴적인 행동으로 이어질 수 있다.

EOS의 초기연구는 동물 모델, 특히 영장류를 포함했다. 연구에서 내분비 오피오이드는 신체적 그리고 감정적 스트레스 요인을 조절한다고 알려진 시스템을 담당할 뿐만 아니라 애착행동결핍(접근회피(approach avoidant), 회피－회피(avoidant－avoidant)) 그리고 불안 유사 반응과도 관련이 있음이 밝혀졌다. 또한 연구에서는 인간에 있어서도, 이 시스템이 감정적 조절에 관여하고 있음을 주장했다.

동물 모델 연구에서, 1) 원숭이들이 자기조절과 자기진정의 방법으로 서로 털 손질을 해주는 것, 2) 이 그룹들 중에서 몇몇 원숭이들이 반복적으로 불안, 짜증을 표현했고, 진정하기 어려워했으며, 다른 그룹의 원숭이들과 관계에 있어서 문제를 경험하는 것을 관찰할 수 있었다. 후속 연구에서는 감정조절 능력이 약한 원숭이들의 뇌에 내분비 오이오피드 수용체 수치가 떨어짐을 발견했다.

이 수용체들은 정서 조절과 스트레스 반응과 관련되어 있고, 정상적 사회기능이 용이하도록 도와준다. 오피오이드는 고통을 통제, 조절하는 것뿐만 아니라, 분비될 때 정상적 기분과 안도감을 유발하고 때때로 동기부여를 느끼도록 한다. 또한 긍정적인 기분을 더 많이 경험하게 할 수 있다. 이 발견은 Prossin(2010)의 연구로 이어졌고, 이 연구에서 그는 유사한 메커니즘이 인간의 자기조절 불능과 자해행동에 관여한다고 가정했다.

Prossin 등(2010)은 경계선 인격 장애 병리학에서 신경 화학적 메커니즘 가설을 세웠다. 그들은 경계선 성격장애를 진단 받은 개인에게 슬픈 상태를 유도하고, 뇌의 기능을 스캔하기 위해 양성자 방출 단층 촬영과 선택적 μ－오피이드 수용체 방사성추적자를 사용했고, 경계선 성격장애를 진단 받지 않은 사람들과 비교했을 때 뇌의 감정 처리 영역에서의 반응 차이를 확인할 수 있었다. 구체적으로 경계선 성격장애 진단을 받은 사람들은 보상 수용체의 높아진 규제로 만성적인 낮은 수준의 오이오피드 통제를 보였으며, 스트레스 조절 EOS와 μ－오이오피드 수용체들의 활성화와 함께 경계선 성격장애환자들의 감정자극에 대한 높은 민감도는 같은 영역에서 과장된 반응을 보여주었다.

이 연구를 통해 그들은 자주 비자살성 자해를 보이는 경계선 성격장애진단 환자들이 감정과 스트레스 처리, 의사결정, 통증 및 신경내분비계 조절에 관련된 뇌 영역의 EOS와 μ -오이오피드 수용체들의 기능에 부분적인 변화가 있다는 초기의 증거를 제공할 수 있었다. 이 문제에 대한 치료 지침과 가능한 정신건강학적 접근을 제공하기 위해서는 이 분야에 대한 더 많은 연구가 필요하다.

경험적 회피 모델

경험적 회피란 특정(일반적으로 부정적인) 내부 경험(예: 신체적 감각, 감정, 생각, 기억, 이미지, 행동 성향)과 접촉하고 싶지 않을 때 발생하는 현상으로, 이러한 형태의 회피가 행동적 피해를 일으키더라도, 특정 내부 경험의 형태 및 빈도를 조절하기 위한 조치를 취하거나 이러한 경험들을 촉발하는 맥락을 조절하는 것이다.

경험적 회피는 부정적 영향을 줄 수 있다. 내부 사건(일반적으로 부정적인 인지, 영향, 인식)은 종종 이러한 회피에 반응하지 않으며, 아이러니하게도 의도적인 제어 노력에 의해 증가할 수 있기 때문이다. 많은 형태의 경험적 회피는 삶을 왜곡하기 때문에, 때때로 힘든 정서가 경험상 중요하다. 건강한 행동 변화는 종종 초기에 심리적 불편함을 유발한다. 그러므로 과도한 경험적 회피는 전반적으로 높은 수준의 정신병, 더 낮은 삶의 질과 관련 된다.

이 모델은 개인이 원치 않는 감정 상태를 피하기 위해 비자살성 자해 행동에 관여하고, 심한 정신적 고통을 겪고, 그것을 조절하지 못하는 개인들은 자동적인 부적 강화(예: 나쁜 감정을 막기 위해)로 인해 이러한 행동에 관여하는 경향이 더 높을 것이라고 주장한다. 이러한 행동들의 무자동적인 부적 강화는 낮은 정서조절 능력과 관련이 있을 수 있다.

비자살성 자해의 단계모델

이 모델은 다른 중독 행동(마약, 술, 도박, 포르노)의 발달과 유사한 것으로 보고된다. 이 모델을 따라 임상의는 비자살성 자해 행동들을 상호 이해할 수 있을 뿐만 아니라 그들의 환자를 위한 효과적인 치료계획을 개발할 수 있다.

0단계: 자해행위 없음
현재와 과거의 자해행위가 없는 가장 낮은 수준의 자해

1단계: 실험적 비자살성 자해

이 단계의 환자는 자해행동의 초기행동을 포함한다. 이 경험은 그들이 그 행동을 반복할지 말지를 결정하는데 영향을 미치게 된다.

1단계의 청소년들은 아직 대처행동으로 비자살성 자해를 저지르지 않으며 스스로 자해하는 사람으로 인식하지 않는다. 이 단계는 그 행동에 대한 일종의 실험이라고 할 수 있다.

2단계: 탐구

자해는 이제 일상의 스트레스 요인이나 부정적인 내부 상태(인상/감정)를 다루는 핵심 방법으로 인식되고 있다. 청소년은 비자살성 자해 행동을 할 필요성이 발생할 때 가능성을 보장하기 위해 자해 행위를 하는데 사용되는 필수 도구(예: 날카로운 기구 또는 거즈, 반창고 등)를 숨길 수 있다.

이 단계에서 환자는 비자살성 자해를 탐색하고 행동에 대한 신체적, 정신적 반응을 확인한다. 그들은 온라인이나 학교에서 또래집단을 찾는 데 적극적으로 관여하고 있을 것이다. 이러한 집단은 자해하는 사람들에게 강화를 제공할 수 있기 때문이다. 이러한 동지애는 비자살성 자해 행동과 동일시하는 것을 강화시키는데, 이것은 이 행동을 멈추는 것을 더 어렵게 만든다.

3단계: 캡슐화

환자들은 더 이상 비자살성 자해 행동을 할 가능성에 대해 실험하거나 조사하지 않는다. 비자살성 자해는 부정적인 영향을 더 잘 관리하기 위해 사용되는 주된(유일한 것은 아니라도) 방법이 되었다.

이러한 행동들은 자주 발생하며, 이러한 환자들은 어떻게, 어디서, 언제 자해가 일어날지 정교한 방법을 발전시킬 수 있다. 이 단계에서, 그들은 통제할 수 없고 거슬리는 충동을 경험하기 시작하는데, 이것은 비자살성 자해를 감추기 더 어렵게 만든다. 이 단계에서 부모, 보호자, 친구, 형제자매 또는 학교 관계자들이 이러한 행동을 더 잘 알게 되고 정신건강 제공자에게 보낼 수도 있다. 임상의로서, 이것은 전형적으로 우리가 대부분의 환자들에게 개입하는 단계이다. 이러한 행동은 일반적으로 초기 단계(0단계－2단계)에서는 명확히 보이지 않는다.

4단계; 만연한 기능장애

이 마지막 단계에서, 비자살성 자해 행동은 지속적인 자해인식과 행동으로 분류된다.

4단계에서는 이런 행동들이 청소년의 통제 하에 있기 어렵다. 이 극단적인 행동은 거의 전적으로 임상인구에서 발견되며, 비자살성 자해 행동을 하는 청소년들의 다수의 청소년들에게서는 보이지 않는다. 자살생각, 의도, 계획이 있을 가능성은 4단계에서 가장 높다.

비자살성 자해 행동 그리고 자살에 의한 죽음에 대한 위험요소

비자살성 자해 행동을 이해하고 관리하는 것이 필수적인 것에는 몇 가지 이유가 있다. 주로, 연구는 비자살성 자해의 이력이 있는 사람들이 자살시도를 보고할 가능성이 9배, 자살 표시를 보고할 가능성이 7배, 자살계획을 보고할 가능성이 6배 더 높다는 것을 보여주었다.

이러한 행동에 관여할 때 자살의 위험이 증가한다.

예행연습

자살예행연습은 보통 자살계획의 일부로서 선호하는 자살 방법, 또는 부정확한 자살 방법을 선택하는 행동적 묘사다. 자살예행연습은 자살시도나 자살완성에 선행될 수 있다. 일반적으로 자살예행연습은 자살에 대한 준비보다는 자살시도와 더 가깝게 일어난다.

예행연습은 또한 자살행위로부터 보호요인을 약화시키고 고통과 죽음에 대한 두려움을 최소화 시킨다. 예행연습은 궁극적으로 자살행위와 관련된 망설임에 영향을 미친다.

예행연습은 의뢰인이 자살위험이 극심하고 높으며 즉각적인 임상적 개입이 필요하다는 추정상의 증거를 제공한다. 그것은 또한 임상의가 사전 예행연습을 포함하여 의뢰인이 고려한 다양한 자살 방법을 살펴보게 해준다.

예행연습은 환자에게 아래와 같은 영향을 미친다.

- 죽음에 대한 망설임을 극복한다.
- 그들이 자살행위를 하는 것에 대해 느끼는 불안을 둔감하게 한다.
- 계획된 자살 방법을 테스트 하거나 "완벽하게" 한다.
- 자살을 하겠다는 그들의 결심을 굳히게 한다.

준비

비자살성 자해 행동을 하는 것은 또한 자살시도 준비까지 감안한다. 자살시도를 완수할 때 개인이 선호하는 방법(절단 vs 매달리기 vs 권총 vs 약물남용)을 선택할 수 있도록 한 것이다. 자기 파괴적인 행동을 할 때, 개인들은 행동이 습관화될 수 있고 고통 내성이 증가하여, 증상을 완화하기 위해 더 해로운 행동(예: 더 깊이 긋기)을 하거나 더 위험한 방법을 선택할 수 있다.

또한 이러한 행동에 관여할 때, 다른 사람이 인지하게 되면(비자살성 자해의 단계 모델의 3단계와 4단계) 환자는 다른 사람의 반응성을 평가할 기회를 갖는다 그들의 행동은 정적으로 강화되고 있는가(다른 사람들의 관심, 2차적 이익의 발생)? 아니면 그 행동이 눈에 띄지 않고 다른 사람들에게 무시되고 있는가? 일부 개인들에게 있어, 그들의 비자살성 자해 행동에 대한 노골적인 무시는 더 심각한 비자살성 자해 행동을 조장하고, 이어서 습관화와 망설임의 감소를 유발한다.

준비는 비자살성 자해 행동이나 자살시도를 할 수 있는 가장 안전한 장소를 결정할 수 있는 기회를 제공한다. 이런 행동에 지속적으로 관여하는 것은 자살시도를 위한 정신적 준비를 가능하게 한다. 또 다시 망설임을 감소시키고 내성을 증가시키며 습관화시킨다. 통증 자극에 무감각화 되면 통증에 익숙해지고 높은 통증 내성 임계치를 개발할 수 있다. 결과적으로 이러한 행동들은 점점 빈번해지고 더 심각해지며, "돌발적 자살"의 가능성으로 이어진다.

비자살성 자해 평가

자해하는 사람에 대한 정보를 얻는 데 있어서 직접 그 행동을 하는 사람으로부터 정보를 얻는 것보다 좋은 방법이 어디 있는가!

다음의 설문지는 Pro-injury/자해 블로그의 관리자가 만든 인터뷰 양식에서 수정한 것이다. 이 설문지는 계기, 빈도 그리고 지속기간에 대한 풍부한 정보를 제공하며 추가적으로 환자의 단계 변화(예비, 고려, 준비, 행동 또는 유지)를 강조한 정보를 제공한다.

그것은 또한 고객이 비자살성 자해 행동의 단계적 모델(자해행위 없음, 실험, 탐색, 캡슐화 또는 만연한 기능장애)과 관련하여 어디에 위치해 있는지에 대한 정보를 제공하며, 이 상태에 대한 환자의 통찰력, 인식 및 관리에 관한 추가 정보를 제공한다. 이 체크리스트는 또한 가족역학, 대인관계 또는 대인관계 결핍 그리고 환자가 이러한 정보를 자신의 공간에서 다른 사람들과 나누고 싶어하는지 아닌지에 관한 정보를 제공한다.

비자살성 자해(NSSI) 내담자 설문지

지침: 현재 자해 행위와 패턴을 평가할 때 이 워크시트를 사용해보자. 이 워크시트는 세션 동안 또는 치료 중에 근거가 있을 때 사용할 수 있다. 이 응답들은 내담자와 함께 당신의 치료 계획을 안내하는 데 이용되어야 한다.

1. 비자살성 자해(NSSI)의 형태는 무엇인가요?(예: 절단, 화상, 물체 삽입 등)

2. 왜 비자살성 자해(NSSI) 행동을 하나요?(예: 정서 조절, 자기 검증, 증상 감소)

3. 비자살성 자해(NSSI)를 언제 처음 하셨나요?

4. 가장 많이 비자살성 자해(NSSI) 행동을 하는 부위는 어디인가요?(예: 손목, 팔, 배, 허벅지 등)

5. 이런 행동을 가장 많이 하는 방/장소는 어디인가요?(예: 침실, 화장실 등)

6. 사용하는 방법/도구는 무엇인가요?(예: 면도날, 라이터, 바늘, 헤어 스트레이터 등)

7. 그것을 숨겼나요?

8. 비자살성 자해(NSSI)를 할 때 음악을 듣나요?(이것은 계기(인지적－정서적 관계, 분위기 상태 등)에 대한 정보를 제공한다.) 만약 그렇다면 어떤 종류의 음악을 좋아하나요? 그 이유는 무엇 인가요?

9. 이것을 누군가에게 말한 적이 있나요? 말했다면 누구인가요?

10. 진단 가능한 식이 장애, 혹은 잠재적 장애가 있는 식습관이 있나요?

11. 정신건강 질환이 있나요?

12. 만약 당신의 가장 친한 친구 또한 이러한 행동들을 하고 있다는 걸 알게 된다면 어떨 것 같나요?

8

소셜미디어,
트렌드와
또래 수용

08

소셜미디어, 트렌드와 또래 수용

연구에 따르면 또래집단으로부터의 압력, 접촉 또한 사람들이 자해행동을 하는데 영향을 미칠 수 있다. 또한 청소년기의 또래집단의 영향은 굉장히 강력한 현상이고, 특히 여학생의 경우 그들의 가장 친한 친구들이 하는 비자살성 자해 행동의 영향에 특히 취약할 수 있다는 주장이 제기되었다.

또래집단의 영향은 어떻게 작용하는가?

현재 구체적으로 알려진 메커니즘은 없다. 그러나 과거의 연구는 또래집단이 사회적 맥락 속에서 논의되는 위험한 행동들의 강화(예: 일탈행위를 이야기할 때 웃거나 끄덕임)를 통해서 다른 사람에게 영향을 미칠 수 있다고 주장한다. 또래집단에 순응하는 것은 청소년들이 인지된 사회적 규범을 준수하거나 그들의 정체성을 관리하려는 시도의 결과일 수 있다.

연구에 따르면 비자살성 자해 행동에 관여하는 것이 정적강화를 가져온다는 것을 관찰함으로써 비자살성 자해 행동의 강화와 모델링이 이루어질 수 있다. 예를 들어, 한 연구결과에 따르면 입원환자 샘플들(자살시도/경도~중증도 비자살성 자해 행동들로 입원한 청소년들)은 병원에 입원해 있는 동안 다른 사람들의 행동이 직원들에 의해 어떻게 보상(관심)을 받는지를 보며 모델링과 강화를 통해 보다 강화된 비자살성 자해 행동을 배웠다고 말한다.

인터넷, 소셜미디어, 비자살성 자해

일반적으로, 연구자들은 특히 10세에서 25세의 사람들에게 인터넷이 사회적 집단의 신념과 인식에 큰 영향을 미치고 있다는 것을 발견했다. 약 75%의 청소년들은 게임기, 아이팟/MP3 플레이어 및 휴대폰을 소유하고 있다(Lenhart, 2009). 미국의 아이들과 청소년은 하루에 7시간 동안 오락매체에 노출된다. 청소년과 젊은 성인들은 매일 인터넷에 접속하며 다른 어떤 연령대보다 온라인 소셜 네트워킹과 동영상 공유에 더 많이 참여한다.

좀 더 구체적으로, 연구는 인터넷이 고립된 청소년과 젊은 성인들에게 선호되는 의사소통과 연결의 수단일 수 있다는 것을 보여주었다. 인터넷의 매력 중 하나는 그것이 제공하는 상호작용의 비밀성에서 비롯된다. 연구에 따르면 익명의 전자통신은 심리적 고통과 기타 정서적 어려움을 포함하는 비자살성 자해 위험과 관련된 많은 요소들을 경험한 사람들의 관심을 끌 수 있다.

이러한 웹사이트와 전자통신 커뮤니티의 주요 기원은 "Emo" 하위 문화에서 시작되었다. Emo라는 용어는 처음에 "Emocore"나 "감정적인 하드코어(Emotional hardcore)"라고 불리던 펑크록 음악의 멜로디 하위 장르에서 유래한 것으로 알려지며, "의류, 음악, 행동에서 특정한 선호를 가진 그룹을 묘사하기 위해 잘 알려진 은어로 진화했다"(Lenhart, 2009). Emo 음악은 감정적이거나 개인적인 혼란, 행동, 태도, 가치관을 강조하는 것이 특징이다. 일반적인 주제로는 절망, 우울증, 비통함, 자기혐오 등이 있다. 대표적인 의류로는 검은색 연통 청바지, 몸에 딱 붙는 티셔츠, 스카프, 격자무늬, 단추로 장식된 벨트 및 검은 손목밴드, 검은색 운동화와 스케이트화, 두꺼운 아이라이너를 한 남성, 그리고 검은색 뿔테 안경을 쓴 일부 남성들도 있다. 그리고 헤어스타일에 대해서는 때때로 한쪽 또는 양쪽 눈을 가리는 한쪽으로 처진 긴 머리를 강조해 왔다. 머리카락을 곧게 펴고 검은색으로 물들일 수도 있지만, 어떤 사람들은 짧고 거친 층을 만들기도 한다. 파란색, 분홍색, 빨간색, 혹은 표백된 금발과 같은 밝은 색깔도 전형적이다.

'Emo'는 감정적이고, 예민하고, 수줍어하며, 내성적이거나, 고통이 억압되어 있는 사람으로 정형화되어 왔고, 우울증에 걸리거나 자해, 자살을 하기 쉽다. 거식증과 기타 섭식 장애는 또한 Emo 하위 문화에서 흔한 것으로 여겨진다. 이 단체는 또한 그들의 웹 사이트에 손목에 난 상처와 그것들을 어떻게 가장 잘 보이게 할 것인가에 대한 경쟁적인 메시지를 교환하는 것으로 알려져 있다. 보다 개인적인 측면에서 보면 이 하위그룹은 지나치게 감정적이고, 잘못 판단한다고 느끼며 자해 행동을 하는 경향이 있다는 우려가 제기되어 왔는데, 때때로 그들은 그들의 그룹 중 일부가 여성적인 외모를 가졌기 때문에 동성애 혐오증을 포함한 괴롭힘의 타깃이 된다. 전형적으로 이런 온라인 커뮤니티에 끌리는 개인들은 또래에게 외면당하고, 자신들이 속하거나 '잘 맞는다'라고 느끼지 못하며 제한된 사회적 지지 네트워크와 소속되고 싶은 강한 욕망을 가지고 있다. 그들은 비슷한 다른 누군가와의 관계와 수용을 추구하며 자신의 세계관과 연관될 수 있다. 많은 Emo문화 관련 웹 사이트들에 따르면, "Emo 소수문화는 고딕 하위문화와 다르다. 왜냐하면 Emo는 그들 자신을 싫어할 뿐이고, 고딕은 모든 사람을 싫어하기 때문이다!"

Emo하위문화의 생성에서 볼 수 있듯이 가장 흔하게 보고되는 온라인 비자살성 자해 활동의 이점은 사회적 지지이다. 자해를 하는 많은 청소년들과 젊은 성인들은 온라인상에서 다른 사람들을 찾고, 자신의 비자살성 자해실행을 공유하고 이 행동에 참여하는 다른 사람들과 연결된다. 이것은 주로 직접적으로 만나 비자살성 자해경험을 공유하는 것에 불편함을 느끼는 사람들에게 매력적일 수 있다. 더불어 일부 연구는 비자살성 자해 전자 커뮤니티에 참여하는 개인들이 이러한 그룹에 참여하기로 결정한 후 비자살성 자해 행동이 줄어든다고 보고하기도 한다. 이와 같이 온라인으로 비자살성 자해 대화가 진행되는 형태는 대인적인 이득을 가져다 줄 수 있는 것으로 보인다. 온라인에서 많은 비자살성 자해 관련 콘텐츠에 쉽게 접속하는 것은 궁극적으로 비자살성 자해를 허용 가능한 행동으로서 강화하고, 학교나 다른 집단에서 집단 식별의 수단으로 지속적으로 발생시킬 수 있다.

이러한 연령층(10~25세)은 비자살성 자해비율이 가장 높고 자해를 하는 청소년들은 그렇지 않은 청소년들에 비해 온라인 활동에 더 많이 참여할 수 있기 때문에, 온라인상의 이용가능한 비자살성 자해 자료가 크게 증가할 수 있다. 지금까지 페이스북에는 자해/자해지지 집단, 생활 방식, 문화, 맥락을 촉진하는 Emo하위문화와 관련된 500개 이상의 그룹이 포함된 것으로 보도되었으며, 유튜브에는 적어도 5,000개의 자해/자해지지 집단 비디오가 포함되어 있는 것으로 보도되었다!

많은 온라인 매체들은 이 행동을 전형적인 스트레스 해소를 위한 수단으로 "정상화"하고 때때로 자살시도 행동에 대한 잘못된 정보를 제공한다.

2010년, 국제 자해연구회는 온라인상의 비자살성 자해 활동 발생의 급증과 이 분야의 연구의 중요성을 인식했다. 전자통신과 인터넷 사용 그리고 비자살성 자해 행동 증가의 관계는 매체의 주목을 받았다. 전 세계적으로 400개 이상의 뉴스가 게재된 것으로 알려졌으며, 이 중 대부분은 자해지지 사이트와 비자살성 자해를 격려하는 웹사이트들이 이러한 통신방식을 사용하는 사람들에게 미치는 영향에 초점을 맞췄다.

개인 웹사이트, 토론 게시판/블로그/포럼, 일반적인 e커뮤니티(예: 자해지지 집단 또는 거식증지지 집단의 (신경증) 웹사이트, 동영상 공유 사이트(예: 유튜브) 등을 통해 자신의 비자살성 자해 경험을 타인과 공유하는 이들이 상당히 많다. 연구자들은 일부 사람들이 온라인에서의 비자살성 자해 경험을 공유하는 방식이 그들의 행동을 정적으로 강화시킬 수도 있다고 보고한다. 이러한 강화는 자해하는 사람들 속에서 가상의 커뮤니케이션을 통해서도 일어날 수 있다. 대화형의 웹사이트(예: 토론포럼, 블로그, 자해지지 채팅방, 동영상 공유 웹사이트)는 사용자가 비자살성 자해에 대한 정보에 접근하고 비자살성 자해에 대한 동료 자해자들과의 접촉하는 것을 허용함으로써 이들에게 자신의 행동이 정상적이고, 허용되며, 부적응적이지 않다고 검증해준다.

온라인상에서 이러한 경험을 다른 사람들과 공유할 때, 많은 공개사항들이 비자살성 자해에 대해 자세히 설명하는데, 정서적 괴로움과 고통을 강조하며 예후에 대한 회복적인 메시지는 부족하다. (1) 전형적으로, 비자살성 자해는 내적 고통이나 괴로움을 다루기에 효과적인 방법으로 제시된다. 이러한 온라인의 공개사항들은 일반적으로 이러한 대처 방법과 관련된 고통을 다루지 않으며, 이러한 행동의 중독 요소도 다루지 않는다. 또한 정신건강 치료를 받으려는 생각을 지연하는 것도 정당화되고 미화될 수 있다.

온라인상의 동영상 공유로 인해 이러한 이미지들이 자살시도 행동을 하는 사람들을 촉발시키고 연상시키기 때문에 인터넷 활동을 강화하는 가장 관련 있는 강화 활동 중 하나로 묘사되어 왔다.

다음은 비자살성 자해 행동을 하는 사람들이 많이 활용하여 인기 있는 자해지지와 거식증 지지 웹사이트 링크이다. 이러한 웹사이트를 탐색할 때, 이러한 사이트에 가입하려는 사람들이 사용하는 "치료용 용어"에 주목하자. 또한 거식증 지지 웹사이트에서 사용되는 언어에 주목하자. 이것은 자기 비하적이지만 동시에 소속감과 수용을 원하는 사람들을 위로하고 보호한다. 이러한 개인들의 연령대과 사이트 관리자의 사이비 종교적인 함의에 유의해야 한다.

- http://pro－si.livejournal.com
- http://bonesnotbeauty.livejournal.com
- http://anabootcamp.weebly.com/red－bracelet－－－rbc.html

비자살성 자해(NSSI) 행동과 관련된 온라인 활동의 평가

지침: 이 워크시트는 당신의 내담자의 현재 온라인 활동에 대해 평가할 때 사용할 수 있다. 이것은 내담자/환자와의 세션 또는 치료기간 중 보증될 때 완료될 수 있다.

활동 유형

비자살성 자해(NSSI)(정보제공, 상호작용, 소셜 네트워킹 및 동영상 보기/공유/포스팅)와 관련하여 어떤 유형의 온라인 활동에 참여하십니까?

온라인 커뮤니티

이용할 수 있는 자원은 무엇인가요?

이 웹사이트는 전문적으로 운영되고 있나요 또래가 운영하나요 아니면 그 중간인가요?

당신은 이러한 웹사이트에서 어떤 특정한 활동(라이브채팅, 게시, 정보검색)을 하고 있나요?

소셜 네트워킹

가입하고 있는 소셜네트워킹 웹사이트가 어디인가요?

당신은 비자살성 자해(NSSI)에 참여하는 다른 사람들과의 우정/연결고리가 있나요?

만약 그렇다면, 그 관계는 어떤 관계인가요?

만약 그렇지 않다면, 그 관계는 어떤 관계인가요?

당신은 비자살성 자해(NSSI)와 관련된 온라인 단체의 멤버인가요?

만약 그렇다면 그 집단의 전반적인 주제(비자살성 자해(NSSI)로부터의 회복, 자해 지지, 거식증 지지)는 무엇인가요?

만약 그렇다면 그 집단은 공개적인가요, 비공개적인가요?

만약 그렇다면 그것은 절제된 것인가요, 감독된 것인가요?

이들 그룹 중 비자살성 자해(NSSI)의 이미지/영상 등이 있나요?

당신은 이러한 웹사이트에서 어떤 특정한 활동(라이브채팅, 메시지, 게시, 정보검색)을 하고 있나요?

동영상/그림 공유

당신이 방문하는 특정 웹사이트는 어디인가요?

당신은 비자살성 자해(NSSI) 관련 동영상/사진을 제작하나요?

만약 그렇다면, 만든 동영상 주제/콘텐츠에 대해 이야기해주세요.

만약 그렇다면, 그 동영상들은 캐릭터(사람)동영상인가요 아니면 비 캐릭터(스토리) 동영상인가요?

만약 그렇다면, 왜 이 동영상(예: 창조적 발산)들을 제작하나요?

당신은 어떤 유형의 동영상/사진을 시청하나요?

그것들은 사람 위주 동영상인가요, 스토리 위주 동영상인가요?

이러한 동영상의 일반적인 주제(예: 비자살성 자해(NSSI)로부터의 회복, 자해 지지, 거식증 지지)는 무엇인가요?

이 동영상들이 비자살성 자해(NSSI)를 시각적으로 보여주나요?

만약 그렇다면, 이 시각적인 표현들이 경고와 함께 제시되나요?

이러한 비자살성 자해(NSSI)의 시각적 이미지가 비자살성 자해(NSSI)를 촉발시키나요?

만약 그렇다면 촉발시키는 것의 성질, 강도 및 정도를 이야기 해주세요.

이러한 웹사이트에서 어떤 다른 특정한 활동들(예: 메세지, 논평, 채널 팔로잉)을 하고 있나요?

행동의 빈도

비자살성 자해(NSSI) 온라인 활동(한 주 동안의 인터넷 사용)의 빈도에 대해 이야기 해주세요.

인터넷 활동과 관련하여 비자살성 자해(NSSI) 행동의 기능

언제/왜 처음으로 비자살성 자해(NSSI) 온라인 활동에 참여하게 되었나요? 처음의 기억을 떠올려 보세요.

비자살성 자해(NSSI) 온라인 활동을 시작한 이후 당신의 비자살성 자해(NSSI) 행동이 증가/감소/유지되었나요?

온라인 활동 중/후에 선행/발생했던 사건/상호작용, 생각 및 느낌은 무엇인가요?

비자살성 자해(NSSI) 온라인 활동에 참여한 전/후로 자해를 했나요?

만약 그렇다면, 비자살성 자해(NSSI) 위험에 대해 이야기하고 이 위험을 줄일 수 있는 온라인 활동을 탐구해봅시다.

변화의 단계 그리고 비자살성 자해(NSSI) 행동

범이론적 변화모델(The Transtheoretical Model of change(TTM))(Prochasa & DiClemente, 1993)은 사람들이 어떻게 문제행동을 수정하고 긍정적인 행동을 습득하는지를 다루었다. 이것은 의도적인 변화 모델이다. 이 모델은 개인의 의사결정에 초점을 두고 있고, 정신건강부터 신체건강상의 문제를 치료 시 개인마다 치료 성과의 차이를 설명하는 데 도움을 줄 수 있다. 이 모델은 치료의 준수, 저항 그리고 치료의 동기부여에 대한 정보를 제공하는 것을 돕는다. 이것은 치료사가 변화에 대한 환자의 능력을 더 잘 평가할 수 있게 해주며, 특정한 치료 계획을 개발할 때 유익하다.

이 모델은 비자살성 자해 행동의 치료 과정을 설명하는데 적용되었으며, 단계에 따라 환자의 시각 및 치료 과정에 대한 지침을 제공한다. 다만 이 모델은 선형적이지 않으며 환자들은 각 단계들 사이에서 흔들릴 수 있고 그들의 고통에 대한 내성과 위기관리 능력에 따라 심지어는 퇴행할 수도 있음을 명심해야 한다. 모델은 다음과 같다.

사전고려단계

이 단계 동안은 지식의 부족, 과거에 변화하려는 시도의 실패가 존재한다. 행동은 최소화되고, 이러한 행동들의 결과는 변화하기에는 충분히 영향력이 있지 않다. 환자는 이런 행동들에 대해 이야기하길 꺼리고 부인할 수 있다. 이 행동을 중단하는 것의 이득은 이 단계에서의 비용을 넘어선다. 환자는 이 행동의 해로운 성질을 의식하지 못하고, 이 주제에 대해 관여할 때 방어적이고 적대적일 수 있다. 또한 환자들은 그들의 대처 능력에 대해 왜곡된 견해를 가지고 있을 수 있고, 그들의 행동의 중독적인 요소들에 대해 알지 못한다.

치료 영향

이 변화의 단계에서, 미래의 결과를 고려하는 것은 환자의 현재 행동을 변화시키는데 충분한 동기가 되지 못한다. 그래서 동기를 부여하는 면담과 같은 전략이 이 기간 동안 사용될 수 있다. 동기부여 면담은 당신이 변화 과정에서 도우미가 되어 당신의 환자에게 수용을 표현하는 전략이다. 부적응적인 행동(그리고 변화)에 대한 주저는 정상적인 것이며, 회복에 있어서 영향력 있는 장애물이 된다. 내담자의 본질적인 동기와 가치를 다루며 작업하면 이러한 양가감정이 해결될 수 있다.

이러한 유형의 전략에 참여할 때, 당신은 변화가 일어날 수 있는 안전한 환경을 만들기를 원하기 때문에 치료사의 접근은 공감적이고 지지적인 동시에 그러나 지시적이어야 한다(직접적이고 공격적인 대립은 환자를 더욱 방어적으로 만들고 행동변화의 가능성을 약화시키는 경향이 있다).

고찰단계

이 변화의 단계 동안, 환자는 비자살성 자해(NSSI) 행동이 위험하다는 것을 인지한다. 그들은 변화를 고려하고 있을 수도 있지만 애매한 태도를 취하거나 자신의 행동을 바꾸는 것에 대해 주저한다. 그들은 다음 달 안으로 변화를 고려하지 않는다.

치료 영향

이 단계에서 행동에 의한 일시적인 감정적 이득은 변하려는 욕구를 넘어선다. 치료 전략은 환자가 즐겁게 할 수 있는 활동을 증가시키고, 의미있는 관계를 형성하는 것이 될 수 있다. 당신은 행동의 변화에 대한 찬반의 평가를 독려하고 새롭고 긍정적인 결과 기대치를 확인하고 촉진하는 데 도움을 주고 싶을 것이다.

준비단계

이 변화의 단계 동안 당신의 환자는 비자살성 자해(NSSI) 행동을 줄이려는 시도를 할 수 있고, 작은 변화들을 실험하기 시작할 수 있다. 그들은 최소 다음 달 안에 변화를 만들 계획이며 점진적인 변화(예: 세션에서 그들의 비자살성 자해(NSSI) 행동에 대해 이야기하거나 그들이 얼마나 자주 비자살성 자해(NSSI)를 하는지에 대해 기록을 유지하는데 동의)에 대한 제안에 보다 편안함을 느낄 수 있다. 이 단계 동안 그들은 자기탐구에 대해 더 적극적이며 피드백에 대해 반응한다.

치료 영향

당신의 환자가 변화를 경험할 때, 신뢰감은 높아지고 그들은 더 큰 변화를 만드는 경향이 있다. 환자의 기분조절 장애를 돕는데 성공적이었던 행동을 대체, 소멸시키는 과정이기 때문에 때때로 비자살성 자해(NSSI) 행동이 발생하더라도 낙담할 필요는 없다. 삶의 방식을 바꾸는 것은 어려운 과정이며 다양한 환자들을 위한

"단계적 접근방식"을 수반할 수 있다. 충동 조절 일지 사용의 실시 그리고 성공과 재발에 대한 적극적인 논의도 도입할 수 있다.

당신은 환자의 새롭고 긍정적인 결과에 대한 기대를 확인하고 촉진시켜라. 아무리 작든 크든 간에, 박수갈채와 성공에 대한 인정으로 긍정적인 변화를 강화하는 것은 항상 중요하다! 개인은 행동 변화에 대한 장단점을 평가하기 위해 격려가 필요하다. 치료사는 개인에게 새롭고 긍정적인 결과의 기대를 확인하고 촉진시켜 주고, 작은 초기의 걸음을 북돋을 필요가 있다. 일반적으로 이러한 환자들은 과거에 비자살성 자해회복그룹(온라인 또는 실제)에 참여하거나, 치료사와의 상담, 자가치료 책이나 전화 프로그램 혹은 자가변화 접근법에 대한 신뢰와 같은 몇 가지 행동을 취해왔다. 이러한 환자들은 또래집단이나 자원봉사 활동에 참여하는 것과 같은 행동지향적인 프로그램에 적합하다.

행동 단계

이 변화의 단계에서, 환자들은 새롭고 건강한 행동에 적극적으로 참여한다. 환경 수정(스트레스 제거, 자해에 사용될 수 있는 물건 제거) 경험 또는 행동과 같은 행동변화를 위한 적극적인 작업이 이루어진다. 이 단계에서 당신의 환자는 지난 6개월 동안 구체적으로 분명히 그들의 삶의 방식을 수정했으며 재발 방지를 위해 예방 조치를 취해야 한다.

치료영향

이 단계 동안 당신이 환자가 외적 내적 근거들을 재구성하고, 사회적 지지를 강화하는 것을 돕는 것을 권장한다. 당신은 그들이 스트레스와 갈등을 처리할 수 있도록 자아효능감을 강화 촉진하는 것을 도와야 하며 상실과 좌절의 기분으로부터 방어하는 것을 도와야 한다. 당신은 기능적 행동 분석기법(다음 장에서 자세히 논의될)을 통합 또는 충동 조절 기록을 정기적으로 완성하고 치료상의 이득을 강조, 공유할 수 있다. 당신이 충고와 대안적인 대처 전략 사용을 통해 환자의 작업을 돕는 것은 도움이 된다. 또한 기초훈련기술, 스트레스 면역, 고통 내성, 호흡운동 그리고 내적 기분전환 방법(마음챙김) 등 새로운 행동들을 소개하기를 조언한다.

유지단계

이 변화의 단계에서, 환자들은 비자살성 자해 충동을 관리할 수 있는 것에 강한 자신감을 나타내기 시작한다. 그들은 행동단계에서 이루어진 변화를 유지하고 있으며, 그들의 계기, 성장 위기 그리고 강점에 대한 통찰력을 가지고 있다. 이 환자들은 그들의 치료계획에 적극적으로 참여하며 문제에 대해 잘 알고 있다. 여기서, 만들어진 변화를 유지하고 재발을 방지하기 위해 지속적이고 적극적인 작업에 초점을 맞춘다. 이 단계에서 사람들은 재발하고 싶은 충동이 덜하며 그들의 행동변화를 지속할 수 있다는 자신감을 가지게 된다.

치료영향

이 단계에서 환자는 비자살성 자해가 없는 상태를 유지하려는 내적 동기에 의존할 수 있기에 외적인 지지의 필요성이 적다. 당신은 보다 적은 세션을 진행하게 되며 "격려 회기" 모델으로 넘어갈 수 있는데 이것은 환자를 주 혹은 격주로 보는 대신 한 달에 한번이 될 수도 있으며 자연스럽게 치료 종료가 발생할 수 있음을 의미한다. 당신은 환자가 후속지원 계획을 세우는 것을 도울 수 있고 내적 보상과 재발에 대한 대처 과정을 강화하는 것을 확실히 할 수 있다.

9

비자살적 자해행동(NSSI)의 치료

09

비자살적 자해행동(NSSI)의 치료

일반적으로 언제 내담자들에게 치료가 권해지는가?

일반적으로 비자살적 자해행동(NSSI)이 내담자의 부정적 정서를 조절하는 주된 방법이 됐을 때(캡슐화 단계; encapsulation stage) 치료 서비스가 권해진다. 앞서 말한 대로, 이 단계에서는 이러한 행위의 충동을 억제하기가 더욱 어렵고, 친밀한 관계의 사람은 내담자의 비자살적 자해행동을 알아차릴 수 있다. 마약 및 알코올 중독과 마찬가지로 높은 수준에서 기능을 계속 유지하는 능력이 줄어들고 이러한 행동은 사회, 학업 및 직업을 비롯한 다양한 삶의 영역에 영향을 미치기 시작한다. 이러한 행동은 스트레스성 사건을 관리하는 능력을 저해시키고, 강박을 경험할 때 개개인은 충동적이고 자동적으로 이러한 행동이 "필요"하게 될 수 있다. 또한 내담자는 일반적으로 그들이 자해(self-injurious) 행동과 관련된 정교한 계획을 수립하고 칼로 긋기(cutting)에 병적인 집착을 보일 때 치료를 권유받게 된다.

연구에 따르면 NSSI 행동을 가진 외래 환자의 치료기간은 평균 6-9개월이며 정기적인 추수회기를 통해 치료 수혜를 공고히 하고 새로운 전략을 강화한다.

과정집단치료는 치료의 초기단계에서 NSSI에 관여하는 개인들에게 사용이 금지되는데, 이는 그들이 치료를 통한 이익을 얻기보다 서로의 부적응적 행동을 강화시키기 쉽기 때문이다. 심리치료과정집단이 수행된다면 기억과 정서적 반응을 유발할 가능성은 매우 높다. 또한 이 연구는 집단치료법을 고려할 때 내담자의 변화 단계를 인지하는 것이 중요하고, 집단치료가 보장된다면 기술기반집단(분노 감내, 감정조절, 마음챙김)이 제일 적절할 것이라고 제안했다. 이러한 유형의 집단은 구조화되어 있으며, 시간제한이 있고 과업지향적이며, NSSI 행동 제거에 도움이 되는 특정 기술에 중점을 둔다.

변증법적 행동치료(DBT)

DBT의 주요 방침 중 하나는 명확한 반대(예: 좋음과 나쁨, 흑과 백, 사랑과 증오)를 조화시키는 것과 관련이 있다. Charles H. Elliott(2010)에 따르면 "변증법은 우리의 개념을 외견상으로 반대되는 부분으로 분해한다. 즉, 논제, 대조법 및 합성과 같이 다른 방식으로 보았다. 변증법은 마음이 어떻게 근본적으로 가장 중요한 개념과 아이디어를 이해하고 인지하는지 반영하는 중요한 통합개념 중 하나이다. 그리고 심리학 분야는 자아존중감, 신뢰, 용기, 정직함, 분노, 수동성, 금단, 충동성, 억제, 비난받을만한, 죄책감, 위험강행 등과 같은 다양한 개념을 포함한다. 변증법은 우리가 그들 사이의 높은 수준의 통합과 함께 양극 대립들로 구성되어 있다는 인식 없이는 이러한 추상적인 개념을 완전히 이해할 수 없다는 사실에 기초하고 있다."

이것은 세계관, 무질서론, 설득력 있는 의사소통의 방식을 제공함으로써 치료의 틀 역할을 하고 내담자의 문제에 대한 수용과 변화 중심적인 해결책을 제공하는 것을 수반한다. 또한 이는 불일치, 애매함 그리고 변화를 통해 내담자의 편안함을 증진시키려 한다. 예를 들어, NSSI를 가진 내담자와 DBT를 수행할 때, 자해는 장기적인 고통에 영향을 미치고 변화될 필요가 있는 파괴적인 행동으로 간주되는 반면 그들의 고통스러운 감정에 대처하는 데 도움을 주는 것(예를 들면, 타당하거나 이해할 수 있는)으로도 보일 수 있다.

DBT의 주요 목적은 감정조절장애의 영향을 줄이고 내담자가 준자살충동(예: 자극 통제)을 유발하는 사건을 피할 수 있도록 도움을 주며 타인을 치료에 참여시키고 내담자의 슈퍼비전을 강화함으로써 치명적인 수단에 대한 접근을 차단시키는 것이다. 이는 치료와 역량강화에 참여하는 동안 외부적인 통제를 이용하여 이러한 자멸적인 행동을 관리할 수 있도록 도움을 준다.

표준 DBT는 매주 기본 개인심리치료회기 및 기술훈련회기를 포함한 1년간 외래치료의 의무를 수반한다. 최초의 치료사는 DBT가 목표로 하는 주요 부적응적 행동(예: 자해행동) 개선에 공을 들인다. DBT 개인 심리치료법은 환자가 자해와 자살충동이 있는 행동을 통제할 수 있는 새로운 기술을 사용하는 관계와 맥락을 제공한다. 반면 기술훈련은 감정을 조절하고, 고통을 감내하고, 타인과 효과적으로 상호작용하는 능력에 대한 장애를 다루기 위해 구조화된 심리적 교육형식을 따른다.

DBT의 핵심전략

인지행동치료 절차는 DBT의 주요 변화 방법이다. 또한 이 치료법은 자기 타당화와 수용의 발전을 돕는 수용 전략을 포함한다. 기술훈련은 이 치료의 핵심 요소이고 마음챙김, 감정 조절, 고통 감내 그리고 대인관계 효과성과 같은 기술을 포함한다. DBT에서 사용되는 모듈(module)은 나무쌓기와 같다(즉, 하나의 기술을 숙달해야 다음 단계로 넘어갈 수 있다). 이 모듈은 아래에 기술되어 있고, 첫 번째 기술인 마음챙김과 마지막 기술인 대인관계 효과성이 가장 효과적이기 위해서는 나머지 세 가지 기술을 숙달해야 함이 요구된다.

마음챙김

마음챙김은 비판적이거나 이전 경험에 기반하여 반응하지 않고 현재 순간을 처리하는 능력으로 정의된다. 간단히 말해서, 마음챙김은 현재 상황이 불러일으키는 감정을 완전히 그리고 다른 시각의 관점과 함께 경험하면서 현재에 살 수 있는 능력이다. 이는 DBT의 다른 세 가지 기술이 확립될 수 있는 기초 기술로 간주된다. 이것은 당신의 내담자가 강렬한 감정에 압도당하지 않고 새로운 상황에 순응하도록 도와준다.

통증 내성

통증 내성 기술은 당신의 내담자가 스트레스적인 상황을 꾸준히 받아들이고 관리할 수 있도록 도와, 다른 사람들과 힘들거나 스트레스적인 상황을 마주쳤을 때 당황하기보다는 좋고 효과적인 결정을 내릴 수 있도록 만드는 것이다.

감정 조절

감정 조절 훈련은 내담자가 부정적인 정서를 더 잘 관리하고, 현재의 마음 상태 및 특정 감정에 대한 취약성에 관한 인식을 높여 긍정적인 정서를 더 늘리는 데 목적이 있다. 이 훈련은 당신의 내담자의 부정적 감정을 변화시키는 능력을 저해하는 특정 장애물을 찾아낼 수 있도록 도와준다.

대인관계 효율성

대인관계 효율성 훈련 동안 당신의 내담자는, 다른 사람들과 어떻게 효율적으로 소통하는지 교육받을 것이다. 이 모듈을 이용하는 접근법은 자기 주장과 대인관계 기술 훈련을 통합한 것과 비슷하다. 이런 기술은 당신의 내담자가 대인관계 갈등을 피하고, 다른 사람들에게 "아니야!"라고 말하는 방식으로 자신의 경계선을 지키는 데 더 편하게 느낄 수 있도록 돕는 것을 목표로 한다. 이 훈련은 제 3자가 내담자를 변화시키려고 시도할 때, 내담자가 이를 바꾸거나 저항하고자 하는 의사소통 상황에 잘 대처하도록 돕기 위함이다.

소통 전략

소통 전략은 DBT에서 불손하고 상호적으로 묘사된다. 이는 우리가 공격적으로 대립을 일삼으며 우리가 생각하는 무엇이든 내담자에게 알리는 것을 암시하는 것이 아니다. 그러나 이것은 내담자와 치료사 사이에 개방된, 정직하고 양방향 상호작용이어야 한다는 점에서의 의사소통의 진정성을 언급한다. 이러한 유형의 의사소통은 치료사와 함께 방에서 어떠한 일이 일어나는지에 대한 직접적인 반응과 명확한 상의가 필요하다. 이것은 내담자에게 그들의 행동에 대한 정직한 피드백 제공하고, 더 중요하게는 내담자도 이러한 방식으로 치료사에게 대하도록 허용함으로써 상호간의 존중을 보여주는 것이다.

예시 1

내담자: "그래서, 당신은 지난주에 내가 나한테 칼질 좀 했다고 나한테 화내는 거예요? 나는 정말 나아지려고 노력했고, 두 번밖에 안했어요."

치료사: "네, 나는 당신이 다른 기술을 배운 것을 알고 있는데, 그 대신 스스로

를 칼로 긋는 것을 선택한 것에 신경이 쓰입니다. 또한 당신이 나에게 정직하고, 이 일에 대해 기꺼이 말해 주었다는 것에 기쁩니다. 평상시에 10−20번 칼로 긋던 당신이 지난 주에는 두 번 밖에 안 그었다는 것에 대해 감사합니다. 정말 대단해요! 자, 그럼 당신이 일주일에 한 번만 하기 위해서는 우리가 무엇을 해야 한다고 생각하나요? 그 기간 동안 당신에게 어떤 일이 있었는지 말해주세요."

예시 2

내담자: "난 당신이 다른 사람들처럼 날 싫어하는 걸 알아요. 여기에 당신과 앉아있으면서 느낄 수 있어요. 당신의 몸, 얼굴에서 다 티가 나는 걸요. 괜찮아요, 말해요. 난 상관없으니까!

치료사: 나는 오늘 당신이 어떤 일에 대해 화가 나 있는 것을 느낄 수 있네요. 무엇에 대해서인지는 불확실하지만, 당신이 방어적이고, 슬프고, 어쩌면 취약해져 있다는 말로 들려요. 마치 거의 나를 밀어버리려고 하는 것 같아요. 그래요, 때때로 당신은 공격적이고, 나는 무엇이 그렇게 만드는지 모르고, 하지만 나는 이것이 당신의 영역에서 당신이 세상과 사람들을 다루는 방식이란 걸 알아요. 그래서 오늘도 저에겐 놀랍지 않네요. 정말 무슨 일인지 나에게 말해줄래요?

사례관리

사례관리전략은 문제가 발생하는 환경에서 자신의 문제를 해결할 수 있도록 적절한 도움과 지원을 제공하여 내담자를 격려하는 것이다. 이러한 전략은 아래와 같다.

환자에 대한 컨설테이션

이 전략은 내담자가 다른 의료적/정신적 전문가나 어려움을 겪고 있는 것 같은 다른 대상과의 관계에 대해 압박을 경험할 때 필요에 따라 소통을 허가한다. 이는 당신의 내담자가 그들의 문제를 처리하고 직접 그 사람과의 문제를 다루게 조력해주는 것을 포함한다. 이것은 다른 의료/정신건강 제공자와 협력할 때 발생할 수 있는 분열 행동을 최소화 하는 데 도움이 되는 전략이다.

환경적 개입

이 개입은 특정 결과가 반드시 필요해 보이는데 내담자가 이러한 필수적인 결과를 만들어 낼 힘, 권리, 능력이 없을 때만 허용된다. 이 개입은 이용할 수 있는 다른 선택지가 없을 때에만 이용되어야 한다.

예를 들면, 당신의 내담자가 당신이 추천한 특정 사회 복지사와 약속을 잡을 수 없다고 당신에게 알려주고, 당신이 이 사회복지사의 사례 할당량이 많고, 그녀/그가 종종 약속을 잡기 힘들다는 것을 알 때이다. 당신은 당신의 내담자보다 사회복지사에게 더 접근할 수 있고, 매일 이 개인과 접촉하므로 사회 복지사와 함께 당신의 내담자에 대하여 상담하고 약속 시간을 정하려고 할 수 있다.

슈퍼비전/컨설테이션

다른 치료사와의 컨설테이션(Consultation)은 *치료사를 위한 치료*이며, 종종 극심하고 복잡하며 치료하기 어려운 장애가 있는 사람들과 작업하는 DBT 제공자를 지지하는 데 필요한 것이다. 상담 팀은 최상의 치료를 제공하기 위해 자신의 고객을 관리/치료하도록 동기를 부여 받고 유능한 체제를 유지할 수 있도록 지원한다. 전통적인 DBT는 일반적으로 매주 만나고, 개인 치료사로 구성되어 있으며 그들 각각의 내담자의 케어를 위해 책임을 공유하는 그룹 리더들로 구성된 팀 개발을 포함한다. 비록 대부분의 환경이 심층적이고 일관된 실행을 하도록 설계되지는 않았지만, 가능한 경우 고객의 치료와 관련된 동료 및 다른 종사자와 상담하는 것이 중요하다.

NSSI 또는 자살행동을 하는 내담자를 관리하는 것은 정신적으로나 감정적으로 너무 힘들 수 있다. 역전이는 이러한 내담자에게 발생하거나 발생할 가능성이 있고, 이러한 역동이 방에서 발생할 때 계속 예의주시하는 것이 중요하다. 연구에 따르면 "역전이 혐오" 현상이 실제로 존재하며 다양한 형태로 나타날 수 있다. 당신은 그들이 방어적인 태도를 보이거나 당신이 내담자가 취소하거나 결석할 것을 기대할 때, 비치료적 방법으로 내담자에게 도전하기를 원하는 자신을 발견할 수도 있다. 당신은 내담자와의 회기를 기다리며 몹시 화가 나거나 심지어 육체적으로 아픈 스스로를 발견할 수도 있다.

또한 역전이 혐오는 내담자의 "돌보는" 느낌을 강요당하거나 그들의 행복에 대한 책임을 져야 하는 느낌과 비슷할 수 있다. 당신은 치료실 안과 밖에서의 치료에 지나치게 관여하고 있을지도 모른다. 이러한 반응은 전형적이고 치료과정의 정상적인 부분이다. 위험은 임상의가 이러한 문제를 무시하거나 이러한 느낌과 생각을 경감시키고 지속적으로 시정하지 않을 때 발생한다. 상담은 치료에 있어 이러한 문제들을 더 잘 탐색하고 치료사가 객관적이고 효과적인 상태를 유지하도록 돕기 위해 이루어져야 한다.

역전이는 종종 당신이 내담자로부터 부정적 감정을 경험하는 측면에서 논의된다.

그렇지만 내담자에게서 긍정적인 역전이를 경험할 수도 있다. 특정 내담자와 일을 할 때 큰 기쁨이나 즐거움을 경험하는 것은 매우 가능성 있는 일이다. 당신은 그들의 행복과 치료 진행을 지나치게 걱정하거나 "너무" 투자하게 될 수 있다. 당신은 내담자가 세션에 참여하지 않을 때 걱정하거나 사무실 밖에서 그들에 대해 곰곰이 생각하게 될 수 있다.

이러한 감정들이 부적절한 것은 아니지만, 당신이 이 내담자와 역전이를 경험하고 있을 수 있으며, 정말로 믿을 수 있는 동료들과 이 감정을 논의할 필요가 있다. 이러한 감정들은 치료에 해로울 수 있고, 이러한 감정이 무시되거나 완화되거나 비밀로 유지될 때, 당신의 판단에 해를 입힐 수 있다. 이러한 감정들은 이 내담자에 대한 당신의 의사결정 과정과 치료, 심지어 당신의 행동에 있어 객관적인 자세를 유지하는 능력에 방해가 될 수 있다.

다음은 내담자와의 이러한 역전이에 대한 나의 개인적인 경험의 예이다.

전이(Countertransference) 예시

Ruth는 75세의 독거 여성이다. 그녀는 결혼한 적이 없고, 아이들도 없다. 그녀의 부모님은 약 10년 전 별세하셨고, 전국의 다양한 주에 살고 있는 직계 가족(2명의 남자형제와 1명의 여자형제)과 가끔 연락을 유지하고 있다. 이 관계는 껄끄럽고 거의 존재하지 않았다. 그녀는 그 지역에 친구가 거의 없었고 종종 이 친구들과 사소한 말다툼을 하곤 했는데, 그런 점 때문에 그녀는 몇 달 동안 이들과 연락을 하지 않았을 것이다.

그녀는 다른 사람들과의 관계가 "괜찮다"라고 주장했지만, 휴일이나 다른 상황(생일, 기념일) 동안 아무도 그녀에게 연락하지 않거나 전화, 페이스북 메시지에 답을 하지 않을 때 종종 우울해지곤 했다. 그녀의 유일한 "가족"은 그녀가 "아이들"이라고 부르는 여섯 마리의 고양이, 두 마리의 강아지 그리고 한 마리의 새 밖에 없다. 그녀는 동물들에게 매우 애착을 느꼈고, 우리가 작업을 같이 하는 동안 이 중 세 마리의 동물이 죽었다. 그들의 죽음이 그녀에겐 매우 힘들었고, 그녀는 그들의 장수와 건강을 보장하기 위해 상당히 많은 액수의 돈을 소비했다. 그녀는 은퇴 후 고정 수입으로 생활하기 때문에 가끔 감당할 수 없는 과도한 빚을 지게 됐다. 그럼에도 불구하고, 아무리 많은 돈이 든다 하더라도 그들의 생계를 유지하는 것보다 중요하지 않았다.

너무 신경쓴다고?

나는 Ruth와 대략 5년간 함께 일할 수 있는 권한이 있었다. 이 기간 동안, 나는 그녀가 여자로서 어떤 사람인지 더 많이 알게 되었고, 어떻게 그녀가 나를 만나기 전의 여자로서의 모습이 되었는지 알게 되었다. 그녀는 자신의 아동기, 청소년기, 모험적인 20대와 격동적인 성인기의 사적이고 때로는 슬픈 세부 사항들을 공유했다. 그녀는 5년간 매주 나와 그녀의 인생을 공유했다! 그리고 나는 그녀의 힘과 회복력에 감탄하게 되었다. 그녀의 인생 경험과 깊이에 감탄했다. 나는 Ruth에게 마음을 쓰게 되었다.

처음에, 나는 그녀에 대해 전혀 긍정적으로 생각하지 않았다. 그러다 점점 나는 우리의 치료 회기를 기대했고 완전히 이 치료에 몰두하고 있는 나를 발견하였다. 이렇게 하는 것이 맞는 것이지 않나? 나는 내 내담자를 신경써야 하고, 그들의 진행상황에 대해 듣기를 기대해야 한다. 나는 그들의 안녕에 기여해야 한다. 맞지 않는가? 내가 말하고자 하는 것은 그것이 이 직업의 전부라는 것이다!

아니... 아니, 아니, 아니! 나는 Ruth와의 역전이에 대응하고 있었다.

그녀가 나를 사무실 밖에서의 외부만남에 초대했을 때, 이는 분명해졌고, 나는 **정말로 고민했었**다. 나는 심지어 이것을 정당화시키려 했다! 나는 내 자신에게 "괜찮을꺼야! 내 말은 내가 자연스러운 환경 안에 있는 치료실 밖에서 지켜볼 기회가 있다는 것이고, 그리고 나서 나는 심지어 치료에 더 효과적일 수 있도록 그녀에 대해 더 많이 배울 수 있을 거야. 나는 윤리적인 규칙을 어기려는 것이 아니고, 이는 성적 관계나 해로운 것이 아닌데, 못갈 이유가 뭐야?

객관성의 상실

그리고 나서, 나는 내 자신을 멈췄다! "Meagan, 좀! 너 다른 내담자한테는 이러지 않았잖아. 넌 이 문제를 즉시 상담회기에서 다뤘고 치료적 관계에서의 경계를 설명했을 거야. 너는 그녀를 다르게 대하고 있어. 그녀에게는 다른 내담자에게 하는 것과 굉장히 다르게 반응하고 있어. 너는 객관성을 잃어버렸어. 넌 이 내담자와 어떠한 개인적인 활동을 해선 안 되는 걸 알고 있잖아. 비윤리적이진 않을 수 있겠지, 하지만 넌 그녀가 이 상호작용을 어떻게 해석할지, 궁극적으로 이게 치료에 어떻게 영향을 미칠지 몰라. 그게 그녀가 치료하기 위해 온 이유이기도 해.

이 깨달음을 얻었을 때, 나는 좋은 친구이자 믿을 수 있는 동료와 이 경험에 대해 상의했다. 나는 내 감정과 이 내담자에 대한 나의 생각에 대해 솔직하게 말했고, 그녀는 역전이에 대한 나의 가설을 더 확실히 해주었다. 그녀는 이것을 나와 면밀하게 진행했고 이는 인간의 반응으로써 매우 현실적이고 감정적인 사건임을 인정했다. 나는 이 내담자와 관계를 발전시켰다. 나는 그녀의 내면의 생각을 알고, 그녀의 고통, 기쁨, 슬픔 그리고 심지어 그녀의 외로움까지 공유했다. 그녀의 외로움은 내 역전이의 근원이었다. 그것은 "내 것"에 관한 것이었다. 이 세상에서 그녀와 함께 사랑과 시간을 나눈 사람이 없다는 것을 아는 것이었다. 그리고 그녀는 심지어 그녀의 집에서 혼자 죽을 수도 있다는 생각에 가득 차 있었다. 이런 것들은 내가 그녀의 삶에서 나의 역할에 대해 객관성을 유지하고 받아들여야 했던 그녀 삶의 실상이었다. 나의 역할은 그녀의 정신건강제공자에 머무르고 치료실에서 그녀의 필요를 충족시키는 것이었다. 그녀의 삶을 잘 다루기 위한 도움을 받기 위해 나를 찾아왔다. 이것은 나에게 할당된 역할이었고 나는 그것을 받아들였다

나의 감정을 이해하고 설명하기

상담을 하고 내 감정을 더 잘 이해하게 된 후에, 나는 내 내담자를 다룰 수 있었고, 왜 내가 이 외부만남을 할 수 없는지 그녀에게 설명할 수 있었다. 그녀는 이 피드백에 고마워했고, 소리쳤다, "글쎄, 제가 다뤄야 할 부분이 너무 많아서 우리가 이 방 밖에서 놀 수는 없을 거 같아요! 그렇게

하는 게 더 좋은 것 같아요." 잘 해결이 되었다! 나는 역전이를 다룰 수 있었고 이 문제를 내 내담자와 함께 해결할 수 있었다. 하지만 나는 우선 이런 일이 일어나고 있다는 사실을 **인지해야 했다.**

회기 중에 당신의 감정적인 반응에 주의를 기울여라. 당신이 이례적인 행동을 하거나 당신이 생각하기에 당신의 행동이 동료들로부터 의문을 야기할 수 있다면 항상 자기 자신에게 질문해라. 우리는 방 안의 주요한 도구들 중 하나이고 우리는 조심할 필요가 있다!

*내담자 이름과 실제 세부사항은 기밀유지 목적으로 변경되었다.

역전이 체크리스트

다음 중 어느 하나를 경험할 경우, 컨설테이션이 필요할 수 있음을 알려드립니다. 아래의 문항들에 해당한다면 표시해주세요:

— 내담자에 대한 강한 회피감

— 내담자에 대한 분노, 적대감 또는 좌절감

— 내담자 인계에 대한 빈번한 고려

— 내담자 회기를 예상할 때의 생리적 혐오 반응

— 내담자를 "돌보거나" 내담자를 "구하려는" 욕망

— 내담자가 회기를 취소했을 때 느끼는 흥분이나 희열

— 당신의 내담자와 치료회기에서 가식적이거나 방어적임

— 경계의 강화가 필요한 회기 이후의 죄책감

— 세션이나 상담 시 내담자에 대한 강한 부정적 반응

— 해당 내담자의 사례에 과도하게 많은 시간 할애(일반적으로 보장된 것보다 더)하며, 왜 이 내담자가 특별하거나 다른 대우를 받아야 하는지에 대해 정당화 하려 함

— 해당 내담자와 치료회기를 진행하는 동안 불안해지거나 불편해지고 이러한 불안이 때때로 치료를 방해함

— 유사한 문제가 있는 다른 내담자보다 이 내담자와 더 엄격한 경계를 적용함

DBT 치료의 단계

DBT는 네 가지 치료단계로 나누어진다. 이 단계는 내담자 행동의 심각성에 의해 정의되며, 치료사들은 내담자들이 살 가치가 있음을 경험하는 삶으로 향하는 과정 중 각 단계에서의 목표를 도달하기 위한 작업을 함께 한다.

1단계

이 단계에서 내담자는 감정에 압도된 것처럼 보여지며 그들의 행동은 보통 통제가 어렵다. 이는 다양한 행동으로 나타날 수 있다. 자살을 시도하거나, NSSI 행동에 관여하거나, 약물 및 알코올 남용에 연루되거나 다른 유형의 자기 파괴적인 행동에 관여하려고 할 수 있다. 내담자가 처음 DBT 치료를 시작할 때, 그들은 종종 그들의 정신적 안녕에 대한 경험을 고통스럽고 절망적이며 통제 불능이라고 설명한다. 이 단계의 목표는 내담자가 통제가 불가능하거나 압도된 상태로부터 벗어나 보다 적절한 행동 통제를 달성하도록 돕는 것이다.

2단계

이 단계 동안, 당신의 내담자는 무언의 두려움과 불안감을 가지고 삶을 살고 있을지도 모른다. 그들의 행동은 더 잘 관리되지만, 그들은 종종 과거의 신체적, 정신적 그리고 정서적 트라우마와 무효화로 인해 계속해서 정서적이고 정신적인 고통을 받고 있다. 그들의 정서적 경험은 일반적으로 억제되고 억압된다. 이 단계의 목표는 내담자가 절망적인 상태에서 다양한 감정을 경험할 수 있는 상태로 전환하도록 도와주는 것이다. 만약 정당한 사유가 있는 경우, 외상 후 스트레스 장애(PTSD)는 이 치료의 단계 동안 구체적으로 다뤄질 수 있다.

3단계

이 단계 동안, 내담자의 목표는 어떻게 살아갈 것인지를 배우는 것이다. 어떻게 삶의 목표를 정하고, 자아존중감을 발전시키고, 평화와 조화를 이룰 것인지 배우는 것이다. 이 단계의 주된 목표는 당신의 내담자가 "일반적인" 행복과 불행의 삶을 살 수 있다는 것이다.

4단계

4단계에 참여할 때, 당신의 내담자는 영적인 존재를 통해 더 깊은 의미를 찾으려고 할 수 있다. Marsha Linehan은 특히 평범한 행복과 불행의 삶이 영적인 성취나 더 큰 전체와의 유대감이라는 추가적인 목표를 이루지 못하는 내담자를 위해 4번째 단계를 제안했다. 이 단계 동안, 치료의 목적은 당신의 내담자가 불완전함에서 벗어나 희망, 즐거움, 자유(전체적이고 완벽한 조화와 자기수용)의 경험에 대한 지속적인 능력으로 나아가는 것이다.

치료법과 DBT

치료적 동맹 수립하기

내담자는 치료사가 자신에 대해 신경써주며 진실된 사람이라는 것을 믿어야 한다. 당신의 내담자와 진실되게 지내는 것은 치료적 관계를 확립하는 중요한 요소이다. 만약 그들이 당신을 신뢰하지 않는다면, 치료는 생산적일 수 없고, 비협조적인 것으로 문제가 될 수 있다. 진실성은 당신의 내담자로부터의 피드백에 열려있는 것 그리고 솔직한 피드백을 제공하는 것을 포함한다. 이것은 당신의 내담자와 경계를 확립하고 치료에 있어 일관성을 유지하는 것을 수반한다.

기능적 행동 분석

기능적 행동 분석은 일반적으로 문제행동을 다루기 위한 문제해결과정으로 간주된다. 이는 특정행동의 목적을 식별하기 위해 다양한 기술과 전략을 필요로 한다. 기능적 행동 분석은 행동 자체를 넘어서서 바라본다. 이는 특정 행동의 발생(및 미발생)과 관련된 중요한, 내담자 특유의 사회적·정서적·인지적 및 환경적 요인을 파악하려고 한다. "왜" 자기파괴적 행동에 관여하는지에 대한 이해를 바탕으로 한 행동 개입 계획은 매우 유용할 수 있다.

이 장에는 당신의 내담자와 이러한 개입을 활용할 수 있는 기능적 행동 분석 워크시트가 제공되어 있다.

인지 재구조화

인지 재구조화는 혐오스러운 감정과 분위기를 이해하고 때때로 기저에 자리잡고 있을 수 있는 잘못된 "자동적 신념"에 도전하기 위한 유용한 기술이다. 나쁜 분위기는 불쾌하고, 내담자의 성과의 질을 떨어뜨릴 수 있으며, 타인과의 관계를 약화시킬 수 있다. 인지 재구조화는 내담자가 그들의 기분 상태와 감정에 종종 부정적인 영향을 주는 부정적이거나 왜곡된 생각을 변화시키는 데 도움을 준다.

인지 재구조화 워크시트는 이 장에 제공되어 있다. 이 워크시트는 이 치료 회기 중에 당신에 의해 내담자에게 소개되어야 한다. 당신의 내담자와 인지 재구조화의 목적과 이 개입이 보다 적응력 있는 사고 패턴을 개발하는데 어떻게 도움이 되는지 논의하라. 워크시트는 임상의와 내담자에 의해 사용될 수 있다.

기능적 행동 분석(Functional Behavior Analysis)

지시사항: 이 워크시트를 사용하여 당신의 내담자의 목표 행동 문제를 평가할 수 있다. 이 워크시트는 내담자에 대한 치료 계획 개발에 활용될 수 있다. 완성된 기능적 행동 분석의 예는 다음 페이지에서 확인할 수 있다.

1단계: 가설 수립

행동을 확인하라 & 다음의 용어로 정의된다.

◆ 특정한
◆ 관찰 가능한
◆ 측정 가능한

내담자가 다음 내용을 경험하는 시기를 확인한다.

◆ 해당 행동에 관여할 가능성이 가장 높을 때
◆ 해당 행동에 관여할 가능성이 가장 적을 때
◆ 자기파괴적 행동에 기여하는 것으로 보이는 요인 또는 사건
◆ 특정 즉각적인 사건/계기(행동을 촉발하는 자극)
◆ "배경사건"(우려되는 행동 전에 발생하고, 내담자의 상황 처리 능력을 떨어뜨린 사건. 예: 배우자 또는 사랑하는 사람과의 말다툼)

2단계: 가설 검정(선택적인, 때로는 의문스러운)

실험을 수행하라. 이는 특정 경험에 대해 당신의 내담자를 인터뷰하거나 최근 그들의 일상생활에서 일어난 상황을 분석함으로써 발생한다.

상황 & 사건을 통제(내담자와의 질의응답, ~한다면? 또는 변수의 부재시에 무엇이 일어날지 의논)하여 가설(바람직하지 않은 행동을 유지하는 변인에 대한)을 검증/수정하라:

- 다양한 정도와 유형의 가설 자극제를 가진 현재 내담자(사건 또는 발기인 설정)를 묘사
- 가설 자극제 발생의 방지/예방(사건 또는 선행 결정)
- 행동에 영향을 미칠 수 있는 다른 자극제들을 제시/탐색
- 내담자의 요구를 충족시켜 부적절한 행동을 대체할 수 있을 것으로 예상되는 새로운 대체 행동의 설명을 촉진(대체 행동은 내담자의 요구/목적을 적어도 부적절한 동작과 동일한 범위까지 충족해야 함을 기억하라. 그렇지 않으면, 당신의 내담자가 왜 다른 행동으로 바꾸는 것을 고려하겠는가?)

3단계: 행동적 개입 계획(BIP)

- 내담자의 치료 계획 중 BIP 부분에 현실적인 조치 계획을 개발/수립하라.
- 목표와 목적을 설정한다.
- 직접적 개입을 묘사한다.
- 자기파괴적 행동을 보일 때의 규정된 반응을 확인한다.
- 대체 행동과 이를 내담자에게 어떻게 가르칠지를 나열한다.
- 제공된 서비스에 대한 변경사항에 유의한다.

4단계: 계획의 실행

부적절한 행동과 동일한 목적에 도움을 줄 목적을 가진 긍정적인(또는 덜 부정적인) 대체 행동들을 가르치고, 희망적으로 긍정적 행동들의 사용을 장려하라.

부적절한 행동들이 더 이상 즉각적이거나, 보상이 되지 않도록 관련된 사건들/상황들을 수정하라.

기능적 행동 분석

날짜: 2015년 6월 12일
내담자: 엘리스

선행(A)	행동(B)	결과(C)
그녀의 부모님과 말다툼을 했다. 그들은 왜 그녀가 동생만큼 잘 할 수 없냐고 물었고, 만약 그녀가 그랬다면 그들은 그녀를 그만큼 벌주지 않을지도 모른다고 말했다.	2. 내담자는 자신이 화가 나고, 수치심과 부끄러움을 느꼈으며 스스로가 충분히 훌륭하지 않다고 말했다. 마치 부모님이 그녀를 받아들이지 않는 것 같다고 느꼈다.	3. 내담자는 위층 욕실에서 문을 잠그고 몸통과 허벅지를 칼로 긋기 시작했다고 말했다. 피를 본 후, 그녀는 "안도"를 느꼈고 칼로 긋기를 중단했다.
4. 학교에서 문제가 생겼고 교감선생님을 만났다. 그는 왜 그녀가 많은 어려움을 겪는지 물었다. 그리고 그는 그녀의 동생을 안다고 이야기했고, 그녀의 자매가 "얼마나 좋은 학생"인지 "극찬"을 이어갔다.	5. 내담자는 "분노"했고, 그녀의 여동생에 대해 증오를 느꼈고 그 후 동생에게 증오심을 느낀 것에 대해 죄책감을 느꼈다. 그녀는 압도당하고 외로움을 느꼈다고 말했다.	6. 집에 돌아온 후, 내담자는 침실에서 문을 걸어 잠그고 허벅지를 칼로 그었다. 이 일이 발생했을 때 그녀는 "더 나아짐을 느꼈다"라고 말했고, 그녀가 "자신을 처벌한" 이후 더 이상 죄책감을 느끼지 않았다.
7. 내담자는 그녀의 가장 친한 친구와 말다툼을 하게 되었고, 그녀의 친구는 그녀와 더 이상 친구를 하기 싫다고 말했다.	8. 내담자는 버려진 느낌과 외로움과 공허함을 느꼈다고 보고했다. 내담자는 "그녀는 내가 사랑 받을 자격이 없기 때문에 나를 사랑하지 않게 된 또 다른 한 사람일 뿐이었다."라고 진술했다.	9. 내담자는 집에 가서 칼로 자해를 하는 것을 기다리지 못하고 학교 여자화장실에 가는 것을 선택했으며 팔과 허벅지를 긁기 위해 스테이플러 심을 사용했다고 말했다. 그녀는 "잠시 후 나는 다시 수업에 돌아갈 수 있을 정도로 괜찮아졌고, 이것이 그리 나쁘지는 않았다"고 진술했다.
10. 내담자는 자신의 가장 친한 친구가 인스타그램에 다른 사람과 같이 있는 것을 봤고 파티에 가는 것에 대해 그녀에게 거짓말을 했다고 진술했다.	11. 내담자는 거부당한 느낌, 슬픔과 공허함을 보고했다.	12. 내담자는 그녀는 그녀 자신을 칼로 긋지 않았지만 자살 사고를 하였다고 진술했다. 그녀는 "그러기에는 너무 무서워서 그것을 하지 않았다"고 말했다. 그리고 나서 그녀는 그날 저녁 스스로를 칼로 긋는 것을 선택했고 즉시 증상 완화를 경험했다고 말했다.

가설(다른 ABC들이 유사한 패턴을 보인다는 가정에 근거하여)

중요한 타인(부모, 친구, 권위적 인물)과의 상호작용이 부정적이거나 최소화된 것으로 인식될 때 NSSI에 관여한다. 그녀는 그녀의 동생과 비교될 때 혐오감을 느끼며, 충분히 훌륭하지 못하고 중요하지 않은 사람이 돼버린 느낌을 유발한다. 내담자는 이러한 상호작용 동안 감정을 표현하지 않고 그녀의 분노와 좌절감을 내면화한다. 칼로 긋기를 통해 이런 감정을 표현할 수 있게 될 때, 그녀는 증상 완화를 경험한다. 내담자는 이제 칼로 긋는 행동과 증상 완화를 관련지었고, 부정적 정서를 관리하기 위해 이 행동을 선택하게 되었다.

계획

내담자가 그녀의 환경에서 유발요인을 인식할 수 있도록 치료 중에 이 패턴을 강조한다. DBT 치료에서의 마음챙김, 감정 조절, 고통 감내과 대인관계 효율성을 통합하여 내담자가 부정정서를 더 건강하게 표현하는 방식을 배울 수 있도록 돕는다. 내담자가 이러한 행동들을 줄일 수 있도록 돕고 그녀가 이 행동을 줄였을 때를 강조한다. 위의 목표를 향해 얻은 점과 노력한 점들을 인식한다. NSSI를 대신할 수 있는 대체 행동을 내담자와 탐색한다. 그녀의 치료에서 순응과 투자를 도모하기 위해 내담자의 피드백을 치료 계획에 통합한다. 내담자의 중요한 타인들과 내담자의 관계를 탐색하고, 심리교육을 통해 내담자가 관계의 본질과 관계의 "중간영역"을 잘 이해할 수 있도록 한다.

행동 체인(Behavior chain) 분석

지시사항: 이 양식은 당신의 상담자의 안내를 받아 작성되어야 합니다. 이 워크시트는 문제 행동으로 이끄는 촉발요인과 패턴을 확인하는 데 쓰일 것입니다. 정직하고 솔직하게 답변해주십시오.

1. 구체적인/특정 문제 행동을 묘사하시오(회상, 칼로 긋기, 해리, 은신, 폐쇄, 공황발작 등).

A. 구체적이고 상세하게 하십시오. 애매한 용어는 안 됩니다.

_____
_____
_____

B. 당신이 무엇을 하였고, 말하였으며, 생각하고 느꼈었는지 (만약 감정이 목표한 문제 행동이라면) 정확히 확인해주시기 바랍니다.

_____
_____
_____

C. 행동의 강도와 중요한 행동의 다른 특징들을 설명해주시기 바랍니다.

_____
_____
_____

D. 연극이나 영화배우가 행동을 정확히 재현할 수 있을 정도로 충분히 자세하게 문제 행동을 설명해주시기 바랍니다.

_____
_____
_____

2. 행동체인을 시작하게 된 구체적인 촉발 사건을 기술하십시오. 연쇄를 시작한 환경적 사건부터 시작하십시오. 환경적 사건이 문제 행동을 "유발"하는 것으로 보이지 않더라도, 항상 당신의 환경에서 일어난 사건으로 시작하십시오. 이에 대한 가능한 질문으로는:

정확히 어떤 사건이 연쇄 행동의 시작을 촉발시켰나요?

_____

_____

문제행동을 촉발한 연쇄 사건들이 언제 시작되었나요? 언제부터 문제가 시작됐나요?

_____

_____

문제가 시작되던 그 순간 무슨 일이 일어나고 있었나요?

_____

_____

그 당시에 당신은 무엇을 하고, 생각하고, 느끼고, 상상하고 있었나요?

_____

_____

왜 문제 행동이 전날이 아닌 그 날에 일어났나요?

_____

_____

3. 일반적으로 촉발 사건 전에 발생하는 노출(Exposure) 요인을 설명하십시오. 어떤 요소나 사건이 당신을 연쇄적으로 문제행동을 경험하도록 더 취약하게 만들었나요? 살펴볼 영역은:

A. 신체적 질병, 불균형한 섭식이나 수면, 부상

_____

_____

B. 약물이나 알코올 사용, 처방약 오용/남용

_____

_____

C. 환경 내 스트레스 사건(긍정적이거나 부정적인)

_____

_____

D. 슬픔, 분노, 두려움, 외로움과 같은 강렬한 감정

_____

_____

E. 당신이 스트레스를 받는다고 느꼈던 당신 이전 행동들

_____

_____

4. 문제 행동을 초래한 **연쇄적인 사건(chain of event)**을 솔직하게 설명하십시오. 그 다음에는 무슨 일이 일어나나요? 당신의 문제 행동이 환경 내 촉발 사건과 연쇄적으로 연결되어 있다고 상상해 보십시오. 연쇄 행동은 시간이 얼마나 진행이 되어왔나요? 어떻게 연결된 연쇄사건들은 무엇인가요? 사소한 것이라도 사건들의 연쇄적 연결고리와 관련된 모든 것들을 적어보십시오. 연극 대본을 쓰는 것처럼 매우 구체적으로 서술하시오.

A. 촉발사건 이후에 어떤 정확한 생각(또는 믿음), 감정, 또는 행동이 뒤따랐나요? 그 다음에는 무슨 일이 일어나나요?

_____

_____

_____

_____

_____

B. 당신이 이것을 쓴 후에 연쇄적 사건들의 관련성을 보십시오. 다른 생각, 감정 또는 행동이 일어나는지요? 누군가 다른 사람이라면 그 시점에서 다르게 생각하고, 느끼고, 행동했을까요? 만약 그렇다면, 그게 어떤 생각이나 느낌 또는 행동이었을지 설명해 보십시오.

_____

_____

_____

_____

_____

C. 각 연쇄적 사건들의 연결고리들에 대해서 당신이 설명할 수 있는 더 세부적인 연결고리들이 있나요?

_____

_____

_____

_____

_____

5. 그 연결고리들은 생각, 감정, 감각 그리고 행동일 수 있습니다. 이 행동의 결과는 무엇인가요? 구체적으로 말하십시오.

A. 다른 사람들은 그 당시나 후에 어떻게 반응했나요?

_____

_____

B. 당신은 그 행동 후에 즉각적으로 어떻게 느꼈나요? 또는 후에?

_____

_____

6. 그 행동이 당신과 당신의 주변에 어떤 영향을 미쳤나요? 이 문제에 대한 다양한 해결책을 상세히 설명하십시오.

A. 촉발사건을 뒤따르는 당신의 행동들의 연쇄적 연결고리들을 다시 살펴보세요. 당신이 무언가 다르게 행동을 했다면 문제 행동을 피할 수 있었는지를 나타내는 연결고리나 그런 곳이 있다면 체크해두세요.

_____

_____

B. 문제 행동을 피하기 위해 연쇄적인 사건들의 각 연결고리에서 당신은 무엇을 다르게 할 수 있었나요? 어떤 대처행동을 사용할 수 있었나요?

_____

_____

7. 예방 전략을 자세히 설명해보세요. 당신의 취약함을 줄임으로써 어떻게 그 연쇄적 사건들이 연쇄적으로 일어나지 않게 할 수 있었나요? 문제 행동의 특별하고 의미있는 결과를 바로잡고 고치기 위해 당신은 무엇을 할 것인지 설명하십시오.

_____

_____

인지적 재구조화(Cognitive Restructuring)

지시사항: 다음과 같이 "인지적 재구조화 활동"의 예로 이 워크시트를 사용하십시오.

단계 1: 스스로를 진정시키자.

만약 당신이 어떤 생각들로 인해 여전히 화가 나거나 스트레스를 받고 있다면, 여러분은 도구를 사용하는 것에 집중하기 힘들 수 있다. 만약 특별히 스트레스를 받거나 화가 난다면, 명상이나 심호흡을 통해 자신을 진정시켜보자.

단계 2: 상황을 확인하자.

당신의 부정적인 기분을 촉발시킨 상황을 설명하는 것부터 시작해보자. 그리고 여기에 그 것을 작성해보자.

_____

_____

단계 3: 당신의 기분을 분석해보자.

다음으로, 당신이 그 상황에서 느꼈던 감정들을 적어보십시오. 여기서, 기분은 우리의 주된 감정이지, 그 상황에 대한 생각이 아니다. 감정과 생각을 구별하는 쉬운 방법은 이렇게 생각하는 것이다. 생각은 일반적으로 한 단어로 설명할 수 있는 반면, 감정은 더 복잡하다. 예를 들면, "그녀는 모든 친구들 앞에서 나를 당황하게 만들었다"는 것은 하나의 생각일 것이고, 반면 관련된 기분은 좌절, 당혹, 분노 또는 동요일 수 있다.

_____

_____

단계 4: 자동적 사고 확인하기

당신이 그러한 기분을 느낄 때 경험했던 자연스러운 반응 또는 "자동적 사고"를 적어보자. 위의 예시의 경우 당신의 생각은 다음과 같을 수 있다.

- "아마 그녀는 나를 싫어하거나 나를 질투하는 것 같아."

- "그녀는 나를 증오해."
- "그럴 줄 알았어... 그들은 항상 나에 대한 이야기를 할거야."
- "그녀는 정말 (빈 칸을 채우십시오)이다!"
- "아무도 나를 좋아하지 않아."

이 예시에서 가장 괴롭히는 생각("뜨거운 생각")은 "그녀는 나를 증오한다" 또는 "아무도 나를 좋아하지 않는다"일 것이다.

단계 5: 객관적이며 지지적인 증거를 찾아보자.

당신의 자동적 사고를 객관적으로 뒷받침하는 증거를 찾아보자. 이 예시에서 당신은 다음과 같이 작성할 수 있다.

- "그녀는 나에 대해 경멸적인 발언을 했다."
- "그녀는 이것을 다른 사람들 앞에서 말했다."

당신의 목표는 일어난 일을 객관적으로 바라보고, 당신의 자동적 사고를 유도한 특정 사건이나 이야기들을 작성하는 것이다.

단계 6. 객관적이며 반대의 증거를 찾아보자.

자동적 사고에 반대되는 증거를 찾아 작성하십시오. 이 예로는:

- "그녀가 한 말은 사실이 아니었다."
- "다른 누구도 나에 대해 이런 말을 한 적이 없다."
- "다른 친구들은 그녀의 말에 반응하지 않았다"
- 당신이 눈치 챘을지는 모르겠지만, 위의 진술은 초기의 반응적 사고보다 더 타당하고 합리적이다.

단계 7: 공평하고 균형 잡힌 생각확인 찾기

이 단계에서, 당신은 상황의 양면적인 측면을 고려했다. 이제, 당신은 일어난 일에 대해 공평하고 균형 잡힌 해석을 하는 데 필요한 정보들로 무장해야 한다.

만약 당신이 여전히 쉽지 않다고 느낀다면, 다른 사람과 함께 실행해보거나 다른 방법으로 그 질문을 평가해보라.

균형이 잘 잡힌 결론에 도달하게 된다면, 이 생각들을 적어두어라. 이 예시에서 합리적인 생각은 다음을 포함할 수 있다.

- "어떤 다른 사람도 나에 대해 이런 말을 하지는 않았다. 다른 사람들은 긍정적인 말을 더 많이 했다."
- "그녀는 사실 다른 것에 화가 났을 수 있고, 나랑 관련 없는 일이다"
- "논쟁을 했지만, 우리는 여전히 친구이다."
- "그녀가 상황을 다루는 방식은 부적절했다."
- "나의 다른 친구들은 그녀가 한 말에 충격을 받았다. 그러나 내 **모든**(ALL) 친구들이 거기에 있지는 않았다."

_____

_____

단계 8: 당신의 현재 감정 평가하기

당신은 이제 상황을 더 잘 이해할 수 있게 됐고, 당신의 기분은 좋아진 것 그 이상일 것이다. 현재 당신의 기분을 작성해보아라

그 상황에 대해 당신이 할 수 있거나 할 수 있었던 일을 생각해보아라.(위의 단계를 통해 상황을 바라보면 이 문제가 덜 중요해질 수도 있으며, 이 문제에 대해 아무 조치도 취할 필요가 없다고 결정할 수 있다.)

마지막으로, 미래에 유사한 자동적 사고에 대항하기 위해 당신이 사용할 수 있는 긍정적인 문장을 만들어라. 그리고 이 문장들을 가까운 곳에 보관하라. 예를 들면, 포스트잇을 사용해서 다양한 장소(예: 화장실 거울, 옷장, 차 안, 서랍 안)에 붙여, 자신이 어떠한 사람인지에 대한 "좋은 점과 사실인 점"을 떠올리도록 하라.

_____

_____

인지적 재구조화(Cognitive restructuring) 활동

지시사항: 이 워크시트를 사용하여 당신이 괴로웠다고 느낀 한 사건에 대해서 당신의 생각을 확인하고 분석하고 재구조화해보세요.

상황: 무엇이 당신의 부정적인 기분을 유발했는지 기술하십시오. 가능한 한 자세히 기술해보세요.

_____

_____

_____

_____

_____

_____

당신의 기분(mood) 분석하기: 상황에 대해 당신이 과거에는 어떻게 느꼈는지, 그리고 지금은 어떻게 느끼고 있는지 기술해보세요.(예: 화나고, 좌절하고, 슬프고).

_____

_____

_____

_____

_____

자동적 사고 확인하기: 이 주제에 대해 당신이 가지고 있는 자동적 사고들을 나열해보세요.

_____

_____

_____

_____

_____

객관적이며 지지적인 증거 찾기: 당신이 위에서 확인한 자동적 사고를 뒷받침하는 어떤 증거가 있다면 모두 적어보세요.

_____

_____

_____

_____

객관적인 반대 증거 찾아보기: 당신의 자동적 사고를 보고 이에 반대되는 객관적인 증거를 적어보세요. 다른 사람들의 관점도 포함하여 적어보세요. 아래에 당신의 새로운 관점을 작성해보세요.

_____

_____

_____

_____

합리적이고 현명한 생각 찾아보기: 위의 두 곳에서 제시된 생각들을 살펴보세요. 이제, 이 문제들을 좀 더 균형 잡힌 시각에서 바라보고 새롭고 더 합리적인 생각들을 적어보세요.

_____

_____

_____

_____

당신의 현재 기분 평가하기: 잠시 동안 당신의 현재 기분을 살펴보세요. 어떤가요? 기분이 좋아지나요? 이 문제에 대한 상황을 개선시키기 위해 당신이 해야 할 일이 있나요?

_____

_____

_____

_____

대부분의 설정에서 가장 완전한 형태로 DBT를 수행하는 것은 불가능하지는 않더라도 어렵다는 것을 명심하길 바란다. 많은 기관, 관행, 병원과 다른 장소들이 설정에서 매주 내담자를 보고, 내담자와 기술 그룹(skill group)을 수행하도록 시간을 내주지 않으며, 내담자의 사례 슈퍼비전을 매주 참석하기 위해 퇴근하는 것을 허락하지 않는다.

기관 정책과 실무의 기준에 상충될 수 있는 DBT의 다른 원칙들도 있다. 예를 들어, DBT의 한 위치는 임상의가 부적응적 행동을 강화하는 것을 피하도록 권장한다. 만약 내담자가 행동(자살/NSSI 제스처)을 취하였을 때 내담자에게 즉시 다가가지 않는 것을 권장하는데 그 이유는 관심과 과도한 정성이 이러한 행동을 긍정적으로 강화하지 않기를 원하기 때문이다. 몇몇 기관과 정책은 자살행동이나 자해행동을 하는 모든 내담자들에게 즉시 대응하도록 요구할 수도 있다. 우리는 DBT의 관행을 실행하고 이러한 유형의 치료를 우리 기관의 정책과 통합하여 내담자를 효과적으로 치료하고 그들의 요구를 충족시키는 방식으로 창출해야 한다.

다음은 내가 어떻게 DBT 방법론을 창의적으로 치료에 통합하고 고용 내 직장의 환경에서 범위 실천해 왔는지를 보여주는 두 가지 사례이다.

상담 및 치료장면에서의 DBT

연방 교도소에서 일하는 동안, 몇몇 내담자들은 B군 성격장애(경계선, 자기애, 반사회적)를 가지고 있고, 자신을 칼로 긋기, 물건 삼키기, 자살 위협(매일), 자살시도의 가장 그리고 심지어 세정제를 섭취하는 것 이상의 다수의 행동화 반응을 보인다.

특히, 한 내담자가 위의 행동들 중 하나라도 관여하면 심리 서비스가 즉시 대응해야 한다는 것을 알게 되었다. 실제로 정책에 따라 24시간 내에만 이러한 행동에 대응하면 되었지만, 일반적으로 DBT 교육을 받지 않은 다른 직원의 요청에 의해 이러한 상황에 신속하게 대응했었다. 그들은 이 즉각적인 대응이 내담자들의 행동을 강화시키고, 그들이 더 나은 충동조절과 좌절감 기술들을 배우는 데 도움이 되지 않는다는 것을 이해하지 못했다. 이 직원들은 정책만 따르며, 모든 경우에 즉시 대응해주기를 원했다.

임상적으로, 나는 이 방식이 내담자에게 손상을 줄 뿐만 아니라 기관의 일상적 기능에도 지장을 줄 수 있다는 것을 알고 있었고, 나는 고용주의 요구를 충족시키면서 이 사례에 도움이 될 DBT 방침을 통합하는 방법을 찾아야 했다.

한 통의 전화

"긴급대기 순회(on-call tours)" 중 특정 내담자에 대한 전화를 받았었다. 그는 "그의 접시에 있는 음식이 싫다"는 이유로 스스로에게 자살위협을 가했다. 그는 관리자의 지시에 따르기를 거부했고, 따라서 심리 서비스(즉, 나)는 "이 사람을 관리하기" 위해 기관에 보고해야 했다. 나는 그와 매우 친숙했고 그가 아무런 자살사고나 의도 또는 계획을 보이지 않았다는 것을 알았다. 하지만 상황이 쉽게 바뀔 수 있기 때문에 우리는 자살에 대한 어떠한 보고든 확인해야만 한다. 우발적 자살도 내담자의 동기와 상관없이 자살로 남기 때문이다.

기관 정책은 이러한 행동에 24시간 대응 시간을 할당했다. 이 기간 동안, 내담자는 상담자/심리학자가 현장에 도착할 때까지 감방에서 내보낸 상태로 직원 관찰하에 배치되어 있다. 그는 관찰 하에 있을 때 자해에 관여할 수 있는 물건, 옷 또는 기타 물품이 없는 곳에 있게 되며, 관찰 구역에서 벗어날 수 없다.

가병(假病)의 이력

나는 내담자가 안전하며 다른 직원의 감독 하에 있다는 것을 알고 있었고, 감방 변경, 전화 특권 또는 추가적인 음식제공과 같은 다양한 요청을 하기 위해 이 내담자의 조작적 행동과 가병의 이력 또한 염두에 두고 있었다. 앞서 내담자와의 자살 평가에서 그는 낮은 자살위험을 나타냈었다. 나는 임상적으로 알려진 결정을 내리기 위해 이 모든 정보와 나의 임상적 판단과 동료와의 협의를 통한 24시간의 틀에서 23시간째에 기관에 보고하는 것을 선택했다.

내담자를 평가하기 위해 기관에 도착했을 때, 그는 더 이상 자살사고를 보고하지 않았고, "의사 선생님, 나는 괜찮아요, 잠시 그랬던 것뿐이에요. 나는 당신을 볼 필요가 없고, 그냥 내 감방에 넣어주세요. 나는 괜찮아요. 나는 내 자신에게 아무것도 하지 않을 거고, 나는 그저 그들이 내 음식을 바꿔주길 바랐을 뿐이에요. 난 지금 괜찮아요. 나는 지쳤고 그냥 감방으로 돌아가고 싶어요. 제발요. 죄송해요."라고 말했다.

DBT기술 강화하기

그 후, 그는 저자인 내가 그의 걱정을 돌보기 위해 편도로 2시간 거리를 운전했고, 나의 직업은 그의 안전을 보장하고 지난 주에 배웠던 DBT 기술을 강화할 것이라고 들었다. 좌절 감내와 충동제어 기술은 내담자와 상세히 논의되었으며, 그는 "다음에 무언가 마음에 들지 않을 때" 이러한 기술을 활용하겠다는 이해와 의지를 표명했다. 그는 그의 협력에 대한 피드백을 받았고 그의 감방으로 돌아가기 위해 풀려났다. 나는 그가 기관에 있는 동안 그의 부적응적 행동에 대한 전화를 더 이상 받지 않았다.

DBT의 영역을 통합하기

다른 기관에서 일하는 동안, 나는 경계선 인격 장애진단을 받은 한 내담자를 알게 되었다. 그녀는 스스로의 반응성을 대부분 관리할 수 있었지만, 남편의 무시적인 행동과 정서적 방치로 인해 최근 반응이 유발되고 있었다. 그녀는 무시당했다고 느끼거나 남편이 그녀의 걱정에 대해 아무런 반응을 보이지 않을 때 감정적으로 불안하고 반응적이 되었다. 그녀는 감정에 휩싸였고 이러한 정서와 감정을 감당하는 데 어려움을 겪었다. 이것은 그녀의 일상적 기능에 지장을 주게 되었다. 그녀는 집중하거나 전념할 수 없었고, 직장에서 일을 하는 데 있어 어려움을 겪었으며, 종종 반추하고 그녀에 대한 다른 사람들의 의도에 편집증적으로 변했다.

치료는 그녀의 관계, 과거의 관계적 트라우마를 해결하고 좌절 감내, 충동 조절과 정서 조절을 포함하는 DBT 기술 개념의 통합을 포함하였다. 이러한 기술들은 그녀의 환경에서의 반동(反動)이 아닌 상황에 더 잘 반응하는 능력에 도움을 주기 위해 필요로 하는 부분이었다. 이러한 기술들은 그녀의 일, 사회, 학업과 가정생활을 포함한 일상생활에서 맞닥뜨리는 일들을 다루면서 이 감정의 소용돌이를 관리하는 데 도움을 주기 위해 통합되었다. 그녀는 치료에 잘 반응했다. 그녀는 치료의 모든 작업을 완료했고 과제를 통하여 기술 개념이나 다른 생물학적 치료법에 대해 배운 것을 상의할 준비가 항상 되어있었다.

긴급전화

그러나, 그녀는 배우자와의 불안한 상호작용에서 이 기술들을 적용하지 않았다. 어느 날 저녁, 오후 11시 30분쯤 남편과의 언쟁 후 그녀는 긴급대기 응급전화를 통해 나에게 도움을 청했다. 보라, 이 기관에서는 만약 내담자가 전화 서비스에 연락한 경우 즉시 응답해야 한다... 무슨 일이 있어도.. 언제나 항상... 우리는 반드시 응답해야 한다.

이 전화 이후, 내담자는 몇 주 동안 일주일에 적어도 2~3번씩 긴급전화 서비스에 연락하기 시작했다. 매번 통화에서는 그녀의 배우자와의 언쟁 또는 문자나 전화에 대한 무응답에 대한 언급을 하였다. 통화는 오후 10시 이후, 평일, 주말을 포함하여 이루어졌다. 이는 나뿐만 아니라 긴급전화 서비스에서도 문제가 되고 있었고, 그들은 그녀의 전화에 무감각해지기 시작했다. 그리고 때때로 전화가 온 후 몇 시간 동안 나에게 연락하는 것을 잊어버리게 되었다. 이건 좋지 않은 징후였다.

치료에서의 경계 강화

나는 회기 동안 이 주제에 대해 다뤘으며 그녀는 각 회기마다 치료에서 배운 기술을 적용하려고 한다고 보고했지만, 이런 일은 일어나지 않았다. 슈퍼바이저와 상의한 후, 나는 내담자의 행동을 강화하는 것이 아닌, 치료의 경계를 강화할 필요가 있다고 판단했다.

이는 긴급전화 서비스의 "적절하고 부적절한" 이용을 참고하는 "가이드 라인"의 개발로 이끌었다. 이러한 이용은 나의 내담자와 자세히 설명되고 논의되었다. 그녀는 기관의 정책이었기 때문에 내가 모든 긴급전화 서비스에 항상 응답했다는 것을 알게 되었다. 하지만, 만약 그녀의 이유가 이 만남에서 적절하다고 설명된 것이 아니라면, 그녀는 다음 대면 회기에 참석하지 못하게 될 것이다. 그녀는 소리쳤다, "네? 그러니까 내가 금요일에 당신을 만나고 일요일에 전화를 하면, 다음 금요일에는 당신을 못 본다는 거죠. 그 다음 주 금요일에 보게 되는 거고, 그러니까 2주 후가 되겠네요!"

가이드라인에 대한 동의

나는 다시 긴급전화 서비스를 이용하는 이유에 대해 설명했고 주중 회기 동안 훈련된 DBT 기술을 통합하는 것의 중요성을 강조했다. 이 기술에 대한 그녀의 불편함은 다루어졌고 그녀와 함께 처리되었다. 그녀는 괜찮아지고, 더 나아지고, 더 잘 반응하고, 기분이 더 나아지기 위해 갈등을 겪는 동안 이 기술들을 사용할 것을 권장 받았다. 그녀는 또한 우리가 중단시키고 더 잘 관리하려는 바로 그 행동들을 강화함으로써 그녀에게 해를 끼친다는 것을 알게 되었다. 그녀는 결국 이 "가이드라인"의 조건에 동의하고 다른 경우에 한 번 긴급전화 서비스에 연락했다. 그러나 그녀의 이유는 정당하고 적절했다. 그녀는 서비스를 적절하게 사용한 것에 대한 긍정적인 피드백을 받았고, 그녀는 이 피드백에 대해 좋은 반응을 보였다.

이러한 예들은 기관의 요구를 지속적으로 충족시키면서 DBT의 통합된 원칙을 적절하게 이행할 때 효과적이라는 것을 보여준다.

- 내담자의 부적응적인 행동은 정적으로 강화되지 않았다.
- 학습된 DBT 기술과 이러한 기술을 이행할 수 있는 능력이 강화되어 그들의 행동이 감소되었다.
- 이러한 기술의 적용은 좌절과 갈등을 관리하는 능력을 증가시켰다.

당신의 내담자와의 치료에서 온라인 자료 사용하기

우리의 내담자 대부분은 인터넷을 사용하며, 매일 온라인 활동을 하고 있다. 최근 연구에 따르면 스마트폰이나 태블릿을 가진 사람들은 하루에 대략 100번 정도 기기를 확인한다고 한다! 정말 놀랍다! 심지어 초등학교 1학년 때부터, 어린이들은 학교와 가정에서 컴퓨터 사용에 노출되고 있다. 우리는 자동차, 비행기, 다른 나라를 방문할 때, 레스토랑, 심지어 교회에서도 와이파이 기능을 사용할 수 있다! 목사님이 교회 신도들에게 성경 구절 낭독에 참여하라고 할 때 얼마나 많은 스마트폰들이 꺼내졌는지 이루 다 말할 수는 없다! 이를 미루어 보았을 때, 나는 "종이/연필 숙제"의 시대가 곧 구식이 될 것이라는 데는 의심의 여지가 없다. 요즘에는 치료적 개입을 포함한 모든 것에 대한 "앱(APP)"이 존재한다.

본서의 NSSI 챕터에서는, NSSI 행동에 대해서 인터넷, 온라인 블로그/메시지 보드/포럼 그리고 그룹의 사용이 어떻게 특정 그룹 내에서 이러한 행동의 확산을 복돋아왔는지 다루었다. 우리는 또한 이론 학습을 통해 그 행동과 유사하지만 내담자에게 덜 해로운 것으로 대체할 수 있다면 행동을 없애는 것이 더 쉽다는 것을 배울 수 있다. 이것이 바로 우리가 NSSI 행동을 다룰 때 이러한 장치들의 사용을 치료와 통합하는 것이 필수적인 이유이다. 특히, 내담자가 인터넷을 지지(support) 집단 및 이러한 행동에 대한 정보 수집 및 검증을 위한 방법으로 사용하고 있는 경우에 필수적이다.

나는 자해행동을 하는 내담자와의 회기에서 온라인 자원과 치료 응용 프로그램을 사용할 수 있을 때 치료 준수에 대한 부분에서 더 큰 성공을 거두었다. 물론 내담자와의 소통 또는 치료에서 이런 방식을 사용할 때 지켜져야 할 지침이 있다.

사전동의

만약 당신이 온라인 활동을 포함하려면 사전동의 양식에 이 활동의 이용을 상세히 기술해야 한다. 사용법에 대해 논의할 때, 어떻게 사용될 것인지, 어떤 응용 프로그램을 이용할 것인지와 얼마나 자주 사용할 것인지 구체적으로 설명해야 한다. 또한 당신은 문의할 수 있는 특정 지원 그룹이나 치료에 적용할 수 있는 특정 메시지/게시판 또는 포럼에 대한 정보를 제공할 수도 있다. 당신은 이러한 유형의 방법(정전, 긴급 상황, 기밀성)을 보장할 수 없거나 어떤 사람들이 이 사이트를 사용하고 있을 수 있는지 데이터 손실 등에 대한 비용과 이점을 기술할 수 있다.

사이트에 대해 독학하여라!

절대로 당신이 개인적으로 사용해보지 않은 웹사이트로 내담자를 안내하거나 사용하도록 지시하지 마라. 인터넷을 자원으로 사용하는 것은 책을 내담자에게 추천하거나 내담자를 치료 제공자에게 의뢰하는 것과 다를 바 없다. 사이트의 뉘앙스를 잘 알고 있는지 확인하고 사이트에서 즉시 찾을 수 없는 특정 질문이 있는 경우 사이트 관리자에게 문의해야 한다. 이는 내담자들에게 NSSI 회복 웹사이트를 안내하거나 자살을 포함한 다양한 정신건강 문제를 돕는 지지단체를 소개할 때 특히 중요하다.

치료 회기 중 사이트 또는 휴대폰 응용 프로그램을 소개

당신은 회기 시간 동안 내담자와 함께 사이트를 탐색하고, 사이트 또는 전화 응용 프로그램을 숙지하고, 발생할 수 있는 모든 질문에 답할 수 있다. 이러한 방법으로 당신은 그들이 치료 지침을 따르고 있는지 확인할 수 있으며, 이는 내담자가 그들의 치료법에 대한 약간의 소유권을 가질 수 있게 해준다. 또한 내담자의 사이트/전화 응용 프로그램 사용에 대한 당신의 투자를/기여를 입증한다.

모든 우려 사항에 대한 논의

내담자나 보호자가 응용 프로그램 또는 웹사이트에 대해 가질 수 있는 모든 우려 사항에 대해 논의한다. 어려운 질문에 답할 수 있도록 하고 치료에서 이 기술을 사용하는 것에 대한 강력한 근거를 제공할 준비를 하라. 지속적인 치료를 확실히 하기 위해 만약 자녀가 "처벌 중"이거나 전화 사용 제한 중일 경우, 치료적인 예외에 대해 상담하기 위해 부모와 상의해야 한다.

아래에는 최신 NSSI 채팅방, 포럼, 지원 단체 그리고 메시지 게시판의 목록을 제공하였다. 이 사이트 중 일부는 내담자의 가족 구성원뿐 아니라 내담자와 함께 사용하기에 적합하다. 때때로, 부모들이 이 주제에 대해 민감할 수 있고 이러한 개념을 이해하는 데 어려움이 있을 수 있다는 것을 우리 모두 알고 있다. 그들의 자녀들과 함께 작업할 때 보호자의 지원이 필요하기 때문에 이 문제를 관리하는 체계적 접근은 중요하다. 그들이 더 알면 알수록, 그들은 피드백과 이 행동을 이해하는 데 더 개방적일 것이다. 이 사이트들 중 일부는 NSSI 행동을 하는 사람을 대하는 부모, 형제자매, 사랑하는 사람들을 위한 뛰어난 자원을 가지고 있기 때문에 이러한 자원은 가족 체계 내에서 작업할 때 매우 유용하다.

이 사이트들은 유익하며 도움을 주기 위해 설계되었으며, 내담자의 요구를 충족시킬 수 있는 더 건강한 배출 수단을 제공한다. 건강에 해롭고 자기파괴적인 포럼에서 소속감과 수용 욕구를 찾는 대신, 같은 방식으로 보다 긍정적인 메시지를 통해 이러한 요구사항을 충족시킬 수 있다. 이 사이트들은 이 워크북이 개발될 당시 최신 버전이었다는 점을 유의하길 바란다. 끊임없이 변화하는 온라인 데이터/자원의 특성에 따라, 사이트 중 일부는 현재 이름이 변경됐거나 활성화 되지 않을 수 있다. 이 사이트들은 자원의 용이성을 보여주기 위해 사용된다.

Online NSSI Resources 온라인 비자살적 자해행동(NSSI) 자원

- Recover Your life(http://www.recoveryourlife.com/)
- Self−injury.net Safe Haven(http://gabrielle.self−injury.net/)
- Teen Line Online(http://teenlineonline.org/)
- Healthy Place Self−Injury Forum
  (http://www.healthyplace.com/forum/self−injury/)
- Self−Harm: Recovery, Advice, and Support
  (http://www.thesite.org/healthandwellbeing/mentalhealth/selfharm)
- Kids Help Phone(http://www.kidshelpphone.ca/Teens/home.aspx)
- Holding of Wrist(http://holdingofwrist.com)
- Reach−Out.com(http://reachout.com/)
- Scar−Tissue.net(http://www.scar−tissue.net/)
- Fort Refuge(http://www.fortrefuge.com/forum/)
- Bodies Under Siege Forum(http://buslist.org/phpBB/)
- Bodies Under Siege(BUS) Chat(http://buschat.info/)
- Virtual Teen Cutting and Self−Harm Forum
  (http://www.virtualteen.org/forums/forumdisplay.php?f=16)
- Removing Chains(http://www.removingchains.org/rooms/under−18−depr
  ession−mental−health−chat−room)

CBT/DBT 및 기타 스마트폰 전용 개입 응용 프로그램

내담자에게 추천하기 전에 각 애플리케이션에 대해 숙지하기 바랍니다. 치료 회기에 아래의 테크놀로지를 활용하고자 한다면, 이 내용을 사전 동의서에 강조하여 표시하기 바랍니다.

iPhone, iTouch, iPad	Android Phone Apps
1. SAM—Self-Help App for Anxiety	1. SAM—Self-Help App for Anxiety
2. Virtual hope box	2. Virtual hope box
3. MindQuire for iPad	3. Cognitive Diary CBT self-help
4. The CBT App	4. Depression CBT self-help guide
5. Happify	5. The Worry Box
6. MyCBT	6. Fig—personal wellness guide
7. Anxiety Coach	7. Happy Life
8. Thought Diary	8. Happy Habits: Choose Happiness
9. Mood & Anxiety Diary	9. Irrational Thinking CBT Test
10. Mood Diary—the Phobic Trust	10. Stop Panic & Anxiety
11. Mind Shift for Anxiety	11. Mind Shift for Anxiety
12. eCBT	12. Deeds Journal
13. iCBT	13. CBT Referee
14. CBT Referee	14. Suicide Safety Plan
15. iStress	15. Re-motivate Activity Tracker
16. Gratitude Journal	16. Depression Aid
17. Journal Diary	17. CBT Thought Record Diary
18. Live Happy	18. Journal
19. My Thoughts	19. I Journal
20. Smart Goals	20. This Journal
21. LifeTick(values & goals)	21. Alura Cognitive Therapy
22. Beat Panic	22. PTSD Coach
23. DBT Self-Help	23. T2 Mood Tracker
24. MoodKit	24. Pacifica
25. Mood Journal Plus	25. Pacifica
26. Mood Sentry	26. Affirmations

27. Habit Factor(goals)	27. Music for Refreshment
28. MyChain(maintaining goals)	28. MoodPanda
29. LifeTick(values & goals)	29. MoodJournal
30. Music for Refreshment	30. Mood Sentry
31. Private Diary	31. EFT Clinic
32. Exploring EFT	32. Panic Aid
33. Self-Esteem Blackboard	33. Thought Box
34. Confidence Quotes	34. Fig—personal wellness guide
35. Mindfulness bell—set reminders!	35. Master Fear of Flying
36. Insight Timer – meditation	36. Headspace
37. OCD	37. Calm(mindfulness)
38. Breathe 2 Relax	38. Breathe 2 Relax
39. Headspace	39. Omvana
40. Calm—Meditate, Sleep, Relax	

Windows Phone 7	Blackberry
1. Feel Good Tracker 2. Smart Goals 3. CBT Diary 4. What Now	1. Mood Journal 2. Dear Diary 3. LifeTick(values & goals)

10

원격치료(Teletherapy)와
자살 내담자

10   원격치료와 자살 내담자

텔레멘탈 의료

지난 5년간 텔레멘탈 의료는 널리 이용되었다. 또한 "원격행동 의료", "e−상담", "e−치료", "온라인 치료", "사이버 상담" 또는 "온라인 상담"이라고도 불리는 텔레멘탈 의료는 다음과 같이 정의된다. 정신과 의사, 상담자/심리학자, 사회 복지사, 상담사, 부부 및 가족 치료사와 같은 다양한 정신건강 제공자에 의한 원격 정신건강 서비스의 제공(화상회의, 컴퓨터 프로그램, 모바일 애플리케이션 등을 이용하는). 행동 건강관리 모델은 병원들이 그들의 응급 부서에 원격정신평가 프로그램을 설립하는 것뿐만 아니라 지리적으로 소외된 지역에 서비스를 제공하는 정신건강 전문가 가상네트워크 개발을 포함하는 기술을 통합했다.

"텔레멘탈 의료"는 대면치료와 동등한 것으로 밝혀졌다.

자살에 대한 원격평가는 다음을 포함한 복잡한 법적문제를 수반한다.

- 원격치료 서비스에 대한 면허증 교부조건
- 비자발적 억류에 대한 법적절차
- 잠재적 유해환자에 대한 책무
- 정신건강 서비스의 원격적인 속성과 관련된 책임 문제

원격치료의 장점

고립되거나 취약 인구집단에게 정신건강 서비스를 제공하기 위한 통신의 사용은 지난 10년간 점점 더 많은 관심을 받아왔다. 이러한 치료방식은 집에서 나오지 못하는 장애인, 의료 서비스를 이용하지 못하는 시골 환자 또는 일부 심각한 불안감 또는 강박증을 가진 환자들을 돕기 위해 사용될 수 있다. 이는 또한 치료를 위해 통근하는 것이 극복할 수 없는 장벽으로 작용하는 상황에서도 유용할 수 있다. 재향군인위원회(Department of Veterans Affairs, VA)는 농촌 지역의 군인이나 그들의 도시나 주에 있는 주요 VAMC에 실제로 참석하지 못하는 사람들에게 이러한 치료양식을 성공적으로 적용해왔다.

연구는 또한 성공적인 정신건강관리 개입에는 대면접촉이나 심지어 비디오 이미지는 필요하지 않으며, 일부 환자들은 신체적이고 감정적인 공간이 주어졌을 때 더 편안할 것이라는 점을 발견했다.

원격치료에 대한 우려사항

원격치료는 유용할 수 있지만, 이러한 치료의 형식을 실행하는 것에 대한 우려는 여전히 남아있다. 컴퓨터화된 경험이므로 집중에 방해되는 것들로 인하여 주의를 다른 곳으로 돌릴 수 있다(예: 회기나 문자 도중 내담자는 이메일을 확인할 수 있다). 대화를 보다 더 쉽게 기록하고 나중에 공개할 수 있으며 내담자에게 서비스를 제공하는 주/도의 규칙 및 규정을 알아야 한다. 면허가 유효하지 않은 지역에서 지속적인 장기치료를 하는 것은 불법이다. 또 다른 우려사항은 개인적인 치료(예약 약속, 다른 활동으로부터 시간을 내야하는 것, 개인적이고 특수한 치료 공간으로 가는 것)가 온라인으로 쉽게 이루어지지 않으며 자살충동 내담자는 원격치료가 제공할 수 있는 것보다 훨씬 더 적극적이고 집중적인 서비스를 필요로 할 수 있다는 것이다.

원격치료의 사용을 위한 지침

정신건강 전문가들이 이러한 전자통신과 이메일, 스카이프 및 다양한 형태의 화상회의와 같은 또 다른 형태의 전자통신을 어떻게 사용해야 하는지에 대해서는 각 주마다 일관된 지침이 거의 없다(참고로 스카이프는 건강보험이동성과 결과보고책무활동(Health Insurance Portability and Accountability Act; HIPAA)을 준수하지 않으므로 주의하여 사용되어야 한다. 여러 주에서는 이러한 치료 방식을 수행하는 암호화된 서비스를 제공하는 기관을 가진다. 당신은 의료과오보험 회사에 연락하여 주/도와 관할지역 전반의 원격치료 서비스가 의료과오 정책에 적용이 되는지 확인해야 한다. 또한, 주 정부 및 지방 심리학위원회연합(Association of State and Provincial Psychology Boards)은 다른 관할지역에서 임시 실무를 용이하게 하는 *관할-구역간 실무 증명서*(*Interjurisdictional Practice Certificate*)라는 자격 증명서를 만들었다.

상담자/심리학자를 위한 원격심리학 지침을 개발한 미국심리학협회(American Psychological Association(APA)는 최근 원격치료를 실시하거나 시행할 각 주의 준비상태를 평가하기 위해 원격심리학 실무(Practice of Telepsychology)를 위한 지침을 출간했고(2013년 9월), 50개 주에 대한 검토를 실시했다(2013년 10월). 이에 대한 결과는 아래 웹페이지에서 찾아볼 수 있다.

http://www.apapracticecentral.org/advocacy/state/telehealth−slides.pdf.

전국사회복지사협회(National Association of Social Workers)와 기술사회복지기준위원회협회(Association of Social Work Boards standards for Technology)와 사회복지사실무(Social Work Practice)는 2005년에 개발되었다. 이 문서는 아래의 링크에 있다.

https://www.socialworkers.org/practice/standards/naswtechnologystandards.pdf.

해당 주/도 면허 이사회에서 원격건강/원격심리학/원격치료와 관련된 정책을 발표했는지 치료자가 이를 확인하는 것이 권고된다.

설명을 위해 APA에서 발행하는 "원격심리학" 지침을 강조하겠다. 우리는 이 지침을 당신의 자살충동 내담자와 원격치료를 수행하는 것과 관련하여 논의 시 참고 기준으로 사용할 것이다.

이 지침들은 급증하는 원격치료의 영역을 다루기 위해 고안되었다. "원격심리학"은 지침의 목적에 따라 *"원격심리학의 정의"에서 설명된 바와 같이 통신 기술을 사용하여 심리서비스를 제공하는 것*으로 정의된다.

현재의 지침은 상담자/심리학자의 윤리 원칙 및 행동 강령("APA 윤리 강령")(APA, 2002a, 2010) 및 기록 보관 지침(APA, 2007)을 포함한 관련 APA 표준과 지침에 따라 정보가 제공된다. 또한, APA의 "상담자/심리학자를 위한 다문화 교육, 연구, 실습과 조직 변화에 관한 지침"(APA, 2003)을 안내하는 가정과 원칙은 각 지침을 설명하는 이론적 근거와 적용 곳곳에 주입되어 있다. 따라서, 이 지침들은 전문적인 이론과 원격심리학 실무에서의 최상의 지침을 제공하기 위한 증거기반 실무 및 정의의 영향을 받는다.

APA는 이 지침이 상담자/심리학자 또는 정신건강 전문가를 위한 특정 전문적인 행동, 노력 또는 행위를 추론하거나 권장하는 문구를 언급하고 있다고 설명한다. 이 지침은 표준이 의무화되어 있고 시행 단서를 포함할 수 있다는 점에서 표준과 대조된다. 결과적으로, 이러한 지침은 의도에 있어서 목표 지향적으로 설명된다. 이 지침은 전문 서비스를 제공하기 위한 수단으로 통신 기술을 적용할 때 정신건강 전문가가 업데이트 된 최신의 전문 실무 기준을 적용하도록 안내한다.

지침 1: 상담자/심리학자의 역량

"원격심리서비스를 제공하는 상담자/심리학자는 사용된 기술과 내담자/슈퍼바이저 또는 기타 전문가에게 기술의 잠재적 영향에 대한 역량을 확보하기 위해 합리적인 조치를 취하려고 노력한다."

다시 말해서

만약 당신이 원격의료서비스를 수행하는데 필요한 하드웨어 사용에 대한 적절한 교육을 받지 못한 경우, 이러한 치료방법을 수행하는 것은 비윤리적일 수 있다. 당신은 반드시 서비스 제공에 사용할 프로그램, 소프트웨어, 데이터 시스템과 장비를 숙지해야 한다. 당신은 반드시 이러한 유형의 치료의 비용과 이점을 이해하고 이를 내담자에게 명확히 설명할 수 있어야 한다. 또한 당신은 치료 임상으로서 자살충동을 표현하는 내담자를 평가할 때 임상적 판단을 해야 한다. 이러한 유형의 내담자를 관리하기 위한 특정 초안이 있어야 하며, 초안을 개발하기 전 이사회 또는 정신건강전문의와 상의하는 것을 권고한다.

지침 2: 원격심리서비스 제공 시 관리 기준

"상담자/심리학자들은 그들이 제공하는 원격심리서비스의 기간 동안 윤리적이며 전문적인 관리 및 실천기준이 충족되도록 모든 노력을 다한다."

다시 말해서

원격 치료를 수행하는 것은 내담자에게 더 낮은 전문적인 관리 기준을 제공하는 것이 아니다. 당신은 반드시 적절한 환경에서 치료를 수행해야 한다. 당신의 면허 정보가 배경에 표시되어야 하며 별도의 아이콘을 개발하거나 웹페이지에서 확인할 수 있어야 한다. 당신이 무엇을 선택하든, 그것은 다시 내담자가 쉽게 찾아볼 수 있어야 한다. 대면 내담자에게 제공될 기밀과 개인정보에 대한 부분 또한 당신의 내담자에게 제공해야 한다.

지침 3: 사전동의

"상담자/심리학자들은 그들이 제공하는 원격심리 서비스와 관련된 고유한 문제를 구체적으로 다루는 사전동의를 얻고 기록하기 위해 노력하고 있다. 그렇게 할 때, 상담자/심리학자들은 이 분야의 사전동의를 관리하는 조직적 요건뿐 아니라 적용가능한 법과 규정도 인지할 수 있을 것이다.

다시 말해서

이러한 유형의 서비스를 내담자에게 제공하기를 선택할 때 사전동의는 이에 기반이 된다. 이를 통해 원격치료에 대한 이점과 비용을 설명하고, 내담자가 위기를 겪고 있을 때의 대안을 논의하고, 안전계획을 수립하고, 다른 사람들에게 연락하기를 권하고, 자살 초안과 의사소통의 위험에 대해 논의할 수 있다. 또한 데이터와 기술 위험, 정전, 연결 손실 또는 장비 장애와 같은 복잡한 변수를 제어할 수 없는 것에 대한 정보도 포함해야 한다. 필요하다면, 당신은 기계 오작동으로 인한 백업 계획을 포함시킬 수 있다. 당신의 내담자의 자살사고가 존재할 때 가까운 응급 클리닉이나 응급실에 알려야 한다. 내담자에게 치료 서비스를 제공할 때 "실사(實査)"를 증명해야 한다는 것을 기억하고, 사전동의서를 작성할 때 "실사" 렌즈를 통해 이 문서를 검토해야 한다.

지침 4: 데이터와 정보의 기밀성

"원격심리서비스를 제공하는 상담자/심리학자들은 내담자와 관련된 데이터와 정보의 기밀성을 유지하며 통신 기술 사용 시 발생할 수 있는 기밀성의 상실에 대한 위험성을 알리기 위해 합리적인 노력을 기울이고 있다."

다시 말해서

다시 말하자면, 위의 지침을 충족시키기 위해서는 실행 중인 장비와 프로그래밍에 익숙해져야 한다. 또한 당신은 데이터 유실 위험과 파일, 녹음파일 또는 전자파일의 손상 가능성 및 이러한 경우를 처리하기 위해 수립된 절차에 대하여 내담자에게 교육할 수 있어야 한다.

지침 5: 데이터와 정보의 보안과 전송

"원격심리서비스를 제공하는 상담자/심리학자들은 내담자와 관련된 데이터와 정보를 의도되지 않은 접근이나 노출로부터 보호하기 위한 보안 조치가 마련되도록 합리적인 조치를 취해야 한다."

다시 말해서

당신은 당신의 내담자와 사용하기로 선택한 컴퓨터 프로그램을 숙지할 필요가 있다. 이 시스템은 HIPAA을 준수하고 당신이 있는 해당 주의 법률 요구사항을 충족시켜야 한다. 당신의 서비스를 계약하기로 선택한 회사(원격건강 사이트 공급자)가 특정 기준을 충족하는 것 또한 중요하다. 이러한 기준에는 HIPAA 옴니버스법(2013년 1월)에 따라 "보장되는 단체"로 HIPAA를 준수하고 법으로 요구되는 "사업연합협정"(BAA)에 서명해야 하는 연방 정부 기준을 충족하는 것이 포함된다.

영상 서비스 제공자는 의료 제공자에게 그들의 직업적 의무 또는 관련 권한에 대해 알릴 의무가 없다. 그러나 HIPAA는 "보장되는 단체"이므로, 미국 시민에 서비스하는 임상의는 모든 해당 주, 지방 그리고 연방법을 준수하는 기술을 활용해야 한다. 다른 나라의 제공자들은 그들이 일하는 국가의 관련법을 준수해야 한다.

다음은 위에 나열된 기준 중 하나 또는 둘 다를 충족한다고 주장하는 기업의 모음집이다. 이러한 유형의 서비스를 제공하는 것과 관련하여 당신이 선택한 회사에 대해 독학하는 것이 권고된다.

회사 이름	HIPAA "준수" 또는 BAA
CarePaths Reports	HIPAA compliance
Chiron Health Reports	HIPAA compliance and BAA
Choruscall Reports	HIPAA compliance and BAA
CloudVisit Reports	HIPAA compliance and BAA
CNOW, Inc. Reports	HIPAA compliance
Counsel Reports	HIPAA compliance
Doxy.me Reports	HIPAA compliance and BAA
eVisit Company Reports	HIPAA compliance and BAA
Influxis Reports	HIPAA compliance and BAA
Interactive Care Reports	HIPAA compliance and BAA
MedWeb Reports	HIPAA compliance
OmniJoin by Brother Reports	HIPAA compliance
ReachHealth Reports	HIPAA compliance and BAA
Revation Reports	HIPAA compliance
SBR Health Company Reports	HIPAA compliance and BAA
Secure Telehealth Reports	HIPAA compliance and BAA
Secure Video Reports	HIPAA compliance and BAA
Soltrite Reports	HIPAA compliance
TeleHealth365, Inc. Reports	HIPAA compliance and BAA
thera-LINK Reports	HIPAA compliance and BAA
V2VIP Reports	HIPAA compliance "encryption"
VIA3 Reports	HIPAA compliance and BAA
Vidyo Company Reports	HIPAA compliance and BAA
Virtual Therapy Connect Reports	HIPAA compliance and BAA
Vitel Net Reports	HIPAA compliance
Vsee Reports	HIPAA compliance and BAA
WeCounsel Company Reports	HIPAA compliance and BAA

지침 6: 데이터, 정보와 기술의 처분

"원격치료 서비스를 제공하는 상담자/심리학자들은 안전하고 적절한 처분을 위해 데이터와 정보를 배치하고 무단접근과 인증되지 않은 계정으로부터의 보호를 용이하게 하는 합리적인 노력을 기울인다."

데이터와 정보를 배치하기 위한

다시 말해서

당신은 이 정보를 종이 파일과 유사하게 취급해야 한다. 당신이 관례를 종료하거나 기관을 떠나야 하는 경우, 이 정보는 어떻게 되는가? 당신이 죽거나 병에 걸

리면 정보의 처분을 위해 어떤 준비를 했는가? 이 "사이버 정보"를 분리하여 관리하기 위해 어떤 안전 장치가 수립되었는가?

지침 7: 테스트와 평가

"상담자/심리학자들은 원격심리 서비스를 제공할 때 직접 실행하기 위해 고안된 테스트 장비와 평가 접근방법에서 발생할 수 있는 고유한 문제를 고려하는 것이 좋다."

다시 말해서

내담자와 함께 사용하기에 가장 적절한 테스트 장비는 무엇인가? 이 치료 방법을 사용하여 테스트를 실행하기로 선택한 경우 혼입 변수(실내 온도, 소음 수준, 영역 내 방해요소)를 어떻게 제어할 수 있는가? 이러한 것들이 특히 표준화된 평가를 제공하는 경우 테스트의 유효성에 영향을 미치는가? 이 질문들은 테스트와 평가 문제를 탐구 시 반드시 모두 고려해야 하는 질문이다.

지침 8: 관할권 관행

"상담자/심리학자들은 관할 및 국제 국경을 넘어 내담자에게 원격심리 서비스를 제공할 때 모든 관련 법규를 숙지하고 준수할 것을 권장한다."

다시 말해서

당신의 주에 있는 법과 내담자가 거주하는 주의 법에 익숙해야 한다. 이러한 기준을 따르지 않는 경우 종종 벌금과 제재가 있다.

무지함에 대한 변명과 방어는 없다!

11

윤리적, 법적 함의

11 윤리적, 법적 함의

비밀보장은 치료 중에 받은 내담자의 정보는 허가 없이 공개되지 않는다는 약속을 이행하기 위한 윤리적 의무로 정의된다. 섹션 B.1.c(APA 윤리강령)에는 비밀보장이 예외적으로 "내담자에게 명확하고 임박한 위험을 방지하기 위해 공개가 필요할 때" 적용되지 않는다는 사실을 포함하여 서술되어 있다. 비밀보장을 침해하는 결정은 신중하게 이루어져야 한다. 내담자가 자살할 위험에 처해 있다고 판단되면 예외적으로 내담자의 생활에 지장을 줄 수 있는 조치가 이루어진다. 내담자가 스스로를 위험하게 하는 상황이라는 결정이 내려지면, 임상의는 위해를 방지하기 위해 필요한 모든 조치를 취해야 한다. 이러한 위해를 방지하기 위한 조치는 그 결과를 달성하기 위한 최소한의 간섭이어야 하지만, 항상 가능하지 않은 이유는 비자발적 입원이 발생하거나 법적 시스템이 개입되는 경우들 때문이다.

자살충동이 있는 내담자와 작업할 때, 내담자가 자살을 하는 것에 대한 두려움도 있지만 소송에 대한 걱정 또한 존재한다. 이러한 경우로는, 때때로 애도하는 가족들이, 유감스럽게도, 임상의가 자신들이 사랑하는 사람을 소홀히 돌본 것으로 바라보고 비난할 수 있다.

우리는 정책과 절차를 갖춘 기관에 고용될 수 있으며 "고용 범위 내에서" 업무를 수행한다면 소송으로부터 안전"해야만 한다". 항상 그렇지는 않지만, 그렇기 때문에 내담자에 대한 책임과 의무에 대해 잘 알고 있어야 한다.

마땅한 의무와 과실

다음은 사항들은 자살예방 측면에서 임상의에게 마땅한 의무로 간주된다 (Remley & Herlihy, 2001):

- 의료진은 내담자의 자살위험에 대한 평가 방법을 숙지해야 하며, 그들의 의사 결정에 대한 방어를 할 수 있어야 한다.
- 내담자가 스스로를 위험하게 하는 상황이라는 결정이 내려질 때, 의료진은 위험을 예방하기 위해 필요한 모든 조치를 취해야 한다.
- 위험을 방지하기 위한 조치가 그 결과를 달성하기 위해 최소한의 간섭이어야 한다.

"정신건강 및 건강 전문가들이 신중하고 책임감 있는 관리를 해왔다는 것을 보여줄 수 있는 한(위험 평가와 맞춤형 개입 계획을 통해), 법원은 전문의의 손을 들어주는 경향이 있다."(Brems, 2001, p. 166)(22)

일반적으로 의료진을 상대로 소송을 제기할 때 그것은 과실의 맥락에 있다. 과실에 대해 구체적으로 기술해 보자.

과실

- 치료자가 내담자에게 책임을 전가했다.
- 부과된 의무를 위반하였다.
- 의무 위반과 내담자의 부상 사이에 충분한 법적 인과관계가 있다.
- 내담자가 일부 부상 또는 손상으로 고통받고 있다.

상담자/임상가용 워크시트

당신은 태만했는가?

지시사항: 과실이 고려될 때 이 질문을 사용하여 당신의 의사결정에 참고하기 바랍니다.

_____ 의료진이 위험에 대해 인지하고 있었는가 아니면 인지했어야 했는가?

_____ 내담자의 자살위험 평가에 있어 의료진은 철저했는가?

_____ 의료진은 위험을 평가하기 위해 충분하고 필요한 데이터를 수집하기 위해 "합리적이고 신중한 노력"을 했는가?

_____ 다른 정신건강 전문가에 의해 적절한 진단으로 이어질 수 있었는데도 불구하고 평가 정보가 잘못 사용되어 오진으로 이어졌는가?

_____ 의료진이 "내담자의 비상상황에 사용할 수 없거나 응답할 수 없도록" 사례를 잘못 관리했는가?

미성년 내담자

어린이와 청소년과 함께 작업할 때, 각 주의 법에 의해 결정되는 비밀보장의 한계와 사생활의 권리에 대한 교육을 받는 것이 중요하다. 자살충동 미성년자와 함께 할 때 다음의 지침을 따르는 것이 도움이 될 수 있다.

미성년자와 함께하기

• 부모/보호자가 자녀의 자살위험을 인지하도록 하는 것이 일반적인 모범 사례 이다.

• 엄밀히 따지면, 부모에게 그들의 자녀가 자살위험에 처해있다는 것을 통보하 였으며 개입적 조치가 권고되었을 때 임상의의 법적 책임은 종결된다.

• 부모에게 하는 자녀에 대한 권고사항이나 추천사항을 항상 문서화하는 것이 좋다. 만약 부모가 임상의의 추천사항을 따르기를 거부하는 경우, 부모가 정신 건강 제공자의 우려와 권고사항에 관련된 위험을 알고 있으며 이를 무시하는 선택을 하였다는 문서에 서명하도록 하는 것이 좋다.

• 부모 또는 다른 주요 인물이 예방 권고에 따라 조치를 취하는 것을 실패한 경 우, 의료진은 아이에 대한 후속 조치를 취할 의무가 있다. 이 후속 조치는 내담 자 파일에 잘 문서화 되어야 한다.

부모 또는 기타 공인기관에
자살 내담자 정보공개

이름:

나이:　　　성별:

자살 문제/위협 제시:

현재 수단(총, 칼, 알약 등)

이전의 시도(예/아니오): 만약 예라면, 시기와 방법:

내담자를 병원까지 동행할 사람(내담자와의 관계를 쓰시오)은 누구이며, 이름은 무엇입니까?

신뢰할 수 있는 교통수단 또는 경찰을 불러야 하는 경우인가요?(예/아니오)? 만약 아니라면, 119에 전화하십시오. 보호자에게 이 용지 뒷장에 병원에 가는 방법에 대한 정보를 제공하시오.

그/그녀는 다음 기관/사람에게 리퍼되고 인정될 것(referred and admitted to)이다.

적절한 관리를 제공하는 과정에서 걸림돌이 되는 것은 무엇인가?

치료사 불쾌감

치료사들은 NSSI와 자살이라는 주제에 불편감을 느끼는 경향이 있다. 우리는 각각의 내담자가 독특한 사람이라는 것을 존중해야 한다. 때때로, 임상의는 내담자를 "진단" 또는 카테고리로 분류하는 식으로 접근하는 경향이 있어 각 내담자가 개인적인 경험과 요구사항에 기반을 두어 무언가를 표현한다는 것을 염두에 두지 못한다. 따라서 내담자는 그들의 특정 요구에 부합하는 개입이 필요하다. 우리는 예방적 요인을 잊어버리는 경향이 있다. 이러한 유형의 내담자들과 작업할 때, 갑작스럽거나 위기지향적인 환경일 수 있다. 따라서 우리의 목표는 내담자를 기능적으로 "현상 유지"의 수준으로 돌아갈 수 있도록 지원하는 것이다. 우리는 여전히 내담자에게 자살의도나 계획을 개발을 하기 전에 내담자가 이런 문제를 관리할 수 있도록 도와주는 더 예방적이고 효과적인 기술을 제공해야 한다.

상담/의논 실패

때때로, 우리는 어떤 특정한 방식에 익숙해지거나 지역사회의 다른 정신건강 제공자들에게 접근하기 힘들 수 있다. 자살 내담자를 관리할 때 다른 건강관리 제공자와 상담하는 것은 필수적이다. 이런 유형의 작업은 임상의의 판단을 흐리게 하거나 문제해결 능력을 훼손할 수 있는 압박감을 겪게 할 수 있다. 다른 사람들과 상의하고 사용 가능한 자원을 사전에 파악해야 하는 책임이 있다.

부적절한 교육

경찰관들과 치명적이지 않는 중급의 무력 사용(Intermediate Use of Force) 수업의 심리학 부분을 가르칠 때, 나는 모든 훈련 경험을 진지하게 받아들이는 것의 중요성을 설명하고 근무 중에 일어날 수 있는 모든 시나리오 대비를 위한 그들의 기술을 향상시키는 데 있어서 이러한 기회를 활용하기 위해 "어떻게 싸우는지 훈련하고 훈련한 것처럼 싸워라"라는 말의 중요성을 강조한다.

같은 개념이 정신건강 전문가인 우리에게도 적용된다. 우리는 자살 행위에 대해 더 많이 이해하고 배워야 한다! 우리에게 제공되는 모든 교육에 참석하고 자살 행위의 평가와 치료와 관련된 모든 배움의 기회를 이용할 필요가 있다. 우리는 자살을 예방하거나 자살 행위를 더 잘 관리하기 위해 내담자와 작업할 때 가능한 더 효과적일 수 있도록 최근 연구, 검진 도구, 평가 기법, 치료 기법을 알아야 할 필요가 있다. 우리가 훈련을 더 많이 할수록 내담자가 그들 일상의 괴로움과 고통을 야기하는 임상적인 문제에 "맞서 싸우는 것"에 있어 도움을 줄 수 있는 역량을 더 갖출 수 있게 된다.

법적 책임에 대한 두려움

소송에 대한 두려움은 종종 내담자의 복지에 집중하는 치료사의 능력을 저해시킨다. 심지어 의료진은 소송을 피하기 위해 이 문제를 다루거나 미묘한 적기를 인식하는 것을 회피하는 경우도 있다. 회피는 법적인 방어가 될 수 없다. 과실 체크리스트를 기억하는가? 회피는 어떻게 과실로 해석될 수 있을까?

12

컨설테이션(Consultation)과
자기관리

12   컨설테이션과 자기관리

항상, 항상, 항상 의논하라!

자살을 평가할 때는 합의점을 찾고 결정을 내리는 데 있어 조언을 따르는 것이 중요하다. 다른 건강관리 전문가 또는 환자 관리와 관련된 다른 전문가와 상의할 수 있다. 기타 자원으로는 가족, 의료기록, 사전 치료 제공자와 기타 중요한 자원이 포함된다.

내담자를 자살로 잃음

연구에 따르면 상담자/심리학자 5명 중 1명, 상담사 2명 중 1명은 직장생활 중 자살로 내담자를 잃는다. 내담자를 자살로 잃는 것은 충격적이고, 낙심하게 하며, 믿기지 않을 수 있다. 이것은 아마도 정신전문가들의 직장생활 동안 일어날 수 있는 가장 두려운 사건들 중 하나일 것이다.

대부분 임상의는 비애와 사별의 감정을 경험하는 것 외에 PTSD 증상이나 급성 스트레스 장애 증상을 보일 수 있다. 이 비애는 복잡해질 수 있는데, 이는 내담자의 상실에 대한 슬픔뿐 아니라, 그들의 가족들을 위해 슬퍼하고, 스스로의 상실로 슬퍼하기 때문이다. 당신은 직업에 대한 환멸을 경험하고, 당신의 임상 및 상담에 대한 확신과 치료가 효과적이라는 믿음을 잃어버릴 수 있다. 당신은 전체 과정에 대한 자신감을 잃는 것 이외에도 임상적 판단과 분별력에도 의문을 가질 수 있다!

내담자를 자살로 잃는 것은 또한 개인의 성장, 상담기술의 향상과 다른 동료들에 대한 공감으로 이어질 수 있다. 하지만 대부분의 정신건강관리 제공자들은 이러한 감정에는 효과적으로 반응하지 않으며 그들의 반응을 정상화하거나 최소화하려고만 시도할 수 있다. 인식(Awareness) 인정(Acknowledgement) 및 행동(Action)(세 개의 A)은 내담자의 사망을 수습하려고 할 때 매우 중요하다.

인식

내담자의 자살은 임상의의 정체성, 동료와의 관계 그리고 그들의 상담 및 심리치료 업무에 영향을 미칠 가능성이 높다. 이러한 감정들이 정상적인 반응이라는 것은 사실이긴 하지만, 그것들이 당신의 일상 기능이나 당신 삶의 영역에 침범하기 시작할 때(예: 일이나 대인관계), 문제가 발생하게 된다. 내담자의 자살의 충격으로부터 견뎌내려면 이러한 반응을 인식하고 적절히 처리해야 한다.

인정

반응들은 일반적으로 초기 충격, 부정, 무감각, 강렬한 슬픔, 불안, 분노 강렬한 고통을 포함한다. 생존자(임상의)는 또한 침습적 생각, 분리 경험, 분열과 같은 외상 후 스트레스 장애 증상을 경험할 가능성이 있다. 임상의는 미래의 내담자에게 치료적 서비스를 제공할 수 있는 그들의 임상 역량과 능력에 의문을 제기할 수 있다. 이것은 치료에서 역전이 문제를 초래할 수 있고, 임상의로 하여금 자살의 주제를 피하거나 지나치게 집착하게 할 수 있다. 임상의에 대한 애도반응은 죄책감, 자존감의 상실 그리고 자신의 기술과 임상능력에 대한 자기 의심이 포함될 수 있다. 그들은 자살에 대한 비난받을까봐 또는 친지들의 반응(예: 소송)에 대한 무서움으로 두려워할 수도 있다.

행동

내담자를 자살로 잃었을 때, 치료 서비스, 지원 및 컨설테이션을 찾는 것은 생존과 성장에 필수적이다. 많은 임상의는 여러가지 이유로 이러한 일이 발생하고

난 후 심리지원 서비스를 찾는 것을 회피하며, 일부 임상의는 자신의 역량을 암묵적으로 또는 명시적으로 판단한 동료와의 분리 및 대인관계에서의 불편함을 보고하였다. 이러한 두려움이 치료 및 상담장면에서 당신의 작업을 방해하도록 허용할 수는 없다. 작업을 방해하는 것을 허용할 수는 없다. 당신의 많은 내담자들이 경험으로부터 더욱 도움받을 수 있기 때문에 더 잘 지원받을 수 있다.

정신건강제공자로서 우리는 내담자에게 서비스할 때 "마땅한 성실성"을 보여야 한다. 우리는 가능한 한 예방적이고 치료적이 되도록 노력하지만, 궁극적으로 삶과 생존에 대한 최종 결정은 내담자의 몫일 것이다. 이러한 상실에 대해 검토를 할 때, 내담자에게 가능한 최상의 돌봄을 당신이 제공했다는 것을 알고 이를 확신한다면, 포기하지 마라. 당신이 이 직업을 선택한 데에는 이유가 있거나 이 직업이 당신을 선택했기 때문이다. 이 과정을 완성할 때는 부지런하고 꾸준히 하라. 그럴 만한 가치가 있다!

소진

소진은 여러 가지 방법으로 정의되었지만, 대부분의 연구자들은 3차원을 포함하는 Maslach와 동료(1993; 1996)에 의해 개발된 다면적 정의를 선호한다.

* 정서적 고갈
* 비인격화
* 개인 성취감의 감소

정서의 고갈이라는 차원은 닳고, 과도하게 확장되고, 고갈되는 느낌을 말한다. 비인격화(냉소)는 소비자(내담자) 또는 일반 직업(기관, 병원, 보험 회사)에 대한 부정적이고 냉소적인 태도를 나타낸다. 개인 성취감(또는 효과성)의 감소는 소비자(내담자)와의 작업 또는 전반적인 업무 효율성에 대한 부정적인 자체 평가가 포함된다.

많은 연구자들은 소진이 업무와 관련된 스트레스 상태이거나 심지어 "업무와 관련된 정신건강 손상"이라고 여긴다. 비록 소진이 불안, 우울과 같은 다른 정신건강 상태와 관련이 있지만, 연구에서는 소진이 이런 다른 정신건강 장애와는 별개의 개념이라는 것을 증명한다.

몇몇 연구들은 정신건강 종사자의 절반 이상이 높은 수준의 소진을 경험하고 있다는 것을 보여주었다. 소진은 다양한 유형의 직원, 해당 조직과 이들이 서비스하는 내담자에 영향을 미치는 많은 부정적인 조건과 연관되어 있다. 소진을 경험하는 전문가들은 종종 손상된 감정과 육체적 건강, 안녕감(well-being)의 감퇴를 보고한다. 소진은 또한 우울증, 불안, 수면문제, 기억력 결핍, 목과 요통 그리고 과도한 알코올 소비로 이어진다. 그리고 조직에 대한 헌신 감소, 부정적 태도, 잦은 결근 및 높은 이직 등 여러 가지 부정적인 조직 성과와도 관련이 있다.

소진은 내담자에게 정신건강 서비스를 제공하는 방식에 영향을 미칠 수 있으며, 우리는 실수를 인지하지 못하고 내담자 관리와 관련하여 잘못된 결정을 내릴 수 있다. 연구에 따르면 소진은 잘못된 윤리적 결정과 내담자 관리에 대한 손상된 판단과 정적인 상관이 있는 것으로 나타났다. 임상의인 당신이 내담자와의 상담을 취소하거나, 일이나 내담자와의 약속에 지속적으로 늦거나, 예정된 약속을 잊어버리거나, 내담자 노트를 작성하는 데 어려움을 겪거나 행정업무를 잘못 관리하는 것을 알아차릴 수 있다. 당신은 심지어 적절한 내담자/임상의의 경계를 인식하고 유지하는 데 어려움을 겪을 수도 있다.

휴가나 휴식은 소진을 해결해 줄 수 없다! 이것은 치료적 개입과 지속적인 의논 또는 심지어 슈퍼비전이 필요한 문제일 수 있다. 우리가 소진되기 시작할지 알고 있어야 한다. 당신이 빨리 이것을 인지할수록 더 빨리 이 문제를 다룰 수 있다. 우리는 정신건강 전문의로서 내담자에게 전달하는 내용과 관련된 일들을 더 잘 수행해야 한다. 최근 당신을 보살피기 위해 무엇을 했는가? 이 질문에 답하는데 30초 이상 걸린다면, 더 열심히 하라! 스스로를 잘 돌보아라. 그러면 당신은 이러한 정신건강 서비스를 2년, 5년, 10년, 20년 전과 같은 열정과 열의로 계속해서 제공할 수 있을 것이다.

부록

워크시트

1. 상담자/임상가용 워크시트[활동지] 모음
2. 내담자용 워크시트[활동지] 모음

상담자/임상가용 워크시트

자살위험 평가지(Suicide Risk Assessment)

정보의 출처:

자료 확인하기:

개인 이력:

정신건강 및 자살 이력:

위험평가 결과:

A. 사회-관계적 요인:

B. 상황적 요인:

C. 의학적 요인:

D. 정신 상태:

E. 심리적 요인:

F. 행동적 요인:

G. 동기적 요인:

H. 현재 자살경향성:

만성적 위험요인의 요약:

급성적 위험요인의 요약:

보호요인의 요약:

진단:

결과/추후 제안점:

자살 이후 위험 평가
(Post-Suicide Risk Assessment)

더 이상 내담자는 자살 직전의 위험에 처해있지 않다. 임상적 결정은 상황에 맞게 적절한 다른 의료직원과의 상담, 상담자/심리학자들과의 상담, 기록 검토 등을 통해 내려졌다.

평가된 위험요인:

내담자는 구체적으로 어떠한 몇 가지의 핵심적인 위험요인 때문에 입원했는가?:

퇴원한 이유:

다음과 같은 내용에 근거하여 내담자를 퇴원시키는 임상적 결정을 내렸다.

남아있는 위험요인:

내담자는 자살위험을 시사하는 다음과 같은 요인을 계속하여 보인다.

추후 제안점:

퇴원 이후 내담자의 관리와 관련된 구체적인 제안점은 다음과 같다.

콜롬비아 자살심각성 평가 척도
(Columbia Suicide Severity Rating Scale)

[자살사고]

	일생동안 자살 충동을 가장 크게 느낀 때	지난 1달 동안
1번과 2번을 질문하세요. 두 가지 모두에서 '아니다'로 답한다면, "자살성 행동" 영역으로 가세요. 2번 질문에 "그렇다"로 답했다면, 3, 4, 5번도 질문하세요. 1번과 2번 질문 중에 하나라도 "그렇다"로 답했다면, "사고의 강도" 영역을 수행하세요.		
1. 죽기를 원함 내담자는 죽거나 더 이상 살아있고 싶지 않거나, 잠에 들어 일어나고 싶지 않다는 생각을 인정한다. 죽거나 잠에 들어 일어나지 않았으면 싶었던 적이 있나요? 그렇다면, 자세히 말해주세요:	그렇다 아니다 ☐ ☐	그렇다 아니다 ☐ ☐
2. 구체적이지 않은 능동적 자살생각 평가기간 동안, 죽으려는 방법/관련된 수단, 죽으려는 의도나 계획에 대한 생각 없이, 생을 마감하거나 자살하고 싶어 하는 구체적이지 않은 생각(예: "나는 자살에 대해 생각한 적이 있어요."), 죽으려는 생각을 실제로 한 적이 있습니까? 그렇다면, 자세히 말해주세요.	그렇다 아니다 ☐ ☐	그렇다 아니다 ☐ ☐
3. 실제 행하려는 의도 없이, 자살수단(자살계획이 아님)에 관한 능동적 자살생각 내담자는 자살생각을 인정하고 검사기간 동안 최소 한 가지의 자살방법을 생각해본 적이 있다. 이는 시간, 장소, 수단의 세부사항이 마련된 구체적인 계획과는 다르다(예를 들어, 죽기 위한 방법에 대해 생각하지만 구체적인 계획은 없는 것이다). "약물을 과다복용하는 생각은 했지만, 언제, 어디서, 실제로 어떻게 할지에 대한 구체적인 계획은 세운 적이 없어요. 그리고 절대 하지 않을 거예요."라고 말하는 사람을 포함한다. **자살을 어떻게 할 수 있을지에 대해 생각해왔나요?** 그렇다면, 자세히 말해주세요.	그렇다 아니다 ☐ ☐	그렇다 아니다 ☐ ☐

	그렇다 아니다	그렇다 아니다

4. 구체적인 계획 없이, 자살을 행하려는 의도가 있는 능동적 자살사고

내담자는 죽으려는 능동적 자살생각을 하며, 그러한 생각을 실제로 행할 약간의 의도가 있다고 말한다. 이는 "자살생각은 있지만 그것과 관련해서 절대 아무 것도 하지 않을 거예요"라는 말과 반대되는 내용이다.

당신은 이러한 생각을 하고 생각을 행동에 옮기려는 의도를 가진 적이 있나요?

그렇다면, 자세히 말해주세요.

	그렇다 □ 아니다 □	그렇다 □ 아니다 □

5. 구체적인 계획과 의도가 있는 능동적 자살사고

내담자는 전적으로나 부분적으로 마련된 세부적인 계획으로 자살하려는 생각을 하고 이를 행하려는 의도가 있다.

어떻게 죽을지 구체적으로 계획하기 시작하거나 계획해왔나요? 이 계획을 실천할 의도가 있나요?

그렇다면, 자세히 말해주세요.

	그렇다 □ 아니다 □	그렇다 □ 아니다 □

[사고의 강도]

위에서 나온 다섯 가지의 자살사고 중에 가장 심각한 수준의 자살사고에 대해 다음의 질문에 답해야 한다. (1번의 심각성이 가장 낮고, 5번의 심각성이 가장 높다). 자살충동이 가장 컸던 때가 언제인지 물어라.

평생 - **가장 심각한 자살사고:** ____ ____ ____
      유형# (1-5) 자살사고에 대한 설명
최근 - **가장 심각한 자살사고:** ____ ____ ____
      유형# (1-5) 자살사고에 대한 설명

	가장 심각	가장 심각

빈도
얼마나 자주 이런 생각을 해왔나요?
(1) 일주일에 1회 미만 (2) 일주일에 1회 (3) 일주일에 2-5회 (4) 매일이나 거의 매일 (5) 하루에도 여러 번

	———	———

기간
이러한 생각을 할 때, 얼마나 오래 지속되나요?
(1) 금방 사라짐 - 몇 초나 몇 분
(2) 1시간 미만 / 잠시 동안
(3) 1~4시간 / 많은 시간 동안
(4) 4~8시간 / 하루의 대부분
(5) 8시간 넘게 / 끊임없거나 지속적으로

	———	———

통제가능성

죽으려는 생각이나 죽고 싶어 하는 마음을 스스로가 원할 때 멈출 수 있나요?

(1) 생각을 쉽게 통제할 수 있다.

(2) 생각을 통제하는 것이 조금 어렵다.

(3) 생각을 통제하는 것이 꽤 어렵다.

(4) 생각을 통제하는 것이 매우 어렵다.

(5) 생각을 통제하기는 불가능하다.

(6) 생각을 통제하려고 시도하지 않는다.

제지요소

죽고 싶은 마음이나 자살생각을 실제로 행하기를 멈추게 한 사람 또는 무엇인가가 있나요? (예를 들어, 가족, 종교, 죽음의 고통)

(1) 제지요소가 당신의 자살시도를 막은 것이 분명하다.

(2) 제지요소가 당신을 아마도 막았을 것이다.

(3) 제지요소가 당신을 막았는지 확실하지 않다.

(4) 제지요소가 당신을 막지 않았을 것 같다.

(5) 제지요소가 당신을 막지 않은 것이 분명하다.

(0) 대답하고 싶지 않다.

자살사고의 이유

자살하고 싶다거나 자살하는 것에 대해 생각하는 것이 어떠한 이유 때문이었나요? 고통을 끝내거나 당신이 느끼는 감정을 멈추기 위함이었나요? (다시 말해, 이 고통이나 감정을 가진 채 살 수가 없었나요?) 아니면 관심을 끌거나, 복수를 하거나, 다른 사람들의 반응을 얻기 위해서였나요? 둘 다였나요?

(1) 전적으로 관심을 끌거나, 복수를 하거나, 다른 사람들의 반응을 얻기 위해서였다.

(2) 대부분은 관심을 끌거나, 복수를 하거나, 다른 사람들의 반응을 얻기 위해서였다.

(3) 관심을 끌거나, 복수를 하거나, 다른 사람들의 반응을 얻기 위함과 동시에, 고통을 끝내거나 멈추기 위해서였다.

(4) 대부분은 고통을 끝내거나 멈추기 위해서였다(고통이나 감정을 가진 채 살 수가 없었다).

(5) 전적으로 고통을 끝내거나 멈추기 위해서였다(고통이나 감정을 가진 채 살 수가 없었다).

(0) 대답하고 싶지 않다.

[자살성 행동] 별개의 사건일 경우 해당되는 모든 것에 체크하라; 모든 유형에 대해 물어야 한다. 적용되는 모든 항목을 확인하고, 별개의 사건인 경우, 모든 유형에 대해 질문해야 한다. 적용되는 모든 항목을 확인하라, 전부 별개의 사건이기 때문에, 모든 유형에 대해 질문해야 한다.	일생 동안	지난 3달 동안
실제시도: 이는 죽음으로 이어지기를 바라는 마음을 조금이라도 가진 채 행한 잠재적인 자해행동이다. 어느 정도로는 자살하기 위한 수단으로써 한 행동이다. 반드시 의도가 100%이어야 할 필요는 없다. 이 행동으로써 죽으려는 의도나 바람이 조금이라도 있었다면, 실제 자살시도라 할 수 있다. **반드시 상처나 피해가 있어야 하는 것은 아니며,** 상처나 피해의 가능성이 있으면 된다. 누군가가 입 안에 총을 넣고 방아쇠를 당기는데 총이 고장 나 아무 피해가 없는 경우에도, 이것은 자살시도라 할 수 있다.	그렇다 아니다 ☐　☐	그렇다 아니다 ☐　☐
의도 추론하기: 내담자가 죽으려는 의도/바람을 부인하더라도, 행동이나 상황으로부터 이를 임상적으로 추론해볼 수 있다. 예를 들어, 분명히 우연이 아닌 매우 치명적인 행동이어서, 자살하려는 의도로밖에 추론할 수 없는 경우이다(예를 들면, 머리에 총을 쏘거나, 높은 층의 창문에서 뛰어내리는 행동). 또한, 내담자가 죽으려는 의도를 부인하지만 그가 한 행동이 치명적일 수 있음을 알고 있다면, 죽으려는 의도를 추론할 수 있다.	총 시도 횟수 ――	총 시도 횟수 ――
자살시도를 한 적이 있나요? 스스로를 다치게 하려고 무엇인가를 한 적이 있나요? 당신이 죽을지도 모를 위험한 무엇인가를 한 적이 있나요? 무엇을 했나요? 생을 마감하기 위해 무엇인가를 했나요? 무엇인가를 했을 때 (조금이라도) 죽기를 원했나요? 무엇인가를 했을 때 생을 마감하고자 애쓰고 있었나요? 또는 무엇인가로 인해 죽을 수도 있다고 생각했나요? 또는 그 행동을 조금의 자살하려는 의도 없이 순전히 다른 이유 때문에 했나요?(예를 들어, 스트레스를 풀기 위해, 기분이 나아지기 위해, 동정을 얻기 위해, 또는 다른 어떤 것을 위해)(자살하려는 의도가 없는 자해행동) 그렇다면, 자세히 말해주세요: **내담자가 비자살적 자해행동을 한 적이 있나요?**	그렇다 아니다 ☐　☐	그렇다 아니다 ☐　☐

중단된 시도:				
이는 내담자가 (다른 외부적 상황 때문에) 자해 가능성이 있는 행동을 시도하지 못한 것이다(외부적 상황이 없었더라면, 실제로 시도했을 것이다). 과다복용: 내담자가 손에 약을 쥐고 있지만 삼키지 못한다. 내담자가 약을 삼킨다면, 이는 중단된 시도가 아니라 시도한 것이 된다. 총격: 내담자가 총으로 스스로를 겨누고 있는 중에, 다른 사람이 총을 뺏거나 어떻게 해서든 방아쇠를 당기는 것을 막는다. 방아쇠를 당길 경우 실제로 총격이 가해지지 않더라도, 이는 시도한 것이 된다. 뛰어내리기: 내담자가 뛰어내리려는 자세를 취하던 중에 잡혀서 난간에서 내려오게 된다. 목매달기: 내담자가 올가미로 목을 감싸지만, 시도하지 못하게 제지당한다. **생을 마감하고자 무엇인가를 시도했지만 누군가가 또는 어떤 것이 실제로 행하지 못하도록 막았던 적이 있나요?** 그렇다면, 자세히 말해주세요:	그렇다 아니다 □ □ 총 시도 횟수 ———		그렇다 아니다 □ □ 총 시도 횟수 ———	

실패하거나 스스로 중단한 시도:				
이는 자살을 시도하기 위한 행동을 시작했지만, 자기 파괴적 행동을 실제로 행하기 전에 스스로 중단한 경우이다. 다른 것 때문이 아닌 스스로가 행위를 멈춘다는 점을 제외하면, 중단된 시도의 예시들과 비슷하다. **생을 마감하기 위해 무엇인가를 시도했지만 실제로 행하기 전에 스스로 중단한 적이 있었나요?** 그렇다면, 자세히 말해주세요:	그렇다 아니다 □ □ 실패 또는 스스로 중단한 총 횟수 ———		그렇다 아니다 □ □ 실패 또는 스스로 중단한 총 횟수 ———	

준비행동:				
이는 임박한 자살시도 이전에 하는 행동이나 준비이다. 이는 말이나 생각뿐만 아니라, 특정한 자살수단을 마련하거나(예를 들어, 약이나 총을 산다) 자살로 인한 스스로의 죽음을 준비하는 행동을 포함할 수 있다(예를 들어, 물건을 나눠주거나 유서를 적는다). **자살시도를 하거나 자살을 준비하기 위해, 행동을 취한 적이 있나요? (예를 들어 약을 모으거나, 총을 구하거나, 중요한 물건을 나눠주거나, 유서를 적거나)** 그렇다면, 자세히 말해주세요:	그렇다 아니다 □ □ 총 준비동작 수 ———		그렇다 아니다 □ □ 총 준비동작 수 ———	

	가장 최근의 시도 날짜:	가장 치명적인 시도 날짜:	가장 처음의 시도 날짜:
실제 치사율 / 의학적 손상: 0. 신체적으로 손상을 입지 않거나 신체적 손상이 아주 경미하다 (예를 들어, 긁힌 상처). 1. 신체적 손상이 경도의 수준이다(예를 들어, 어눌한 발화, 1도 화상, 경도의 출혈, 접지름). 2. 신체적 손상이 중등도의 수준이다; 의학적 도움이 필요하다 (예를 들어, 의식이 있지만 졸린; 반응이 적은; 2도 화상; 주요 혈관의 출혈). 3. 신체적 손상이 중등도로 심한 수준이다; 의료적 입원과 집중적인 관리가 필요할 수 있다.(예를 들어, 반사작용의 손상은 없는 혼수상태, 신체부위 20% 이하의 3도 화상, 회복 가능한 광범위한 출혈, 주요부위 골절). 4. 신체적 손상이 심각한 수준이다. 의료적 입원과 집중적인 관리가 필요하다.(예를 들어, 반사작용이 없는 혼수상태, 신체부위 20% 이상의 3도 화상, 불안정한 생명징후를 보이는 광범위한 출혈, 주요 부위에 심각한 손상). 5. 사망	코드 입력 ___	코드 입력 ___	코드 입력 ___
잠재적 치명성: 실제 치명성이 0인 경우에만 답하시오 의료적 손상이 없는 경우에 실제 자살시도의 치명성이다(다음의 예시들은 실제적인 의료적 손상은 없지만 매우 심각한 치명성을 가질 수 있다. 총을 입 안에 넣고 방아쇠를 당겼지만, 총격이 가해지지 않아 의료적 손상이 없다; 다가오는 기차 앞에서 선로에 누웠지만, 기차가 덮치기 전에 구해졌다). 0 = 손상이 가해질 가능성이 적은 행동 1 = 손상은 가하지만 죽음으로 이어지지는 않을 행동 2 = 의료적 도움이 있어도 죽음으로 이어질 가능성이 높은 행동	코드 입력 ___	코드 입력 ___	코드 입력 ___

고지사항: 이 척도를 실행하는 교육을 받은 개인들만이 척도를 사용할 수 있다. 콜롬비아 자살심각성 평가 척도의 질문들은 제안사항이다. 궁극적으로 자살생각이나 자살행동의 여부는 척도를 시행하는 사람이 판단을 내려 결정한다.

C-SSRS의 재출판에 대해서는 Kelly Posner, PhD, New York State Psychiatric Institute, 1051 Riverside Drive, New York, New York, 10032에 연락하고, 문의나 훈련 요건은 posnerk@nyspi.columbia.edu에 연락하라.

The Research Foundation for Mental Hygiene, Inc. 허가를 받고 재출판 됨.

위기 개입 진단

지시사항: 내담자가 현재 위기 상황에 대처하는 능력, 비슷한 위기를 다루기 위해 과거에 사용한 기술, 비판적으로 생각하는 능력과 주의를 요하는 영역을 알아차리는 능력, 그리고 내담자의 대처기술의 발전을 평가할 때 아래의 개요를 활용해보자.

삶의 어떤 다른 영역에서 더 안전하게 느끼거나 더 잘 제어할 수 있다고 느끼나요?

왜 그러한 영역에서는 안전하게 느끼나요?

어떤 재능이나 능력이 그러한 영역에서 더 안전하게 느끼도록 하나요?

그러한 영역에서 일이 잘 풀리지 않을 때, 그것을 고치거나 기분이 나아지기 위해 보통 무엇을 했나요?

스트레스를 받거나 무언가가 걱정될 때 무엇을 하나요? 걱정을 어떻게 다루나요? 가능하다면 그 과정을 하나하나 설명해주세요.

| |
| |

과거에 어떤 전략이 당신에게 가장 잘 맞았나요? 그러한 기술이 지금 효력을 발휘하지 못하게 하는 것이 무엇인가요?

| |
| |

다른 상황들과 구별되게 현재의 상황에 일어났던 일이 있나요?

| |
| |

압도당한 느낌(예를 들어, 두통, 흉부 압박감, 체온 상승, 어지러움)이 들기 시작하기 직전에 어떠한 신체감각을 느끼나요?(이 질문은 이후 위기의 적신호를 알아차리도록 도울 수 있다.)

| |
| |

위기에 대비해 계획 세우기: 내담자 정보

임상의 지시사항: 위기 상황에서 내담자가 망각을 할 때 도움이 되도록 이 워크시트에 내담자에 대한 정보를 기록해보자.

내담자 지시사항: 손이 닿기 쉬운 곳에(예를 들어, 침실, 자동차, 가방, 핸드백, 지갑, 침대 옆 탁자, 냉장고) 이 종이를 두고 위기가 발생할 때 사용해보자. 감정을 주체 못하는 상황에서 유용한 자원을 즉시 찾아야 할 때 이 정보가 도움이 될 것이다.

이름:

주소:

전화번호:

생년월일:

성별:

긴급연락처:

건강을 위해 필요한 것들:

집으로 가는 길:

서비스 제공자들:

애완동물:

자녀:

문화적 배경과 영성:

사례는 Maine.gov Sample Crisis Plan에서 각색되었다.

왜 자살하는가?

지침: 이 워크시트를 활용하여 자살이 목적을 달성하는 데에 도움이 된다는 내담자의 생각에 이의를 제기해보자. 이는 자살의 정적 및 부적 강화물을 알아내도록 내담자에게 도움을 줄 것이다.

장점	단점

왜 사는가?

지침: 이 워크시트를 활용하여 자살이 목적을 달성하는 데에 도움이 된다는 내담자의 생각에 이의를 제기해보자. 이는 자살의 정적 및 부적 강화물을 알아내도록 내담자에게 도움을 줄 것이다.

장점	단점

노인내담자 임상면담

의뢰
누가 의뢰했나요? _____

평가되고 있는 문제는 무엇인가요(무엇 때문에 의뢰되었나요)? _____

_____

평가
스크리닝 도구 및 기타 사용된 평가방법은 무엇인가요? _____

_____

사례 이력 정보
자료 확인: _____

입실 또는 치료 사유 그리고 서비스에 대해 내담자가 기대하는 바: _____

현재의 고민 _____

사례 이력 개요
가족력: _____

건강문제: _____

교육 및 훈련: _____

근무경력: _____

취미와 흥미: _____

결혼 및 가족사항: _____

자기소개: _____

미래계획: _____

추가정보: _____

정신상태검사
(포함되는 영역: 외모, 행동, 움직임, 자살행동, 언어 및 표현, 분위기, 정서, 사고, 지각, 인지/지능, 기억, 그리고 성향)

내담자에 대한 전반적인 설명: _____

현재 심신 건강 상태에 대한 내담자의 (주관적) 경험: _____
_____

외모
단정함에 대한 자세한 서술: _____
옷차림/옷에 대한 자세한 서술: _____
      특이한 모습(이 그룹에서 흔하지 않은): _____
      특이한 옷인가? 단정한 옷인가? _____
개인위생에 소홀한 점이 있는가?(만약 그렇다면 치매 때문인가? 정신적 지체가 존재하는가?)
_____

행동
행동에 대한 환자의 집중력: _____
명백한 불안, 과민성, 걱정이 있는가? _____
활동성이 감소되었는가? _____
반복적인 움직임이 있는가? _____

움직임
동작모방증(다른 사람의 움직임을 모방함-예: 다리를 꼬거나 얼굴을 만지는 등)이 존재하는가?
_____
피로하거나, 진정제 투여, 약물치료, 중독증세가 있는가? _____
마약중독의 증거가 있는가? _____
긴장증 증상이 있는가? _____

자살행동
스스로 베고 긋거나 다른 NSSI 증세가 있는가? _____
다른 자살행동이나 신호가 있는가? _____

언어 및 표현
구음장애나 중얼거림이 있는가? _____
말소리의 크기는 어떠한가? _____
말의 속도는 어떠한가(빠른가, 느린가)? _____
말압박(알아듣기 힘들 정도로 빠르고 광적으로 이야기함)은 어떠한가? _____
높낮이는 어떠한가(높은가 지속적으로 낮은가)? _____
기타 언어적 결함이 있는가? _____

기분

내담자/환자의 기분이:

      고양되어 있는가? 특이사항: _____

      과장되어 있는가? 특이사항: _____

      우울한가? 특이사항: _____

      냉담한가? 특이사항: _____

      평소의 상태인가? 특이사항: _____

정서(전체 검사 중에 평가된)

부조화(예: 정서와 기분): _____

내적 감정 상태: _____

정서의 관찰: _____

이러한 관찰 가능한 감정에 미묘한 변화가 있는가? _____

정서의 결핍이 있는가? _____

적절한 정서 대 부적절한 정서: _____

제한된 정서 대 심각하게 둔화된 정서: _____

사고(환자의 말에서 관찰할 수 있고 행동에 반영된다)

환자의 사고 과정의 기준선은 무엇인가?(이는 환자가 솔직하게 이야기 할 수 있도록 하고 구조화된 생각이 방해받는 기간이 있는지 여부를 확인함으로써 평가할 수 있다)

_____

환자의 사고 형태(아이디어와 사고의 배열; 아이디어들 간의 합리적인 연결에서 보여지는 어려움)는 어떠한가? _____

형식적 사고장애(formal thought disorder)가 있는가?(환자의 삶에서 예시나 인용을 기록할 것)

_____

사고 내용: 선입견, 강박 혹은 망상이 있는가? _____

환자의 추상적으로 생각하는 능력은 어떠한가?(팁: 추상적인 질문을 하거나 속담 사용-예: 자신의 집이 유리로 되어 있다면 다른 사람의 집에 돌을 던져서는 안된다(자신과 비슷한 결점을 가지고 있는 남을 비난하지 말라라는 뜻). 너는 이 말이 어떤 의미라고 생각해?)

환자가 침묵을 어떻게 사용하는가? _____

환자가 핵심이 없고 지엽적인가?(목표지향적으로 생각을 연결시켜 제시할 수 있는 능력)은 무엇인가?

_____

환자가 제시하는 것이? _____

      사고의 비약? _____

      일치되지 않은 모순? _____

      비논리성(잘못된 결론 혹은 사고의 내적 모순)? _____

      건강염려증? _____

고착(특정 단어나 구절을 반복적으로 표현함) 혹은 반향적 표현(단어나 구절을 병적으로 반복함)?

_____

신조어(화자가 만든 말이거나 왜곡된 말)? _____

망상(반대되는 증거가 있음에도 지속되는 잘못된 믿음이며, 종종 신체적이고, 피해 망상적이며 죄책감을 수반한다)이 존재하는가? _____

자살생각이 있는가? _____

살인생각이 있는가? _____

지각(신체적 자극을 심리적 정보로 전달)

이인장애 그리고/혹은 현실감 상실이 있는가? _____

망상적 기분? _____

환각의 존재? _____

고양된 지각? _____

지각의 변화? _____

인지/지능

내담자가 이성적이고 논리적으로 생각하고 행동할 수 있는 능력:

지적기능: _____

통찰력과 판단력: _____

알고 인식하게 되는 정신적 과정과 사고: _____

주의와 집중: _____

의식의 상태: _____

언어의 명료성: _____

신경장애의 증거? _____

만성적 정신병의 증거? _____

기억

환자가 자신의 삶에 대해 오래 전 과거부터 가까운 과거까지 간결하게 설명할 수 있는가?

환자의 즉각적인, 최근/단기, 그리고 오래 전 기억은 어떠한가? _____

기억 상실은 없는가? 만약 있다면 특정 원인은: _____

(1) 신체의 문제? (2) 치매? (3) 머리부상? (4) 기억장애? _____

지남력(orientation)

환자는 현재의 시간(오늘이 몇 년도 몇 월 며칠이고 무슨 요일인지), 그들이 말하는 대상(검사자의 이름, 익숙한 사람들을 구분할 수 있는 능력), 현재의 장소(~시, ~주, 평가장소 그리고 상황(그들이 평가 중이거나 면담 중임을 인지할 수 있는 능력))을 인식하고 있는가?

_____

노인 자살위험성

지침: 환자가 이 체크리스트에 대해 3개 이상의 우려 사항에 대해 그렇다고 답변할 경우 자살 조사 (현재의 생각, 의도 또는 계획의 존재하는지) 및 자살위험 평가를 권고한다.

_____ 우울증(진단 혹은 진단되지 않은), 적응장애, 불안감 혹은 기타 다른 정신건강 진단의 이력이 있었는가?

_____ 다른 정신건강장애로 추정되는 의학적인 문제(예: 갑상선 기능 저하증, 갑상선 기능 항진증, 헌팅턴 무도병)가 있는가?

_____ 환자가 최근 혹은 이전에 어떠한 이유로 인해(신체건강 혹은 정신건강) 간호시설에 입원한 적이 있는가?

_____ 환자에게 강력한 사회적 지지 구조(아이, 가족, 친구들, 삶의 동반자, 배우자)의 결핍이 있는가?

_____ 환자가 그들의 시설, 집, 혹은 치료 커뮤니티(사회 활동에 참여하는 것)에 소극적인가?

_____ 환자는 현재 어떠한 질병에 대해 치료를 받고 있는가? 그렇다면, 이러한 증상들은 어떻게 관리되고 있는가(처방약, 대체약, 처방전 없이 살 수 있는 약)?

_____ 과거에 자살시도나 NSSI 행동의 이력이 있는가?

_____ 약물 또는 알코올 남용 이력이 있는가? 현재 약물 또는 알코올을 사용하는가?

_____ 현재 삶의 큰 사건(수입의 상실, 집의 상실, 정체성 혼란)이 있는가?

_____ 고객이 의료관리(보험, 서비스 제공자, 핸드폰 서비스 제공자)에 접근할 수 있는가?

노인 우울증상 평가

지침: 아래 가이드를 사용하여 환자의 우울증 증상에 대해 질문하라. 만약 이 증상들 중 10개 이상이 존재한다면, 당신의 환자는 심각한 우울증에 걸릴 위험이 있다.

모든 사람들이 때때로 이러한 증상들 중 일부를 보일 수 있고, 그것이 반드시 그 사람의 우울증을 의미하는 것이 아니라는 것을 알아야 한다. 마찬가지로 우울증을 겪고 있는 모든 사람들이 이 모든 증상들을 가지는 것은 아니다. 이러한 응답에 대한 추가적인 정보는 항상 수집되어야 한다.

행동

- ☐ 밖에 나가지 않음
- ☐ 직장/학교에서 일을 처리하지 못함
- ☐ 가까운 가족과 친구들을 만나지 않음
- ☐ 알코올과 진정제에 의존함
- ☐ 평소 즐기던 활동을 하지 않음
- ☐ 집중할 수 없음

사고

- ☐ "난 실패했다"
- ☐ "그건 내 잘못이다"
- ☐ "나한테 좋은 일이 일어날 리 없다"
- ☐ "난 무가치하다"
- ☐ "삶은 살 가치가 없다"
- ☐ "내가 없으면 사람들이 더 편할 것이다"

정서

- ☐ 멍함
- ☐ 죄책감
- ☐ 짜증남
- ☐ 좌절감
- ☐ 자신감 부족
- ☐ 불행함
- ☐ 막연함
- ☐ 실망감
- ☐ 비참함
- ☐ 슬픔

신체적

- ☐ 항상 피곤함
- ☐ 병들고 지침
- ☐ 두통과 근육통
- ☐ 소화불량
- ☐ 수면문제
- ☐ 식욕의 상실 또는 변화
- ☐ 두드러진 체중의 감소 또는 증가

PTSD 증상 체크리스트

지침: 당신의 마음 상태를 가장 잘 표현하는 문장을 고르세요.

———— 일어난 일을 떠올리게 하는 것들로 인해 기분이 언짢다.

———— 사건이 또 다시 일어나는듯한 기분을 느끼게 하는 악몽, 회상, 생생한 기억이 있다.

———— 정서적으로 다른 사람과 단절된 것을 느낀다.

———— 신경 쓰곤 했던 것들에 대해 무덤덤하고 흥미를 잃었다.

———— 우울해진다.

———— 항상 위험에 처해있다고 생각한다.

———— 걱정, 초조함 또는 짜증이 난다.

———— 뭔가 나쁜 일이 곧 일어날 것이라는 공포감을 경험한다.

———— 잠에 들기 어렵다.

———— 한 곳에 집중하기 어렵다.

———— 배우자, 가족 또는 친구와 잘 지내는 것이 힘들다.

———— 무슨 일이 있었는지 회상하게 하는 장소와 물건을 자주 피한다..

———— 기분을 무뎌지게 하기 위해 지속적인 음주와 약을 사용한다.

———— 자신 또는 다른 사람에게 해를 끼치는 것을 고려한다.

———— 항상 마음을 다잡으려 노력한다.

———— 다른 사람들에게 멀어지고 고립된다.

감지하기 힘든 PTSD 증상

지침: 초기 인터뷰에 당신의 환자가 PTSD의 직접적인 증상을 보고하지 않을 수 있음을 기억하라. 아래의 목록들은 PTSD가 '아마' 존재할 것이라는 보다 미묘한 지표들을 포함한다. 잠재적 PTSD 진단에 대한 정보를 수집할 때 아래 목록을 사용하여 임상 인터뷰를 안내하라.

———— 가족과 친구들로부터 멀어짐

———— 사건에 대한 대답회피/사건 반응에 대한 논의 회피

———— 정서적으로 무뎌짐

———— 공감의 결핍

———— 주의, 집중의 어려움

———— 쉽게 주의가 산만해짐

———— 집 또는 직장에서의 갈등 회피

———— 성욕의 감소 또는 증가

———— 감정의 분리

———— 어떤 문제든 부인하는 것

———— 다른 사람과의 관계 형성 또는 유지의 어려움

———— 대인관계의 어려움

퇴역군인 자살위험성 체크리스트

만약 당신의 환자가 이 체크리스트에 3개 이상에 동의한다면(사회적 지지 질문을 제외하고), 자살 조사(현재 생각, 의도 또는 계획이 있는지) 그리고 가능한 자살위험성 평가를 권고한다.

_____ PTSD, 우울증, 불안감 또는 다른 정신건강 상태에 대한 사전 진단이 있었는가? 이 증상들은 현재 활성화 되어 있는가?

—————— 퇴역군인이 증세가 나타날 때 회상, 악몽, 거슬리는 생각을 주로 보고하는가?

—————— 퇴역군인은 최근에 전역했는가? 전역은 명예로웠는가? 명예로운 것 외에는 어떠했는가? 전역은 자발적이었나, 비자발적이었나? 퇴역군인은 퇴역군인 부서(VA)와 연결되어 있거나 정신건강 서비스를 받고 있는가?

—————— 퇴역군인은 강한 사회적 지지 네트워크를 가지고 있는가? 결혼 여부는? 아이는? 다른 가족은?

—————— 퇴역군인은 외상적 신체 부상을 경험한 적이 있는가? 림프손실? 뇌손상(TBI)?

—————— 퇴역군인은 현재 고용되어 있는가? 적극적으로 구직하고 있는가? 현재 교육적인 욕구가 있는가?

—————— MST의 이력은? 치료는? 이 문제가 보고되었는가?

—————— 과거 자살시도 또는 NSSI 행동 이력이 있는가?

—————— 마약/약물, 알코올 남용 이력이 있는가? 현재 마약이나 알코올을 복용하는가?

—————— 퇴역군인이 현재 법적 문제 또는 다른 심리사회적 문제를 겪고 있는가?(예: 노숙자)

성소수자(LGBTQI) 자살위험 체크리스트

지침: 만약 당신의 내담자가 이 체크리스트의 3개 이상의 문제에 예라고 답하면(마약, 알코올 사용문제 제외), 자살 조사(현재 생각, 의도 또는 계획이 있는지) 그리고 가능한 자살위험 평가를 권고한다.

_____ 우울증, 불안감 또는 다른 정신건강 상태에 대한 사전 진단이 있었는가? 이 증상들은 현재 활성화 되어 있는가? 이 증상들은 현재 약물치료나 치료로 호전되고 있는가?

_____ 내담자가 현재 괴롭힘을 보고하였거나 다른 사람에게 따돌림을 당하였는가? 가족의 거부? 또래의 거부?

_____ 내담자가 그들의 성적 취향을 친구나 가족에게 밝혔는가? 그들의 반응은 어땠는가? 지지적이었나? 비지지적이었나?

_____ 종교적인 관습과 관련된 어떤 죄책감이나 수치심을 경험하는가?

_____ 과거 자살시도 혹은 비자살성자해(NSSI) 행동 이력이 있는가?

_____ 마약, 알코올 사용 이력이 있는가?

_____ 내담자가 강력한 사회적 지지 네트워크를 가지고 있는가?

대학생 자살위험 체크리스트

지침: 만약 당신의 환자가 세 개 이상의 문제에 예라고 답하면(사회적 지지 질문 제외), 자살 조사 (현재의 생각, 의도 계획의 존재) 그리고 가능한 자살위험 평가를 권고한다.

_____ 우울증, 불안감 또는 다른 정신건강 상태에 대한 사전 진단이 있었는가? 이 증상들은 현재 활성화 되어 있는가? 이 증상들은 현재 약물치료나 치료 중인가?

_____ 내담자가 갑작스러운 사건(최근의 이별, 낙제, 경제적 걱정, 사랑하는 사람의 상실)을 보고했는가?

_____ 이 사건에 대한 그들의 정서적 반응은 무엇인가? 그들은 대처하고 있는가? 정서는 부적합한가? 기분부전증인가?

_____ 행동(자신을 격리함, 내성적, 행동을 드러냄, 약물이나 알코올 섭취의 증가)에 큰 변화가 있었는가?

_____ 과거 자살시도나 비자살성자해(NSSI) 행동의 이력이 있는가?

_____ 약물, 알코올 남용의 이력이 있는가? 현재 약물 혹은 마약을 사용하는가?

_____ 내담자에게 강한 사회적 지지 네트워크가 있는가?

_____ 내담자가 가족의 압력을 보고했는가?

_____ 내담자가 적응하는 데 어려움을 보고했는가?

_____ 내담자가 데이트 강간 또는 캠퍼스의 다양한 단체에서의 신고식 관행과 관련된 현재 또는 과거의 사건을 보고하였는가? 이 문제들은 해당 관계자에게 보고되었는가?

청소년 자살위험 체크리스트

지침: 만약 당신의 내담자가 이 체크리스트의 세 개 이상의 문제에 예라고 답한다면(사회적 지지 질문 제외) 자살조사(현재의 자살생각, 의도, 계획의 존재) 그리고 가능한 자살위험 평가를 권고한다

_____ 우울증, 불안감 또는 다른 정신건강 상태에 대한 사전 진단이 있었는기? 이 증상들은 현재 활성화 되어 있는가? 이 증상들은 현재 약물치료나 치료 중인가?

_____ 내담자가 괴롭힘(신체적, 언어적, 사이버상의 괴롭힘)의 피해자인가?

_____ 환자가 성 정체성 또는 성적 지향에 대한 문제를 경험했는가?

_____ 행동에 큰 변화가 있는가(스스로 고립됨, 집단에서의 탈퇴, 행동화, 알코올, 약물의 사용 증가)?

_____ 과거 자살시도 또는 비자살성자해(NSSI) 행동 이력이 있는가?

_____ 약물, 알코올의 남용이력이 있는가? 현재 약물 또는 알코올을 사용하는가?

_____ 내담자는 강한 사회적 지지 네트워크가 있는가?

_____ 내담자가 가족의 압력을 보고하는가?

_____ 내담자가 자주 징계 문제나 낮은 학업성취도 대해 보고하는가?

_____ 내담자에게 신체적, 정신적, 감정적 또는 성적 학대의 이력이 있는가?

부모 알림 지침

지침: 부모나 보호자와 자살충동을 가진 아이에 대해 논의할 때 이 워크시트를 개요로 사용하라.

1. 부모에게 당신이 그들의 청소년이 자살위험에 처해있다고 생각하며, 왜 그런 평가를 했는지 알려주어라.

2. 부모/보호자가 집에서 자살에 사용될 만한 도구들(칼, 처방약, 날카로운 물건, 올가미 모양이 될 수 있는 물건, 면도날, 청소도구 등)을 없애고 자살위험을 줄일 수 있도록 제안해라.

3. 부모들에게 총기 처분의 다른 방법, 또는 총기 접근의 최소한의 제한(집에서 총기의 처분/제거에 대해 법의 강제성 사용)에 대해 교육하라.

4. 행동의 큰 변화(스스로 고립됨, 집단에서 탈퇴, 행동화, 약물이나 알코올 사용의 증가 또는 보통 슬픈 경우에 흥분하고, 활력이 넘침)에 주목해라.

5. 아동/청소년 대상 관찰 강화(저녁 내내 주기적인 감시, 가족/사회적 활동에 참여하도록 유도, 가족이 함께 보내는 시간을 늘림, 문을 잠그지 않도록 함, 화장실에서 오랜 시간 있는 것에 주의함)를 제안해라.

6. 안전에 대비한 계획의 개발 및 계획 집행의 중요성에 대해 논의해라(적정한 경우).

7. 부모/보호자에게 청소년/어린이들을 입원, 치료하는 지역사회 자원(어린이/청소년들을 입원시키는 병원, 집중 외래환자 치료 센터, 약품 및 알코올 입원환자/부분 입원 프로그램)을 제공해라.

8. 부모에게 현재의 진단 또는 또다른 두 번째 진단에 대해 설명을 하고 이러한 증상들이 어린이/청소년의 현재 자살충동 행동에 어떤 역할을 하는지 설명해라.

9. 부모/보호자에게 그들을 지원해줄 수 있는 집단/자원에 대한 정보를 제공하라(정신질환 전국연합, 기타 온라인 커뮤니티 자원).

비자살성 자해(NSSI) 내담자 설문지

지침: 현재 자해 행위와 패턴을 평가할 때 이 워크시트를 사용해보자. 이 워크시트는 세션 동안 또는 치료 중에 근거가 있을 때 사용할 수 있다. 이 응답들은 내담자와 함께 당신의 치료 계획을 안내하는 데 이용되어야 한다.

1. 비자살성 자해(NSSI)의 형태는 무엇인가요?(예: 절단, 화상, 물체 삽입 등)

2. 왜 비자살성 자해(NSSI) 행동을 하나요?(예: 정서 조절, 자기 검증, 증상 감소)

3. 비자살성 자해(NSSI)를 언제 처음 하셨나요?

4. 가장 많이 비자살성 자해(NSSI) 행동을 하는 부위는 어디인가요?(예: 손목, 팔, 배, 허벅지 등)

5. 이런 행동을 가장 많이 하는 방/장소는 어디인가요?(예: 침실, 화장실 등)

6. 사용하는 방법/도구는 무엇인가요?(예: 면도날, 라이터, 바늘, 헤어 스트레이터 등)

7. 그것을 숨겼나요?

8. 비자살성 자해(NSSI)를 할 때 음악을 듣나요?(이것은 계기(인지적 − 정서적 관계, 분위기 상태 등)에 대한 정보를 제공한다.) 만약 그렇다면 어떤 종류의 음악을 좋아하나요? 그 이유는 무엇인가요?

9. 이것을 누군가에게 말한 적이 있나요? 말했다면 누구인가요?

10. 진단 가능한 식이 장애, 혹은 잠재적 장애가 있는 식습관이 있나요?

11. 정신건강 질환이 있나요?

12. 만약 당신의 가장 친한 친구 또한 이러한 행동들을 하고 있다는 걸 알게 된다면 어떨 것 같나요?

비자살성 자해(NSSI) 행동과 관련된 온라인 활동의 평가

지침: 이 워크시트는 당신의 내담자의 현재 온라인 활동에 대해 평가할 때 사용할 수 있다. 이것은 내담자/환자와의 세션 또는 치료기간 중 보증될 때 완료될 수 있다.

활동 유형

비자살성 자해(NSSI)(정보제공, 상호작용, 소셜 네트워킹 및 동영상 보기/공유/포스팅)와 관련하여 어떤 유형의 온라인 활동에 참여하십니까?

온라인 커뮤니티

이용할 수 있는 자원은 무엇인가요?

이 웹사이트는 전문적으로 운영되고 있나요 또래가 운영하나요 아니면 그 중간인가요?

당신은 이러한 웹사이트에서 어떤 특정한 활동(라이브채팅, 게시, 정보검색)을 하고 있나요?

소셜 네트워킹

가입하고 있는 소셜네트워킹 웹사이트가 어디인가요?

당신은 비자살성 자해(NSSI)에 참여하는 다른 사람들과의 우정/연결고리가 있나요?

만약 그렇다면, 그 관계는 어떤 관계인가요?

만약 그렇지 않다면, 그 관계는 어떤 관계인가요?

당신은 비자살성 자해(NSSI)와 관련된 온라인 단체의 멤버인가요?

만약 그렇다면 그 집단의 전반적인 주제(비자살성 자해(NSSI)로부터의 회복, 자해 지지, 거식증 지지)는 무엇인가요?

만약 그렇다면 그 집단은 공개적인가요, 비공개적인가요?

만약 그렇다면 그것은 절제된 것인가요, 감독된 것인가요?

이들 그룹 중 비자살성 자해(NSSI)의 이미지/영상 등이 있나요?

당신은 이러한 웹사이트에서 어떤 특정한 활동(라이브채팅, 메시지, 게시, 정보검색)을 하고 있나요?

동영상/그림 공유

당신이 방문하는 특정 웹사이트는 어디인가요?

당신은 비자살성 자해(NSSI) 관련 동영상/사진을 제작하나요?

만약 그렇다면, 만든 동영상 주제/콘텐츠에 대해 이야기해주세요.

만약 그렇다면, 그 동영상들은 캐릭터(사람)동영상인가요 아니면 비 캐릭터(스토리) 동영상인가요?

만약 그렇다면, 왜 이 동영상(예: 창조적 발산)들을 제작하나요?

당신은 어떤 유형의 동영상/사진을 시청하나요?

그것들은 사람 위주 동영상인가요, 스토리 위주 동영상인가요?

이러한 동영상의 일반적인 주제(예: 비자살성 자해(NSSI)로부터의 회복, 자해 지지, 거식증 지지)는 무엇인가요?

이 동영상들이 비자살성 자해(NSSI)를 시각적으로 보여주나요?

만약 그렇다면, 이 시각적인 표현들이 경고와 함께 제시되나요?

이러한 비자살성 자해(NSSI)의 시각적 이미지가 비자살성 자해(NSSI)를 촉발시키나요?

만약 그렇다면 촉발시키는 것의 성질, 강도 및 정도를 이야기 해주세요.

이러한 웹사이트에서 어떤 다른 특정한 활동들(예: 메세지, 논평, 채널 팔로잉)을 하고 있나요?

행동의 빈도

비자살성 자해(NSSI) 온라인 활동(한 주 동안의 인터넷 사용)의 빈도에 대해 이야기 해주세요.

인터넷 활동과 관련하여 비자살성 자해(NSSI) 행동의 기능

언제/왜 처음으로 비자살성 자해(NSSI) 온라인 활동에 참여하게 되었나요? 처음의 기억을 떠올려 보세요.

비자살성 자해(NSSI) 온라인 활동을 시작한 이후 당신의 비자살성 자해(NSSI) 행동이 증가/감소/유지되었나요?

온라인 활동 중/후에 선행/발생했던 사건/상호작용, 생각 및 느낌은 무엇인가요?

비자살성 자해(NSSI) 온라인 활동에 참여한 전/후로 자해를 했나요?

만약 그렇다면, 비자살성 자해(NSSI) 위험에 대해 이야기하고 이 위험을 줄일 수 있는 온라인 활동을 탐구해봅시다.

역전이 체크리스트

다음 중 어느 하나를 경험할 경우, 컨설테이션이 필요할 수 있음을 알려드립니다. 아래의 문항들에 해당한다면 표시해주세요:

— 내담자에 대한 강한 회피감

— 내담자에 대한 분노, 적대감 또는 좌절감

— 내담자 인계에 대한 빈번한 고려

— 내담자 회기를 예상할 때의 생리적 혐오 반응

— 내담자를 "돌보거나" 내담자를 "구하려는" 욕망

— 내담자가 회기를 취소했을 때 느끼는 흥분이나 희열

— 당신의 내담자와 치료회기에서 가식적이거나 방어적임

— 경계의 강화가 필요한 회기 이후의 죄책감

— 세션이나 상담 시 내담자에 대한 강한 부정적 반응

— 해당 내담자의 사례에 과도하게 많은 시간 할애(일반적으로 보장된 것보다 더)하며, 왜 이 내담자가 특별하거나 다른 대우를 받아야 하는지에 대해 정당화 하려 함

— 해당 내담자와 치료회기를 진행하는 동안 불안해지거나 불편해지고 이러한 불안이 때때로 치료를 방해함

— 유사한 문제가 있는 다른 내담자보다 이 내담자와 더 엄격한 경계를 적용함

기능적 행동 분석(Functional Behavior Analysis)

지시사항: 이 워크시트를 사용하여 당신의 내담자의 목표 행동 문제를 평가할 수 있다. 이 워크시트는 내담자에 대한 치료 계획 개발에 활용될 수 있다. 완성된 기능적 행동 분석의 예는 다음 페이지에서 확인할 수 있다.

1단계: 가설 수립

행동을 확인하라 & 다음의 용어로 정의된다.

- 특정한
- 관찰 가능한
- 측정 가능한

내담자가 다음 내용을 경험하는 시기를 확인한다.

- 해당 행동에 관여할 가능성이 가장 높을 때
- 해당 행동에 관여할 가능성이 가장 적을 때
- 자기파괴적 행동에 기여하는 것으로 보이는 요인 또는 사건
- 특정 즉각적인 사건/계기(행동을 촉발하는 자극)
- "배경사건"(우려되는 행동 전에 발생하고, 내담자의 상황 처리 능력을 떨어뜨린 사건. 예: 배우자 또는 사랑하는 사람과의 말다툼)

2단계: 가설 검정(선택적인, 때로는 의문스러운)

실험을 수행하라. 이는 특정 경험에 대해 당신의 내담자를 인터뷰하거나 최근 그들의 일상생활에서 일어난 상황을 분석함으로써 발생한다.

상황 & 사건을 통제(내담자와의 질의응답, ~한다면? 또는 변수의 부재시에 무엇이 일어날지 의논)하여 가설(바람직하지 않은 행동을 유지하는 변인에 대한)을 검증/수정하라:

- 다양한 정도와 유형의 가설 자극제를 가진 현재 내담자(사건 또는 발기인 설정)를 묘사
- 가설 자극제 발생의 방지/예방(사건 또는 선행 결정)
- 행동에 영향을 미칠 수 있는 다른 자극제들을 제시/탐색
- 내담자의 요구를 충족시켜 부적절한 행동을 대체할 수 있을 것으로 예상되는 새로운 대체 행동의 설명을 촉진(대체 행동은 내담자의 요구/목적을 적어도 부적절한 동작과 동일한 범위까지 충족해야 함을 기억하라. 그렇지 않으면, 당신의 내담자가 왜 다른 행동으로 바꾸는 것을 고려하겠는가?)

3단계: 행동적 개입 계획(BIP)
- 내담자의 치료 계획 중 BIP 부분에 현실적인 조치 계획을 개발/수립하라.
- 목표와 목적을 설정한다.
- 직접적 개입을 묘사한다.
- 자기파괴적 행동을 보일 때의 규정된 반응을 확인한다.
- 대체 행동과 이를 내담자에게 어떻게 가르칠지를 나열한다.
- 제공된 서비스에 대한 변경사항에 유의한다.

4단계: 계획의 실행
부적절한 행동과 동일한 목적에 도움을 줄 목적을 가진 긍정적인(또는 덜 부정적인) 대체 행동들을 가르치고, 희망적으로 긍정적 행동들의 사용을 장려하라.

부적절한 행동들이 더 이상 즉각적이거나, 보상이 되지 않도록 관련된 사건들/상황들을 수정하라.

당신은 태만했는가?

지시사항: 과실이 고려될 때 이 질문을 사용하여 당신의 의사결정에 참고하기 바랍니다.

_____ 의료진이 위험에 대해 인지하고 있었는가 아니면 인지했어야 했는가?

_____ 내담자의 자살위험 평가에 있어 의료진은 철저했는가?

_____ 의료진은 위험을 평가하기 위해 충분하고 필요한 데이터를 수집하기 위해 "합리적이고 신중한 노력"을 했는가?

_____ 다른 정신건강 전문가에 의해 적절한 진단으로 이어질 수 있었는데도 불구하고 평가 정보가 잘못 사용되어 오진으로 이어졌는가?

_____ 의료진이 "내담자의 비상상황에 사용할 수 없거나 응답할 수 없도록" 사례를 잘못 관리했는가?

부모 또는 기타 공인기관에 자살 내담자 정보공개

이름:

나이: 성별:

자살 문제/위협 제시:

현재 수단(총, 칼, 알약 등)

이전의 시도(예/아니오): 만약 예라면, 시기와 방법:

내담자를 병원까지 동행할 사람(내담자와의 관계를 쓰시오)은 누구이며, 이름은 무엇입니까?

신뢰할 수 있는 교통수단 또는 경찰을 불러야 하는 경우인가요?(예/아니오)? 만약 아니라면, 119에 전화하십시오. 보호자에게 이 용지 뒷장에 병원에 가는 방법에 대한 정보를 제공하시오.

그/그녀는 다음 기관/사람에게 리퍼되고 인정될 것(referred and admitted to)이다.

인지적 재구조화(Cognitive Restructuring)

지시사항: 다음과 같이 "인지적 재구조화 활동"의 예로 이 워크시트를 사용하십시오.

단계 1: 스스로를 진정시키자.

만약 당신이 어떤 생각들로 인해 여전히 화가 나거나 스트레스를 받고 있다면, 여러분은 도구를 사용하는 것에 집중하기 힘들 수 있다. 만약 특별히 스트레스를 받거나 화가 난다면, 명상이나 심호흡을 통해 자신을 진정시켜보자.

단계 2: 상황을 확인하자.

당신의 부정적인 기분을 촉발시킨 상황을 설명하는 것부터 시작해보자. 그리고 여기에 그것을 작성해보자.

_____

_____

단계 3: 당신의 기분을 분석해보자.

다음으로, 당신이 그 상황에서 느꼈던 감정들을 적어보십시오. 여기서, 기분은 우리의 주된 감정이지, 그 상황에 대한 생각이 아니다. 감정과 생각을 구별하는 쉬운 방법은 이렇게 생각하는 것이다. 생각은 일반적으로 한 단어로 설명할 수 있는 반면, 감정은 더 복잡하다. 예를 들면, "그녀는 모든 친구들 앞에서 나를 당황하게 만들었다"는 것은 하나의 생각일 것이고, 반면 관련된 기분은 좌절, 당혹, 분노 또는 동요일 수 있다.

_____

_____

단계 4: 자동적 사고 확인하기

당신이 그러한 기분을 느낄 때 경험했던 자연스러운 반응 또는 "자동적 사고"를 적어보자. 위의 예시의 경우 당신의 생각은 다음과 같을 수 있다.

• "아마 그녀는 나를 싫어하거나 나를 질투하는 것 같아."

- "그녀는 나를 증오해."
- "그럴 줄 알았어... 그들은 항상 나에 대한 이야기를 할거야."
- "그녀는 정말 (빈 칸을 채우십시오)이다!"
- "아무도 나를 좋아하지 않아."

이 예시에서 가장 괴롭히는 생각("뜨거운 생각")은 "그녀는 나를 증오한다" 또는 "아무도 나를 좋아하지 않는다"일 것이다.

_____

_____

단계 5: 객관적이며 지지적인 증거를 찾아보자.

당신의 자동적 사고를 객관적으로 뒷받침하는 증거를 찾아보자. 이 예시에서 당신은 다음과 같이 작성할 수 있다.
- "그녀는 나에 대해 경멸적인 발언을 했다."
- "그녀는 이것을 다른 사람들 앞에서 말했다."

당신의 목표는 일어난 일을 객관적으로 바라보고, 당신의 자동적 사고를 유도한 특정 사건이나 이야기들을 작성하는 것이다.

_____

_____

단계 6. 객관적이며 반대의 증거를 찾아보자.

자동적 사고에 반대되는 증거를 찾아 작성하십시오. 이 예로는:
- "그녀가 한 말은 사실이 아니었다."
- "다른 누구도 나에 대해 이런 말을 한 적이 없다."
- "다른 친구들은 그녀의 말에 반응하지 않았다"
- 당신이 눈치 챘을지는 모르겠지만, 위의 진술은 초기의 반응적 사고보다 더 타당하고 합리적이다.

_____

_____

단계 7: 공평하고 균형 잡힌 생각확인 찾기

이 단계에서, 당신은 상황의 양면적인 측면을 고려했다. 이제, 당신은 일어난 일에 대해 공평하고 균형 잡힌 해석을 하는 데 필요한 정보들로 무장해야 한다.

만약 당신이 여전히 쉽지 않다고 느낀다면, 다른 사람과 함께 실행해보거나 다른 방법으로 그 질문을 평가해보라.

균형이 잘 잡힌 결론에 도달하게 된다면, 이 생각들을 적어두어라. 이 예시에서 합리적인 생각은 다음을 포함할 수 있다.

- "어떤 다른 사람도 나에 대해 이런 말을 하지는 않았다. 다른 사람들은 긍정적인 말을 더 많이 했다."
- "그녀는 사실 다른 것에 화가 났을 수 있고, 나랑 관련 없는 일이다"
- "논쟁을 했지만, 우리는 여전히 친구이다."
- "그녀가 상황을 다루는 방식은 부적절했다."
- "나의 다른 친구들은 그녀가 한 말에 충격을 받았다. 그러나 내 **모든**(ALL) 친구들이 거기에 있지는 않았다."

_____

_____

단계 8: 당신의 현재 감정 평가하기

당신은 이제 상황을 더 잘 이해할 수 있게 됐고, 당신의 기분은 좋아진 것 그 이상일 것이다. 현재 당신의 기분을 작성해보아라

그 상황에 대해 당신이 할 수 있거나 할 수 있었던 일을 생각해보아라.(위의 단계를 통해 상황을 바라보면 이 문제가 덜 중요해질 수도 있으며, 이 문제에 대해 아무 조치도 취할 필요가 없다고 결정할 수 있다.)

마지막으로, 미래에 유사한 자동적 사고에 대항하기 위해 당신이 사용할 수 있는 긍정적인 문장을 만들어라. 그리고 이 문장들을 가까운 곳에 보관하라. 예를 들면, 포스트잇을 사용해서 다양한 장소(예: 화장실 거울, 옷장, 차 안, 서랍 안)에 붙여, 자신이 어떠한 사람인지에 대한 "좋은 점과 사실인 점"을 떠올리도록 하라.

_____

_____

인지적 재구조화(Cognitive restructuring) 활동

지시사항: 이 워크시트를 사용하여 당신이 괴로웠다고 느낀 한 사건에 대해서 당신의 생각을 확인하고 분석하고 재구조화해보세요.

상황: 무엇이 당신의 부정적인 기분을 유발했는지 기술하십시오. 가능한 한 자세히 기술해보세요.

_____

_____

_____

_____

_____

_____

당신의 기분(mood) 분석하기: 상황에 대해 당신이 과거에는 어떻게 느꼈는지, 그리고 지금은 어떻게 느끼고 있는지 기술해보세요.(예: 화나고, 좌절하고, 슬프고).

_____

_____

_____

_____

_____

자동적 사고 확인하기: 이 주제에 대해 당신이 가지고 있는 자동적 사고들을 나열해보세요.

_____

_____

_____

_____

_____

객관적이며 지지적인 증거 찾기: 당신이 위에서 확인한 자동적 사고를 뒷받침하는 어떤 증거가 있다면 모두 적어보세요.

_____

_____

_____

_____

객관적인 반대 증거 찾아보기: 당신의 자동적 사고를 보고 이에 반대되는 객관적인 증거를 적어보세요. 다른 사람들의 관점도 포함하여 적어보세요. 아래에 당신의 새로운 관점을 작성해보세요.

_____

_____

_____

_____

합리적이고 현명한 생각 찾아보기: 위의 두 곳에서 제시된 생각들을 살펴보세요. 이제, 이 문제들을 좀 더 균형 잡힌 시각에서 바라보고 새롭고 더 합리적인 생각들을 적어보세요.

_____

_____

_____

_____

당신의 현재 기분 평가하기: 잠시 동안 당신의 현재 기분을 살펴보세요. 어떤가요? 기분이 좋아지나요? 이 문제에 대한 상황을 개선시키기 위해 당신이 해야 할 일이 있나요?

_____

_____

_____

_____

<u>내담자용 워크시트</u>

케슬러(Kessler) 심리적 디스트레스 척도(K10)

아래의 문항들은 당신이 지난 30일 동안 느낀 것에 관한 내용이다. 각 문항에서 당신이 어떠했는지에 가장 잘 들어맞는 답을 선택해보자.

1. 지난 30일 동안, 그럴만한 이유 없이 얼마나 자주 피곤하다고 느꼈나요?

1 전혀 아니다	2 아주 가끔 그러했다	3 가끔 그러했다	4 대부분 그러했다	5 항상 그러했다

2. 지난 30일 동안, 얼마나 자주 불안하다고 느꼈나요?

1 전혀 아니다	2 아주 가끔 그러했다	3 가끔 그러했다	4 대부분 그러했다	5 항상 그러했다

3. 지난 30일 동안, 불안해서 어떤 것으로도 스스로를 진정시킬 수 없는 때가 얼마나 자주 있었나요?

1 전혀 아니다	2 아주 가끔 그러했다	3 가끔 그러했다	4 대부분 그러했다	5 항상 그러했다

4. 지난 30일 동안, 얼마나 자주 절망적으로 느꼈나요?

1 전혀 아니다	2 아주 가끔 그러했다	3 가끔 그러했다	4 대부분 그러했다	5 항상 그러했다

5. 지난 30일 동안, 얼마나 자주 초조하거나 안절부절 못하다고 느꼈나요?

1 전혀 아니다	2 아주 가끔 그러했다	3 가끔 그러했다	4 대부분 그러했다	5 항상 그러했다

6. 지난 30일 동안, 얼마나 자주 가만히 앉아있을 수 없을 정도로 초조하다고 느꼈나요?

1 전혀 아니다	2 아주 가끔 그러했다	3 가끔 그러했다	4 대부분 그러했다	5 항상 그러했다

7. 지난 30일 동안, 얼마나 자주 우울하다고 느꼈나요?

1 전혀 아니다	2 아주 가끔 그러했다	3 가끔 그러했다	4 대부분 그러했다	5 항상 그러했다

8. 지난 30일 동안, 얼마나 자주 모든 것이 힘이 든다고 느꼈나요?

1 전혀 아니다	2 아주 가끔 그러했다	3 가끔 그러했다	4 대부분 그러했다	5 항상 그러했다

9. 지난 30일 동안, 슬퍼서 어떤 것으로도 기분을 나아지게 할 수 없을 때가 얼마나 자주 있었나요?

1 전혀 아니다	2 아주 가끔 그러했다	3 가끔 그러했다	4 대부분 그러했다	5 항상 그러했다

10. 지난 30일 동안, 얼마나 자주 스스로가 무가치하다고 느꼈나요?

1 전혀 아니다	2 아주 가끔 그러했다	3 가끔 그러했다	4 대부분 그러했다	5 항상 그러했다

Kessler R. Professor of Health Care Policy, Harvard Medical School, Boston, USA, printed with permission.

내담자/환자용 건강 질문지(PHQ-9)

이름: _____ 방문날짜 _____

지난 2주 동안, 얼마나 자주 아래의 문제들로 어려움을 겪었나요?	전혀 아니다	1~2일 그러했다	4일 이상 그러했다	거의 매일 그러했다
1. 일상 활동에 흥미나 즐거움을 거의 느끼지 못한다	0	1	2	3
2. 기분이 가라앉거나, 우울하거나, 절망적이다	0	1	2	3
3. 잠에 들거나 숙면에 어려움을 겪거나, 과다수면을 한다	0	1	2	3
4. 피곤하거나 힘이 없다	0	1	2	3
5. 식욕이 없거나 과식한다	0	1	2	3
6. 죄책감을 느끼거나 스스로가 실패자거나 스스로나 가족을 실망시켰다고 느낀다	0	1	2	3
7. 신문 읽기나 텔레비전 시청과 같은 활동에 집중하기가 어렵다.	0	1	2	3
8. 다른 사람들이 알아차릴 정도로 움직임이나 말하는 속도가 느리다. 또는 반대로 너무 안절부절 못하거나 초조하여 평소보다 더 많이 움직인다	0	1	2	3
9. 죽거나 어떻게 해서든 자해를 하는 게 낫겠다는 생각을 한다	0	1	2	3

열 합: ___ + ___ + ___
총 합: _____

10. 체크한 문제가 있다면, 그 문제들로 인해 당신이 일을 하고, 집안일을 하고, 다른 사람들과 어울리기가 얼마나 어려웠나요?

전혀 어렵지 않았다 ☐   다소 어려웠다 ☐   매우 어려웠다 ☐   극도로 어려웠다 ☐

위기에 대비해 계획세우기

지시사항: 이 워크시트는 위기에 대처할 때 스스로의 반응, 감정, 행동, 그리고 대처기술을 보다 잘 이해하는 데에 도움을 줄 것이다. 이 워크시트로 위기상황에서 지지망을 잘 활용하는지 검토할 수 있다.

스스로에게 위기가 어떤 상황이고 그때 어떤 감정을 불러일으키는지 적어보자. 일상의 다른 때와 비교하여 위기상황에서는 무엇이 다른가?(예를 들어, "좋은 날"에 비하여 "나쁜 날"을 생각해보아라.)

위기상황:	평소 다른 때:

위기상황에 처했을 때, 어떠한 지지를 찾았는가? 어떤 것이(예를 들어, 사람, 장소, 서비스) 가장 도움이 되었는가? 이유는?

지지적 요소:	도움이 된 이유:

자신이 경험하는 가장 힘든 감정은 무엇인가? 가장 힘든 감정들에 동그라미를 해보세요. 또한 목록에 없는 감정을 적어도 됩니다.		이러한 감정들에 압도당할 때 어떤 일이 일어나는지 생각해 보아라. 다음의 것을 생각해 보아라: 몸 안에서 어떻게 느껴지는가? 이것이 발생할 때 무엇이 필요한가? 스스로에게 무엇을 해줄 수 있는가? 무엇이 도움이 되었는가?
행복	지루함	
기쁨	외로움	
비탄	공허함	
두려움		
화		
분노		
불안		
주체 못 하는 감정		

다른 사람에게 도움을 구할지를 어떻게 결정하는가? 당신에게 더 공감적인 태도로 대할 사람이 필요한 때를 어떻게 알아차리는가? 이곳에 적어보자.

위기를 겪을 때 당신 주변에 있는 사람들을 생각해보자. 다른 사람들에게 위기를 알릴 수 있는 행동이나 조치가 있는가? 적어보자.

이 행동들에 대해 어떻게 느끼는가? 주변 사람들이 이 행동들에 대해 무엇을 이해했으면 좋겠는가? 그들이 어떻게 반응했으면 좋겠는가? 어떤 말을 들어야 하는가? 또 무엇이 위기 상황을 악화시킬 수 있는지 생각해 보자. 사람들이 하지 않았으면 싶은 것이 무엇인가? 혼자서 해야 할 것은 무엇인가? 적어보자.

당신에게 중요한 사람들(예를 들어, 자녀, 동반자, 배우자, 친구, 친척, 성직자, 직원)이 있는가? 그들이 누구인지, 당신이 위기를 겪고 있다면 누구랑 연락하고 싶을지, 가족을 제외한 누구에게 도움을 얻을 것 같은지 생각해보자. 그들의 정보를 이곳에 기입해보자.

이름	관계	전화번호

위기상황에 있을 때 말하고 싶지 않은 것이 있거나 사용할 수도 있는 암호가 있는가?

위기 상황에 처했을 때 "다음 단계"에 대한 질문이 있을 경우 상의하고 싶은 사람이 이 리스트에 있는가? 그 사람들의 이름을 적어보자. 그들의 연락처를 위의 목록에 확실히 기입해보자.

당신이 위기에 처했을 때 사람들이 알거나 생각해줬으면 하는 추가적인 내용이 있는가? 위기에 처했을 때 스스로 떠올려야 하는 내용이 있는가?

위기관리

지시사항: 이 워크시트를 활용하여 위기에 처할 때 상황을 완화하는 방법을 익히자. 편안한 상태에서는 불안할 수 없고 위기를 겪을 때에는 좋은 선택과 결정을 할 수 없다.

멈추어라

즉각적으로 행동하지 말자. 멈춰서 기다리자.

호흡해라

천천히 코로 숨을 들이마시고 입으로 내뱉어라. 더 많은 산소를 마실수록 좋다. 이것은 당신의 투쟁-회피 반응을 완화시킨다.

관찰하라

내가 무엇에 집중하고 있는가? 내가 무엇에 반응하고 있는가? 실제하는 사건에 반응하고 있는가? 아니면 사건을 내가 어떻게 느끼는지에 반응하고 있는가? 내가 신체적으로 무엇을 느끼고 있는가? (예를 들어, 흉부의 긴장, 땀, 빨라진 심박동수)

객관화하여라

더 큰 그림을 그려보자. 상황을 실제보다 더 안 좋게 생각하고 있지는 않은가? 사실인가 허구인가? (   )라면 어떻게 말했을까? 이것이 다른 사람에게 어떻게 영향을 주는가? 이 문제가 얼마나 급한가?

나에게 효과적인 것을 하여라

다른 선택지를 생각해보자. 내가 과거에 어떻게 대처했는가? 내가 가진 자원은 무엇인가? 비슷한 상황에는 어떻게 대처했는가?

안전계획

지침: 이 양식을 당신이 자살행동이나 비자살적 행동을 생각할 때 사용하라. 이 계획은 임상의의 도움을 얻어 세워져야 하고, 단계별 형태로 계획을 따라가야 한다. 이 계획은 당신이 부정적인 감정을 다룰 수 없을 때, 자살적 사고 혹은 비자살적 자해를 하고 싶은 충동을 경험할 때 사용될 수 있다.

- 계획서를 가까운 곳에 두고, 스마트폰으로 계획서를 사진 찍거나 가능하다면 업로드해도 좋다.
- 내가 현재의 감정에 따라 행동할 위험을 줄이기 위해 무엇이 필요한가?
- 과거에 나를 도왔던 것은 무엇이 있는가? 문제에 대처하기 위해 이전에 내가 이용한 것이 무엇인가?
- 나의 경고신호와 자극요인은 무엇인가?
- 내가 상황에 압도되면 보통 무엇을 하는가? 어떤 대처방법이 나에게 효과가 있는가?

(자해할 때 사용하는 무기와 같은 물건이 없는) 안전한 장소는 다음과 같다.

- 내 삶에 일어나고 있는 긍정적인 일은 무엇이 있는가? 나를 웃게 하는 긍정적인 생각들로는 무엇이 있는가?
- 내가 가장 좋아하는 친구/배우자/중요한 타인/가까운 친구가 이렇게 느끼고 있다면 나는 그들에게 뭐라고 말할 것인가?
- 내 주변에 있는 다른 사람들로부터 무엇을 받는 것이 나에게 도움이 되는가?
- 계속해서 압도당한 느낌을 갖거나 충동을 경험한다면 무엇을 할 것인가?
- 내가 사용해야 할 스마트폰 앱으로는 무엇이 있는가? 또는 내가 위안을 얻기 위해 사용한 웹사이트로 무엇이 있는가?(치료 회기에서 사용된 회복 사이트나 웹사이트를 포함시켜야 한다)
- 내 치료사가 곁에 없을 때 위기상황에서 이야기 나누고자 믿고 연락할 사람이 누구인가?
  친구 / 배우자 / 친척 / 위기상담전화 번호 / 이 외의 사람

안전계획 카드

지침: 이 카드를 코팅하거나, 업로드하거나, 스마트폰에 저장해두어도 좋으며, 항상 당신 곁에 두어야 한다. 당신이 전체 안전계획서를 옆에 두지 못할 때 이것은 시각적으로 기억하게 해줄 것이다.

나에게 이렇게 말할 것이다. 여기에 전화할 것이다. 여기에서 위안을 찾을 것이다. 이것을 비롯한 대처기술을 사용할 것이다.	나에게 이렇게 말할 것이다. 여기에 전화할 것이다. 여기에서 위안을 찾을 것이다. 이것을 비롯한 대처기술을 사용할 것이다.
나에게 이렇게 말할 것이다. 여기에 전화할 것이다. 여기에서 위안을 찾을 것이다. 이것을 비롯한 대처기술을 사용할 것이다.	나에게 이렇게 말할 것이다. 여기에 전화할 것이다. 여기에서 위안을 찾을 것이다. 이것을 비롯한 대처기술을 사용할 것이다.

행동 체인(Behavior chain) 분석

지시사항: 이 양식은 당신의 상담자의 안내를 받아 작성되어야 합니다. 이 워크시트는 문제 행동으로 이끄는 촉발요인과 패턴을 확인하는 데 쓰일 것입니다. 정직하고 솔직하게 답변해주십시오.

1. **구체적인/특정 문제 행동을 묘사하시오(회상, 칼로 긋기, 해리, 은신, 폐쇄, 공황발작 등).**
A. 구체적이고 상세하게 하십시오. 애매한 용어는 안 됩니다.

_____
_____
_____

B. 당신이 무엇을 하였고, 말하였으며, 생각하고 느꼈었는지 (만약 감정이 목표한 문제 행동이라면) 정확히 확인해주시기 바랍니다.

_____
_____
_____

C. 행동의 강도와 중요한 행동의 다른 특징들을 설명해주시기 바랍니다.

_____
_____
_____

D. 연극이나 영화배우가 행동을 정확히 재현할 수 있을 정도로 충분히 자세하게 문제 행동을 설명해 주시기 바랍니다.

_____
_____
_____

2. 행동체인을 시작하게 된 구체적인 촉발 사건을 기술하십시오. 연쇄를 시작한 환경적 사건부터 시작하십시오. 환경적 사건이 문제 행동을 "유발"하는 것으로 보이지 않더라도, 항상 당신의 환경에서 일어난 사건으로 시작하십시오. 이에 대한 가능한 질문으로는:

정확히 어떤 사건이 연쇄 행동의 시작을 촉발시켰나요?

_____

_____

문제행동을 촉발한 연쇄 사건들이 언제 시작되었나요? 언제부터 문제가 시작됐나요?

_____

_____

문제가 시작되던 그 순간 무슨 일이 일어나고 있었나요?

_____

_____

그 당시에 당신은 무엇을 하고, 생각하고, 느끼고, 상상하고 있었나요?

_____

_____

왜 문제 행동이 전날이 아닌 그 날에 일어났나요?

_____

_____

3. 일반적으로 촉발 사건 전에 발생하는 노출(Exposure) 요인을 설명하십시오. 어떤 요소나 사건이 당신을 연쇄적으로 문제행동을 경험하도록 더 취약하게 만들었나요? 살펴볼 영역은:

A. 신체적 질병, 불균형한 섭식이나 수면, 부상

_____

_____

B. 약물이나 알코올 사용, 처방약 오용/남용

_____

_____

C. 환경 내 스트레스 사건(긍정적이거나 부정적인)

_____

_____

D. 슬픔, 분노, 두려움, 외로움과 같은 강렬한 감정

_____

_____

E. 당신이 스트레스를 받는다고 느꼈던 당신 이전 행동들

_____

_____

4. 문제 행동을 초래한 **연쇄적인 사건(chain of event)**을 솔직하게 설명하십시오. 그 다음에는 무슨 일이 일어나나요? 당신의 문제 행동이 환경 내 촉발 사건과 연쇄적으로 연결되어 있다고 상상해 보십시오. 연쇄 행동은 시간이 얼마나 진행이 되어왔나요? 어떻게 연결된 연쇄사건들은 무엇인가요? 사소한 것이라도 사건들의 연쇄적 연결고리와 관련된 모든 것들을 적어보십시오. 연극 대본을 쓰는 것처럼 매우 구체적으로 서술하시오.

A. 촉발사건 이후에 어떤 정확한 생각(또는 믿음), 감정, 또는 행동이 뒤따랐나요? 그 다음에는 무슨 일이 일어나나요?

_____

_____

_____

_____

B. 당신이 이것을 쓴 후에 연쇄적 사건들의 관련성을 보십시오. 다른 생각, 감정 또는 행동이 일어나는지요? 누군가 다른 사람이라면 그 시점에서 다르게 생각하고, 느끼고, 행동했을까요? 만약 그렇다면, 그게 어떤 생각이나 느낌 또는 행동이었을지 설명해 보십시오.

_____

_____

_____

_____

C. 각 연쇄적 사건들의 연결고리들에 대해서 당신이 설명할 수 있는 더 세부적인 연결고리들이 있나요?

_____

_____

_____

_____

5. 그 연결고리들은 생각, 감정, 감각 그리고 행동일 수 있습니다. 이 행동의 결과는 무엇인가요? 구체적으로 말하십시오.

A. 다른 사람들은 그 당시나 후에 어떻게 반응했나요?

_____

_____

B. 당신은 그 행동 후에 즉각적으로 어떻게 느꼈나요? 또는 후에?

_____

_____

6. 그 행동이 당신과 당신의 주변에 어떤 영향을 미쳤나요? 이 문제에 대한 다양한 해결책을 상세히 설명하십시오.

A. 촉발사건을 뒤따르는 당신의 행동들의 연쇄적 연결고리들을 다시 살펴보세요. 당신이 무언가 다르게 행동을 했다면 문제 행동을 피할 수 있었는지를 나타내는 연결고리나 그런 곳이 있다면 체크해두세요.

_____

_____

B. 문제 행동을 피하기 위해 연쇄적인 사건들의 각 연결고리에서 당신은 무엇을 다르게 할 수 있었나요? 어떤 대처행동을 사용할 수 있었나요?

_____

_____

7. 예방 전략을 자세히 설명해보세요. 당신의 취약함을 줄임으로써 어떻게 그 연쇄적 사건들이 연쇄적으로 일어나지 않게 할 수 있었나요? 문제 행동의 특별하고 의미있는 결과를 바로잡고 고치기 위해 당신은 무엇을 할 것인지 설명하십시오.

_____

_____

참고문헌

본 QR코드를 스캔하시면
『자살 및 자해 행동 상담 및 심리치료 워크북』의
참고문헌을 확인하실 수 있습니다.

역자 소개

이동훈
성균관대학교 교육학과 교수(심리상담교육전공 주임)
미국 플로리다대학교(University of Florida) 박사(Ph.D.)
현) 성균관대학교 외상심리건강연구소 소장
    성균관대학교 카운슬링센터장
    교육부, 한국연구재단 지원 사회과학연구지원 사업〈청소년 자해·자살 예방 및 개입: AI기반 생태순간중재평가 및 개입 어플리케이션 개발을 위한 한국형 생물심리사회-경로모델 구축〉연구사업 책임자
    한국상담심리학회 상담심리사 1급, 한국상담학회 전문상담사 수련감독급
    행정안전부〈중앙재난심리회복지원단〉자문위원
    법무부 법무보호위원
전) 보건복지부 정신건강문제해결연구사업〈대학생/청년 자살 고위험군 선별도구 및 자살 위험도 평가도구 개발 및 효과검증〉세부과제 책임자
    행정안전부 장관상(2021)
    전국대학상담센터 협의회 회장
    한국상담학회 대학상담학회 회장
    한국청소년상담원 상담교수

전홍진
성균관의대 삼성서울병원 정신건강의학과 교수
서울대 의대 졸업, 동 대학 정신과학 석/박사
현) 삼성서울병원 디지털치료연구센터장
전) 보건복지부 정신건강문제해결연구사업〈자살 고위험군 선별도구 및 자살 위험도 평가도구 개발 및 효과검증〉연구사업 책임자
    보건복지부 위탁 중앙심리부검센터장
    보건복지부 장관상(2020년)
    국무총리 표창 수상(2020년)
    미국 하버드의대 매사추세츠 종합병원 우울증임상연구센터(Depression & Clinical Research Program, DCRP) 연수/자문교수

이화정
성균관대학교 박사수료
청소년상담사 2급

김성연
성균관대학교 박사과정
임상심리사/청소년상담사 2급

김해진
성균관대학교 외상심리건강연구소 연구원
성균관대학교 석사졸업

황희훈
성균관대학교 외상심리건강연구소 연구원
성균관대학교 석사졸업

자살 및 자해 행동 상담 및 심리치료 워크북

초판발행	2022년 5월 1일
중판발행	2023년 8월 10일
지은이	Meagan N. Houston
옮긴이	이동훈·전홍진·이화정·김성연·김해진·황희훈
펴낸이	노 현
편 집	배근하
표지디자인	이소연
제 작	고철민·조영환
펴낸곳	㈜ 피와이메이트
	서울특별시 금천구 가산디지털2로 53 한라시그마밸리 210호(가산동)
	등록 2014. 2. 12. 제2018-000080호
전 화	02)733-6771
f a x	02)736-4818
e-mail	pys@pybook.co.kr
homepage	www.pybook.co.kr
ISBN	979-11-90151-98-6 93180

* 파본은 구입하신 곳에서 교환해 드립니다. 본서의 무단복제행위를 금합니다.

정 가   18,000원

박영스토리는 박영사와 함께하는 브랜드입니다.